# 파이썬과 주피터 노트북 기반의 SAS Viya

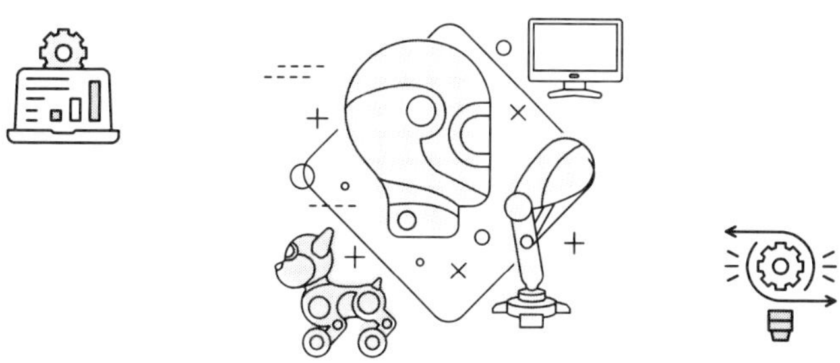

강봉주 지음

자유아카데미

# 머리말

이 책은 파이썬과 노트북 기반으로 SAS Viya를 경험하기 위한 입문서이다.

SAS를 오랜 시간 동안 실무에서 사용하고 프로젝트를 진행했던 사용자, SAS를 접해보지는 않았지만 파이썬 등의 오픈소스를 잘 이용하여 프로젝트를 진행했던 사용자 등 다양한 사용자들이 SAS Viya를 경험해보고 싶어 한다. 이 책은 이러한 사용자들이 머신러닝과 딥러닝 프로젝트에서 가장 잘 알려진 파이썬 언어와 주피터 노트북 편집기를 이용하여 SAS Viya를 경험해볼 수 있는 기회를 제공한다.

왜 SAS Viya를 경험해야 하는가? 물론 이 질문에 명쾌하게 한 문장으로 답변할 수는 없다. 그러나 필자가 보기에 가장 큰 이유는 하나의 언어와 엔진으로 데이터 구성부터 모델 배포까지 할 수 있기 때문이라고 생각한다.

SAS Viya는 데이터 과학자 또는 머신러닝 개발자가 동시에 하나의 언어와 분석 엔진으로 소통할 수 있는 거의 유일한 언어이며 엔진이다. 이제는 모델을 구성하기만 하면 되는 시대가 아니며 만든 모델은 가치를 창출하기 위해서 적극적으로 비즈니스 애플리케이션에 배포되어야 한다. 즉, 머신러닝과 운영이 통합 관리되고 자동화되어야 하므로 더더욱 SAS Viya가 필요하다고 생각한다.

SAS Viya의 분석 엔진은 카스(CAS: cloud analytics services)이다. 이 책은 파이썬과 주피터 노트북을 통하여 카스 엔진에 접속하고 각종 머신러닝과 딥러닝을 수행하는 방법을 안내한다. 특히 데이터 전처리(preprocessing)와 관련된 여러 가지 이슈를 어떻게 카스 엔진을 통하여 해결하는지를 살펴볼 것이다.

파이썬 기본 패키지에 대한 설명과 함께 몇 가지 머신러닝 기법에 대해서는 약간의 이론적인 내용을 추가하였다. 머신러닝 알고리즘에 대한 설명은 필자의 다른 참고도서를 참조하면 된다. 이 책의 주된 목적은 이론적인 내용보다는 카스 엔진을 이용하여 머신러닝과 딥러닝을 실습해보는 것이다. 아무쪼록 독자분들이 코드를 실습하면서 실제 SAS Viya 기반의 프로젝트를 성공적으로 수행하기를 바란다.

좋은 책을 위해 최선을 다했지만, 오류나 부족한 부분이 있을 수 있다. 이에 대한 독자 여러분의 많은 조언을 구하며, 출간 후에라도 수정사항이 있다면 자유아카데미 홈페이지(http://www.freeaca.com) 자료실에 제공할 예정이니 참조하길 바란다.

끝으로 나의 가족 진영, 한솔, 두솔에게 이 책을 바친다.

차례

1장

# 파이썬 언어 이해

## 1.1 개요

이 장에서의 목표는 파이썬 언어의 데이터 유형과 기본적인 구조를 이해하는 것이다. 기본 데이터 형, 컨테이너 형, 형 변환, 변수 값 할당, 인덱싱문, 조건문, 반복문, 조건반복문, 클래스 정의 등의 개념을 이해하는 것이다.

## 1.2 기본 데이터 형

파이썬 언어의 기본적인 데이터 형은 int, float, bool, str, bytes이다. 각각의 예를 살펴보자.

in
```
# int
x = 100
type(x)
```
out
```
int
```

in
```
# float
x = 0.0
type(x)
```
out
```
float
```

in
```
# bool
x = True
type(x)
```
out
```
bool
```

| | |
|---|---|
| in | # str<br>x = '안녕하세요! 인공지능 빅데이터에 오신 것을 환영합니다.'<br>type(x) |
| out | str |

| | |
|---|---|
| in | # bytes<br>x = 'bbong'<br>type(x) |
| out | bytes |

| | |
|---|---|
| in | # utf-8: 한글을 3 바이트로<br>x = 'bjk 강봉주'<br>x.encode('utf-8') |
| out | b'bjk \xea\xb0\x95\xeb\xb4\x89\xec\xa3\xbc' |

| | |
|---|---|
| in | # euc-kr: 한글을 2 바이트로<br>x = 'bjk 강봉주'<br>x.encode('euc-kr') |
| out | b'bjk \xb0\xad\xba\xc0\xc1\xd6' |

| | |
|---|---|
| in | # 바이트 코드의 해석<br>b'\xea\xb0\x95'.decode() |
| out | '강' |

위의 코드를 입력한 결과를 확인해 보면 어떤 데이터 형식을 가지고 있는지 확인할 수 있다. 단, 기본 데이터 형은 값을 변경할 수 없으므로 immutable이다. 여기서 \n은 인용 부호 내에서의 줄 바꿈을 나타내는 특수 문자를 표시한 것이다.

## 1.3 컨테이너 형

기본 데이터 형을 원소로 하여 만들어지는 데이터 형을 컨테이너 형이라고 한다. 컨테이너 형은 list, tuple, dict, set이 있다.

in
```
# list
x = [1,2,3]
type(x)
```
out
```
list
```

리스트의 각 원소는 어떠한 데이터 형도 될 수 있다.

in
```
# 리스트와 각 원소의 데이터 형
x = ["a",2.3,3, b"bong"]
print(type(x))
print(type(x[0]))
print(type(x[1]))
print(type(x[2]))
print(type(x[3]))
```
out
```
<class 'list'>
<class 'str'>
<class 'float'>
<class 'int'>
<class 'bytes'>
```

in
```
# tuple
x = (1,2,3)
type(x)
```
out
```
tuple
```

```
in      # dict
        x = {"key1": 100, "key2": 200}
        type(x)
```

사전(dictionary) 데이터 형은 위와 같은 방식이 일반적이지만 다음과 같이 함수를 이용하여 정의할 수 있다.

```
in      # 사전의 다른 정의
        x = dict(key1=100, key2=200)
        type(x)
out     dict
```

```
in      # set
        x = {"key1", "key2"}
        type(x)
out     set
```

집합으로 정의한 경우에는 유일한 값만이 원소가 된다.

```
in      x = {1, 2, 3, 3}
        print(x)
out     {1, 2, 3}
```

str, bytes 데이터 형은 기본 데이터 형도 되지만, 컨테이너 형도 가능한데 이는 구성요소를 각각 가져올 수 있기 때문이다. 단, 컨테이너 형 중 tuple, str, bytes는 값을 변경할 수 없다.

## 1.4 식별자의 표기

변수명, 함수명, 모듈명, 클래스명 등의 이름은 영문자로 시작하고 이후 숫자나 영문자(대/소문자는 구별함)를 사용하여 조합한다. 단, 엑센트와 같은 부호는 안 되며 예약된 키워드도 사용할 수 없다. 한글도 사용 가능하나 가급적 사용하지 않는다.

## 1.5 값의 할당

변수에 값을 할당한다는 것은 변수명과 값을 하나로 묶는 것을 의미한다. 할당의 규칙은 '변수명 = 값'으로 정의한다. 우변의 표현식이 유효한지 평가한 후 유효하다면 값을 할당한다.

다양한 경우를 예를 통하여 확인하도록 하자.

in
```
# 기본 할당
x = 1 + 1.2
x
```
out
```
2.2
```

in
```
# 같은 값 할당
x = y = 0
(x, y)
```
out
```
(0, 0)
```

in
```
# 각각 해당 값 할당
x, y = 1, 0.9
(x, y)
```

| | |
|---|---|
| **out** | (1, 0.9) |

| | |
|---|---|
| in | ```# 값 바꾸기<br>x, y = 1, 0.9<br>x, y = y, x<br>(x, y)``` |
| **out** | (0.9, 1) |

```
in
# 값 바꾸기
x, y = 1, 0.9
x, y = y, x
(x, y)
```

**out** (0.9, 1)

```
in
# 값 증가
x = 0
x += 2
x
```

**out** 2

```
in
# 값 감소
x = 0
x -= 3
x
```

**out** -3

```
in
# 정의는 되었지만 값없음
x = None
(x, type(x))
```

**out** (None, NoneType)

```
in
# 정의하지 않은 변수
new_variable
```

**out** NameError: name 'new_variable' is not defined

## 1.6 형 변환

데이터 클래스의 형을 보기 위한 함수는 type( )이다. 이때 주어진 데이터 형에서 다른 데이터 형으로 변환하는 것을 형 변환이라고 한다. 형 변환에 사용하는 함수들은 int( ), float( ), bool( ), str( ), chr( ), bytes( ), list( ), dict( ), set( ) 등이 있다.

in
```
# 문자열에서 정수로
[int("100"), ord('\n')]
```

out
```
[100, 10]
```

ord 함수는 유니코드 코드 포인트(code point)이다. 코드 포인트는 주어진 문자 집합에서 유일한 정숫값을 의미한다.

in
```
# 16 진법으로 표시된 문자열을 정수로
int("ff", base=16)
```

out
```
255
```

in
```
# 실수를 정수로
[int(2.1), round(13.2)]
```

out
```
[2, 13]
```

in
```
# 정수를 실수로
float(0)
```

out
```
0.0
```

in
```
# 정수, 실수를 문자로
[str(100), str(100.0)]
```

out ['100', '100.0']

in
```
# 정수를 문자로
chr(97)
```
out a

in
```
# 리스트를 바이트로
bytes([97,98,99,100])
```
out b'abcd'

in
```
# 문자열을 리스트로
list("abc")
```
out ['a', 'b', 'c']

in
```
# 리스트를 사전으로
dict([(1, "abc"), (2, "cde")])
```
out {1: 'abc', 2: 'cde'}

in
```
# 문자열을 집합으로
set("abcde")
```
out {'a', 'b', 'c', 'd', 'e'}

in
```
# 리스트를 문자열로
x = "-".join(['bong', 'ju', 'kang'])
x
```
out 'bong-ju-kang'

in
```
# 문자열을 리스트로
x = 'bong-ju-kang'
x.split("-")
```

```
out   ['bong', 'ju', 'kang']
```

```
in    # NoneType을 bool로
      bool(None)
out   False
```

```
in    # 0 논리값
      bool(0)
out   False
```

```
in    # 1 논리값
      bool(1)
out   True
```

```
in    # 0이 아닌 숫자 논리값
      bool(-1.3)
out   True
```

```
in    # null 문자열 논리값
      bool("")
out   False
```

## 1.7 순서열 컨테이너 색인

컨테이너 형에서 내부에 순서열(sequence)을 포함하는 경우는 str, list, tuple이다. 이런 경우에 색인(index)을 통하여 원소의 값을 정의하거나 가져올 수 있다. 색인은 각각의 원소에 접근할 수 있는 숫자로 된 목록이라고 할 수 있다. x = [2, 4, 6, 8, 10]인 리스트의 경우에 양수 색인과 음수 색인의 쓰임새를 알아보자. 색인의 원소는 0부터 시작하며 음수 색인은 -1부터 시작한다.

조각내기(slicing)는 주어진 순서열을 조각내는 것을 말한다. 조각내기를 시작하기 위해서 시작, 끝, 스텝이 정의되어야 한다. 조각내기 부호로는 ":"을 사용하며 [시작: 끝: 스텝]으로 정의한다. 스텝은 명시하지 않으면 1이고, 시작 조각을 명시하지 않으면 처음부터 시작하며, 끝 조각을 명시하지 않으면 마지막까지를 의미한다. 끝 조각이 명시된 값은 해당 값을 포함하지 않은 작은 값으로 정의한다. 조각내기는 원래의 순서열을 조각내는 것이므로 결과 또한 초기 데이터 순서열의 형과 같게 된다.

in
```
# 순서열을 갖는 컨테이너 정의
x = [2, 4, 6, 8, 10]
len(x)
```
out
```
5
```

in
```
# 해당 위치 값 가져오기
x[0], x[4]
```
out
```
(2, 10)
```

in
```
# 인덱스 오류: 해당 위치가 인덱스의 범위에 벗어남
x[5]
```
out
```
IndexError: list index out of range
```

in
```
# 음수 인덱스
x[-1], x[-len(x)]
```
out
```
(10, 2)
```

```
in    # 조각내기
      x[1:2]
out   [4]
```

```
in    # 데이터 전체 가져오기
      x[::], x[:]
out   ([2, 4, 6, 8, 10], [2, 4, 6, 8, 10])
```

```
in    # 3보다 작은 인덱스
      x[:3]
out   [2, 4, 6]
```

```
in    # 처음부터 마지막 직전까지
      x[:-1]
out   [2, 4, 6, 8]
```

```
in    # 인덱스가 2씩 증가하며 처음부터 끝까지
      x[::2]
out   [2, 6, 10]
```

```
in    # 인덱스가 -2씩 증가하며 끝에서 처음까지
      x[::-2]
out   [10, 6, 2]
```

```
in    # 순서열 원소 제거: 처음부터 2보다 작은 값까지
      x = [2, 4, 6, 8, 10]
      del x[:2]
      x
out   [6, 8, 10]
```

## 1.8 논리 연산자

논리 연산자는 두 개의 값을 비교하여 참과 거짓으로 그 결과를 나타낸다. and, or, not은 각각의 bool 값을 파악하여 bool 값으로 결과를 나타낸다. 비교 연산자는 <, >, <=, >=, ==, != 이 있다.

in
```
# > 연산자
0 > 1
```
out
```
False
```

in
```
# == 연산자
0 == 1
```
out
```
False
```

in
```
# != 연산자
0 != 1
```
out
```
True
```

in
```
# and, & 연산자
(0 > 1) & (1 > 0)
```
out
```
False
```

in
```
# or, | 연산자
(0 > 1) | (1 > 0)
```
out
```
True
```

in
```
# not 연산자
not (0 > 1)
```
out
```
True
```

## 1.9 문장 구성

파이썬 문장(statement)은 한 줄에 하나의 문장을 구성하며, 끝을 의미하는 어떠한 표식도 하지 않는다. 여러 개의 문장을 구성하고자 할 때 종속 관계가 있는 경우에는 띄어쓰기로 그 관계를 표현한다.

```
부모 문장:
        문장1
        …
        문장n
            문장1
            …
            문장k
```

띄어쓰기는 한 칸만 해도 되지만, 일반적으로 4개의 공백으로 표현한다.

in

```
if (0 == 0):
    print((0 == 0))
    if not (0 > 1):
        print (not (0 > 1))
print((0 > 1) and (0 > 1))
```

out

```
True
True
False
```

## 1.10 모듈

파이썬은 모듈과 모듈의 집합이라고 할 수 있는 패키지가 있다. 각 모듈은 하나의 파일 또는 모듈 이름의 디렉토리 _init_.py와 동일하다. 이러한 모듈 내부에는 클래스와 메소드 함수가 정의되어 있고, 이러한 클래스와 메소드 함수를 이용하여 파이썬 프로그래밍을 실행한다. 모듈을 사용하기 위해서는 import라는 키워드를 사용하고 모듈 내의 특별한 클래스만을 가져오기 위해서는 from 키워드를 사용한다. 이때 해당 파일들은 파이썬 경로(path)에 모두 존재해야 하는데, 이를 확인하기 위해서는 sys.path로 확인한다.

import numpy as np 문장은 sys.path에 나타나는 모든 경로에서 numpy.py가 존재하거나, numpy라는 디렉토리가 존재하는 것을 의미한다. 만약 디렉토리인 경우에는 해당 디렉토리의 _init_.py가 그 역할을 대신한다.

in
```
# 모듈 탐색을 위한 경로 확인
import sys
sys.path
```

out
```
['',
 '/content',
 '/env/python',
 '/usr/lib/python37.zip',
 '/usr/lib/python3.7',
 '/usr/lib/python3.7/lib-dynload',
 '/usr/local/lib/python3.7/dist-packages',
 '/usr/lib/python3/dist-packages',
 '/usr/local/lib/python3.7/dist-packages/IPython/extensions',
 '/root/.ipython']
```

in
```
# numpy 패키지의 가져오기, 그리고 별명으로 np를 사용
import numpy as np
np._version_
```

```
out    1.19.5
```

```
in     # 파이썬 경로의 matplotlib 디렉토리 밑의 pyplot 파일을 지칭
       import matplotlib.pyplot as plt
       plt
```

```
out    <module 'matplotlib.pyplot' from '/usr/local/lib/python3.7/dist-packages/matplotlib/pyplot.py'>
```

결과를 보면 특정 디렉토리에 해당 모듈이름의 파일로 존재함을 알 수 있다.

## 1.11 조건 문장

파이썬의 조건 문장은 다음과 같은 형식이다.

```
if 논리 조건:
  문장 블록
```

조건이 만족하지 않은 경우에 계속 분기하기 위해서는 elif, elif, ..., else을 사용한다.

```
if 논리 조건:
  문장 블럭
elif 논리조건:
  문장 블럭
else:
  문장 블록
```

in
```
# 조건문 구조
income = 100
if income < 100:
    grade = "low"
elif income < 200:
```
out

in
```
    grade = "middle"
else:
    grade = "high"

grade
```
out
```
middle
```

## 1.12 수학 연산과 함수

수학 연산자는 +, -, *, /, //, %, **, @가 있다. 여기서 //는 나눈 결과가 그 숫자를 넘지 않는 정수이며, @는 행렬 곱을 의미한다.

in
```
# 필요한 패키지 가져오기
import numpy as np

3 // 2, -3 // -2, 3 // -2
```
out
```
(1, 1, -2)
```

in
```
# 행렬 곱: @
A = np.array([[1,2],
              [3,4]])
```

```
B = np.array([[0,1],
              [1,0]])
A @ B
```

out
```
array([[2, 1],
       [4, 3]])
```

in
```
# 원소별 곱
A * B
```

out
```
array([[0, 2],
       [3, 0]])
```

in
```
# 싸인 함수
np.sin(np.pi/2)
```

out
```
1.0
```

in
```
# 자연 로그
np.log([1, np.e, np.e**2, 2**100.])
```

out
```
array([ 0.        ,  1.        ,  2.        , 69.31471806])
```

in
```
# 천장 함수
np.ceil(9.9)
```

out
```
10.0
```

## 1.13 조건반복 문장

조건반복(loop) 문장은 특정 조건을 만족하는 경우에만 반복을 허용하는 문장이다. 키워드는 while, for가 있으며 형식은 다음과 같다.

```
while 논리 조건:
    문장 블록
for 변수 in 반복가능객체:
    문장 블록
```

여기서 반복가능객체의 대표적인 예는 list, dict, set, str, bytes, tuple, range 등이 있다. 특정 객체가 반복가능객체인지를 판별하는 방법은 다음과 같다.

in

```
from collections import Iterable
x = 'bong ju kang'
isinstance(x, Iterable)

# while 반복문
# index 값이 11이면 while 반복문을 탈출
# 따라서 합은 index=10 까지만의 합임

value = 0
index = 1
while index <= 10:
    value += index**2
    index += 1

f"value={value},  index={index}"
```

out

```
value=385, index=11
```

in

```
# for 반복문

name = "bong ju kang"
index = 0
for value in name:
    if value == 'g':
        index += 1

f"value={value} has found {index} occurrences"
```

out value=g has found 2 occurrences

in
```
# range 함수를 이용한 for 반복문

name = "bong ju kang"
[name[index] for index in range(len(name))]
```

out ['b', 'o', 'n', 'g', ' ', 'j', 'u', ' ', 'k', 'a', 'n', 'g']

## 1.14 컨테이너 형 일반 연산

컨테이너 형은 내부에 기본 데이터 형인 순서열을 갖고 있는 데이터 형을 의미한다. 이런 경우에 공통적으로 일반 연산(generic operation)을 적용할 수 있다. 대표적인 연산으로는 len, min, max, sum, sorted, enumerate, zip, all, any 등이 있고 특수한 경우로는 값 in 등이 있다.

in
```
# 일반 연산: len, min, max, sorted
name = "bong ju kang"
value = "123456789"

len(name), len(value), min(value),max(name), sorted(name)
```

out (12, 9, '1', 'u', [' ', ' ', 'a', 'b', 'g', 'g', 'j', 'k', 'n', 'n', 'o', 'u'])

in
```
# 일반 연산: enumerate
name = "bong ju kang"
[{a:b} for a, b in enumerate(name)]
```

out
```
[{0: 'b'},
 {1: 'o'},
```

```
{2: 'n'},
{3: 'g'},
{4: ' '},
{5: 'j'},
{6: 'u'},
{7: ' '},
{8: 'k'},
{9: 'a'},
{10: 'n'},
{11: 'g'}]
```

여기서 사용한 enumerate 함수는 순차 가져오기가 가능한(iterable) 데이터 객체에 대하여 0부터 시작하는 숫자 색인과 반복적으로 가져오게 되는 객체의 값을 짝으로 반환한다. 즉, a는 인덱스 값이며 b는 반복되는 값이다.

in
```
# 일반 연산: zip
# 같은 위치에 있는 값을 반환하는 반복자
name = "bong ju kang"
value = "123456789"
[val for val in zip(name, value)]
```

out
```
[('b', '1'),
 ('o', '2'),
 ('n', '3'),
 ('g', '4'),
 (' ', '5'),
 ('j', '6'),
 ('u', '7'),
 (' ', '8'),
 ('k', '9')]
```

여기서 사용한 zip 함수는 반복 가져오기 가능한 객체에 적용되며 가장 작은 반복

횟수를 갖는 객체만큼 반복하여 짝으로 결괏값을 반환한다. 단, 반환되는 결과는 튜플(tuple)이다.

in
```
# 일반 연산자: index(위치), count(건수)
name = "bong ju kang"
name.index('k'), name.count('g')
```
out
```
(8, 2)
```

in
```
# 일반 연산자: 값 in
x ='b'
name = "bong ju kang"
x in name
```
out
```
True
```

## 1.15 리스트 연산

리스트는 컨테이너 형의 데이터이며 원소 간의 순서가 있다. 값은 다른 데이터 형의 값을 가질 수 있다. 이러한 리스트에 대하여 내부값을 수정, 추가, 제거 등을 연산하는 메소드(method)로 처리할 수 있다. 관련 메소드는 append, extend, insert, remove, pop, sort, reverse 등이 있다.

in
```
# 리스트 생성
value =[]
value
```
out
```
[]
```

in
```
# 리스트 생성
last_names =['KANG', 'KIM', 'LEE']
last_names
```
out
```
['KANG', 'KIM', 'LEE']
```

in
```
# 리스트 원소 추가:
value = []
value.append('b')
value.append('n')
value.append('n')
value
```
out
```
['b', 'n', 'n']
```

in
```
# 리스트 원소 제거: remove
value = list('bong ju kang')
value.remove('b')
value
```
out
```
['o', 'n', 'g', ' ', 'j', 'u', ' ', 'k', 'a', 'n', 'g']
```

in
```
# 리스트에 순서열 추가: extend
value = [x for x in 'bnn']
value.extend('banene')
value
```
out
```
['b', 'n', 'n', 'b', 'a', 'n', 'e', 'n', 'e']
```

in
```
# 리스트 마지막값 제거: pop
value.pop()
value
```
out
```
['a', 'n', 'e', 'n', 'e', 'b']
```

```
in      # 리스트 정렬: sort, reverse
        value = [x for x in 'banene']
        value.sort()
        value
```

```
out     ['a', 'b', 'e', 'e', 'n', 'n']
```

```
in      # 리스트 순차 가져오기(iteration)
        seasons = ['spring', 'summer', 'fall', 'winter']
        for s in seasons:
            print(s)
```

```
out     spring
        summer
        fall
        winter
```

```
in      # 순차 가져오기 가능한(iterable) 객체로부터 리스트 생성하기
        name = 'banene'
        names = []
        for w in name:
            names.append(w)
        names
```

```
out     ['b', 'a', 'n', 'e', 'n', 'e']
```

## 1.16 사전 연산

사전(dictionary)도 리스트와 마찬가지로 값의 조회, 수정, 제거 등을 할 수 있는 메소드가 있다. 이와 같은 메소드로는 get, update, del, pop, popitem 등이 있다.

in

```
# 사전 생성
score ={}
score
```

out

```
{}
```

in

```
# 사전 생성
score = {'lang':80, 'math':90, 'hist':75}
score
```

out

```
{'hist': 75, 'lang': 80, 'math': 90}
```

in

```
# 사전 키 조회
score = {'lang':80, 'math':90, 'hist':75}
score.keys()
```

out

```
dict_keys(['lang', 'math', 'hist'])
```

in

```
# 사전값 조회: 키 순서대로
score = {'lang':80, 'math':90, 'hist':75}
score.values()
```

out

```
dict_values([80, 90, 75])
```

in

```
# 키로 값 가져오기
score = {'lang':80, 'math':90, 'hist':75}
score['lang']
```

out

```
80
```

in

```
# 사전값 수정
score = {'lang':80, 'math':90, 'hist':75}
score['math']=100
score
```

out

```
{'hist': 75, 'lang': 80, 'math': 100}
```

in
```
# 사전 특정 키 제거
score = {'lang':80, 'math':90, 'hist':75}
del score['lang']
score
```
out
```
{'hist': 75, 'math': 90}
```

in
```
# 딕셔너리 초기화
score.clear()
score
```
out
```
{}
```

in
```
# 사전 순차 가져오기
score = {'lang':80, 'math':90, 'hist':75}
for s in score.keys():
    print(f'key = {s}, value={score[s]}')
```
out
```
key = lang, value=80
key = math, value=90
key = hist, value=75
```

in
```
# 사전 순차 가져오기
score = {'lang':80, 'math':90, 'hist':75}
for key, value in score.items():
    print(f'key = {key}, value={value}')
```
out
```
key = lang, value=80
key = math, value=90
key = hist, value=75
```

## 1.17 집합 연산

집합(set) 연산은 합집합(|), 교집합(&), 차집합(-) 등의 연산자를 이용할 수 있으며 집합 간의 포함 관계는 <, <=, ==, >, >= 연산자를 이용하여 확인할 수 있다. 또한, 메소드를 이용하여 집합의 값을 추가, 수정, 복제, 삭제 등을 할 수 있다.

in
```
# 집합의 생성
A = set()
A
```
out
```
set()
```

in
```
# 집합 정의
A = {'a', 'b', 'c'}
B = {'b', 'c', 'd', 'e'}
A, B
```
out
```
({'a', 'b', 'c'}, {'b', 'c', 'd', 'e'})
```

in
```
# 합집합: vertical bar
A = {'a', 'b', 'c'}
B = {'b', 'c', 'd', 'e'}
A | B
```
out
```
{'a', 'b', 'c', 'd', 'e'}
```

in
```
# 교집합
A = {'a', 'b', 'c'}
B = {'b', 'c', 'd', 'e'}
A & B
```
out
```
{'b', 'c'}
```

in
```
# 차집합
A = {'a', 'b', 'c'}
B = {'b', 'c', 'd', 'e'}
A - B
```
out
```
{'a'}
```

in
```
# 집합 포함 관계: <, >, ==
A = {'a', 'b', 'c'}
B = {'b', 'c', 'd', 'e'}
C = A | B
A < C, A < B, B < C, A == B
```
out
```
(True, False, True, False)
```

in
```
# 원소 추가
A = {'a', 'b', 'c'}
A.add('d')
A
```
out
```
{'a', 'b', 'c', 'd'}
```

in
```
# 원소 추가: 해시 가능 객체만
A = {'a', 'b', 'c'}
A.add(('a', 'b', 'c'))
A
```
out
```
{('a', 'b', 'c'), 'a', 'b', 'c'}
```

여기서 해시 가능(hashable) 조건이 붙은 것은 집합의 원소가 유일하게 정의되어야 하기 때문이다. 해시 가능 여부는 hash 함수를 이용하여 판단할 수 있고, 해시 함수는 객체에 유일한 정숫값을 부여하는 함수이다. 리스트는 해시 가능이 불가능한데, 왜냐하면 원소는 언제든지 제거할 수 있으므로 유일하게 정의할 필요가 없기 때문이다.

in
```
# 집합 추가
A = {'a', 'b', 'c'}
A.update({1, 2, 3})
A
```
out
```
{1, 2, 3, 'a', 'b', 'c'}
```

in
```
# 원소 제거
A = {1, 2, 3, 'a', 'b', 'c'}
A.remove(3)
A
```
out
```
{1, 2, 'a', 'b', 'c'}
```

in
```
# 집합 복사
A = {1, 2, 3, 'a', 'b', 'c'}
D = A.copy()
D
```
out
```
{1, 2, 3, 'a', 'b', 'c'}
```

## 1.18 문자열 연산

문자열(string)에 대한 연산은 공백 제거, 지정 문자의 출현 횟수 구하기, 조회, 대소문자 변환, 분리 및 결합 등이 있고 이를 메소드로 제공한다. 대표적으로 strip, count, index, is..., upper, lower, split, join 등이 있다.

in
```
# 문자열 생성
name = ''
name
```

```
# 문자열 생성
name = '\n      bong ju kang'
name
```

out
```
\n bong ju kang
```

in
```
# 문자열 원소 가져오기
name = 'Kang, Bong Ju'
name[0], name[:-1], name[:4]
```

out
```
('K', 'Kang, Bong J', 'Kang')
```

in
```
# 문자열 앞뒤 화이트 스페이스(white space) 제거: strip
# 화이트스페이스의 종류
# chr(9)  # 수평 탭(tab), '\t'
# chr(10) # 라인피드(line feed), '\n'
# chr(11) # 수직 탭, '\x0b'
# chr(12) # 폼피드(form feed), '\x0c'
# chr(13) # 캐리지리턴(carriage return), '\r'
# chr(32) # 공백(space), ' '

name.strip()
```

out
```
bong ju kang
```

in
```
# 문자열의 시작하는 인덱스: index
name = '\n      bong ju kang'
name.index('k')
```

out
```
13
```

in
```
# 대소문자 변환: lower, upper
['KANG'.lower(), 'banene'.upper()]
```

out
```
['kang', 'BANENE']
```

```
in      # 대소문자 서로 변환: swapcase
        'Kang, Bong Ju'.swapcase()
out     kANG, bONG jU
```

```
in      # 숫자, 문자로만 구성된 문자열인지 확인; isalnum()
        'Bonjour Kang 2020!'.isalnum()
out     False
```

```
in      # 문자열 분리: split
        'Kang, Bonjour'.split(',')
out     ['Kang', ' Bonjour']
```

```
in      # 문자열 결합
        ','.join(['Kang', ' Bong Ju'])
out     Kang, Bong Ju
```

## 1.19 함수 정의

함수는 다음과 같은 형식으로 정의한다.

```
def 함수명(매개변수1, ..., 매개변수n):
    """함수에 대한 설명"""
    문장 블록
    return 반환값
```

여기서 매개변수(parameter)는 함수 내부에서 사용하는 변수를 의미한다. 이러한 함수를 호출하기 위해서는 매개변수의 값을 전달해 주어야 한다. 이때 전달되는 값을 전달 인자 또는 인자(argument)라고 한다.

in
```
# 함수 정의 예

def bnn_add(x,y):
    """
    이 함수는 피 연산자를 받아서 덧셈을 처리해준다.
    :param x: 덧셈이 가능한 값
    :param y: 덧셈이 가능한 값
    :return: 덧셈 후 결괏값을 반환
    """
    return x + y

bnn_add
```
out
```
<function __main__.bnn_add>
```

결과를 보면 _main_ 이라는 이름이 나오는데 이는 해당 함수가 최상위 영역에서 실행된다는 것을 의미하며 특정 패키지의 이름이 아니다.

in
```
# 함수 활용
import numpy as np
bnn_add(np.array([1,9]), np.array([2.0, 3]))
```
out
```
array([ 3., 12.])
```

## 1.20 포맷 구성하기

포맷을 구성한다는 것은 아무 데이터 형이나 지정된 특별한 형식으로 문자열을 만들어 주는 것을 말하며 형식은 다음과 같다.

포맷 지시문.format(포맷할 값)

포맷 지시문(format directives)은 다음과 같은 형식이다.

"{selection: formatting!conversion}"

여기서 selection은 선택할 값을 의미하고 0부터 시작하며, formatting은 채울 문자, 정렬 방식 (<, >, ^, =), 부호(+, -, 공백), 최소 길이, 소수점 이하 길이, 포맷 형식(b, c, d, o, x, X, e, E, f, F, g, G, s 등)과 같은 순서로 지정하면 된다. conversion은 s(읽을 수 있는 문자 형식)와 r(문자 그대로 형식)이 있다. 예를 통하여 살펴보기로 하자.

in
```
# 선택(selection): *args
'{2}/{1}/{0}'.format(123, 234, 345)
```
out
```
345/234/123
```

in
```
# 선택(selection): **kwargs
'{z}/{y}/{x}'.format(x=123, y=234, z=345)
```
out
```
345/234/123
```

in
```
# 형식구성(format spec)
'${:.2f}'.format(123.345)
```
out
```
$12345.12
```

in
```
# 콤마 포맷
"{:,}원".format(1234567890)
```
out
```
1,234,567,890원
```

| | |
|---|---|
| in | # 콤마 포맷과 소수점 이하 1째 자리까지<br>"{:,.1f}원".format(12345.77) |
| out | 12,345.8원 |

| | |
|---|---|
| in | # 포맷할 값의 2번째 인자에 대한 포맷 지정: 오른쪽 정렬까지 지정(>)<br>"{1:>20s}".format(12345, 'bong ju kang') |
| out | bong ju kang |

| | |
|---|---|
| in | "{0:>20s}".format('Kang, Bong Ju', 'bong ju kang') |
| out | Kang, Bong Ju |

| | |
|---|---|
| in | # 포맷할 값의 2번째 인자에 대한 포맷 지정: 가운데 정렬까지 지정(^)<br>"{1:^20s}".format(12345, 'bong ju kang') |
| out | bong ju kang |

## 1.21 참고문헌

| 인용어 | 문헌 또는 URL |
|---|---|
| | https://docs.python.org/3/tutorial/index.html |
| [KANG-ML] | 강봉주(2019), 파이썬으로 실무에 바로 적용하는 머신러닝, 에이콘출판사 |
| [KANG-BASICS] | 강봉주(2020), 파이썬 기반의 AI를 위한 기초수학, 확률 및 통계, 자유아카데미 |
| [KANG-AUTOML] | 강봉주(2020), SAS Viya 기반의 실무에 바로 적용하는 AutoML, 자유아카데미 |

# 2장

# 넘파이 이해

## 2.1 개요

넘파이(NumPy)는 파이썬 언어의 라이브러리이며 다음과 같은 주요 특징을 가지고 있다.

- 벡터, 행렬, 고차원 배열의 구현
- 배열 기반 계산: 벡터 연산, 매우 효율적, 반복(loop) 제거, 원소별 계산 제거
- 넘파이 패키지: c로 구현, 배열의 처리
- 리스트 형식이지만 동일한 데이터 형과 고정된 크기의 데이터
- 파이썬의 거의 모든 후방(backend) 수치 연산 담당

넘파이 사용을 위하여 해당 패키지를 호출한다.

```
import numpy as np
```

이때 np는 일종의 별명이므로 다양한 이름으로 사용해도 되지만, 일반적으로 np를 많이 사용한다.

## 2.2 배열 생성

넘파이 배열의 데이터 형은 ndarray 클래스로 다차원 배열이다. 이러한 배열의 생성 방법은 다양한 종류가 있지만, 기본적으로는 np.array() 함수를 많이 사용하여 생성한다. 배열이 가지고 있는 다양한 속성들은 ndarray 메소드인 dtype, ndim, shape 등을 통하여 확인할 수 있다.

in
```
# 리스트나 튜플을 이용하여 다차원 배열의 생성
a = np.array([1, 2, 3, 4])
b = np.array((4, 5, 6,7))
type(a), a, b
```

out
```
(numpy.ndarray, array([1, 2, 3, 4]), array([4, 5, 6, 7]))
```

결과를 보면 다차원 배열(numpy.ndarray) 데이터 형임을 알 수 있다. 가장 흔하고 일반적으로 배열을 생성하는 방법은 리스트 객체를 이용하는 방법이다.

in
```
# 2차원 배열의 생성
x = np.array([[1, 2],
              [3, 4]])
x
```

out
```
array([[1, 2],
       [3, 4]])
```

in
```
# 배열 차원
a = np.array([1, 2, 3, 4])
x = np.array([[1., 2.],
              [3., 4.4]])
a.ndim, x.ndim
```

out
```
(1, 2)
```

배열의 차원은 배열을 정의하기 위하여 필요한 축의 개수를 의미한다. 예를 들어 x인 경우에는 첫 번째 순서를 위하여 axis 0이 필요하고 두 번째 값을 위하여 axis 2가 필요한 것이다.

in
```
# 배열 모양(shape)
a = np.array([1, 2, 3, 4])
```

```
x = np.array([[1., 2.],
              [3., 4.4]])
a.shape, x.shape
```

out
```
((4,), (2, 2))
```

배열의 모양 결과는 튜플 데이터 형으로 출력된다. 각 축별로 원소의 개수가 곧 배열 모양이 된다. 1차원인 경우에 (4, )와 같이 반환되는데, 이는 넘파이 배열이 행(row) 우선임을 알 수 있다.

in
```
# 배열 원소의 데이터 형
a = np.array([1, 2, 3, 4])
x = np.array([[1., 2.],
              [3., 4.4]])
a.dtype, x.dtype
```

out
```
(dtype('int64'), dtype('float64'))
```

직접 배열을 지정하지 않고 함수로 배열을 생성할 수 있다.

in
```
# linspace
np.linspace(0, 10, 5)
```

out
```
array([ 0. ,  2.5,  5. ,  7.5, 10. ])
```

linspace은 주어진 구간 내의 일정한 간격으로 개수만큼 값을 생성한다.

## 2.3 배열 연산

배열 연산은 배열과 배열 사이에 어떤 연산이 가능하고 어떻게 실행되는지를 정의한 것이다. 넘파이 배열의 연산은 각각 대응하는 원소별 연산이 실행되는 점이 가장 큰 특징이다. 따라서 넘파이 수학 함수들도 모두 각 원소별로 적용된다.

in
```
# 원소별 덧셈
x = [1,2,3,4]
y = [10,20,30,40]
a = np.array(x)
b = np.array(y)
x + y, a + b
```

out
```
([1, 2, 3, 4, 10, 20, 30, 40], array([11, 22, 33, 44]))
```

결과를 보면 리스트의 덧셈은 리스트가 추가되지만 배열은 원소별로 합한 결과가 출력된다.

in
```
# 원소별 뺄셈
a - b
```

out
```
array([-9, -18, -27, -36])
```

in
```
# 원소별 곱셈
a * b
```

out
```
array([10,  40,  90,  160])
```

in
```
# 원소별 제곱승
a**b, a**2
```

```
out    (array([1, 1048576, 205891132094649, 0]),
        array([1,   4,   9,   16]))
```

```
in     # 특수한 값
       np.pi
```

```
out    3.141592653589793
```

```
in     # 원소별 함수 적용
       np.sqrt(a * np.pi).round(2)
```

```
out    array([1.77, 2.51, 3.07, 3.54])
```

## 2.4 배열 원소

배열을 구성하는 원소값의 수정은 해당 위치의 값을 수정하는 것이다. 배열 원소의 위치는 리스트와 동일하게 0부터 시작하며 배열의 끝은 음수로 -1이다.

```
in     # 배열 원소 가져오기
       a = np.array([1,2,3,4])
       a[0], a[1], a[-1]
```

```
out    (1, 2, 4)
```

```
in     # 배열 원소값 수정하기
       a = np.array([1,2,3,4])
       a[1] = 0.9
       a, a.dtype
```

```
out    (array([1, 0, 3, 4]), dtype('int64'))
```

결과를 보면 0.9 값을 입력했지만 0으로 입력되어 있음을 알 수 있다. 이것은 원래 a 배열 원소의 데이터 형이 정수이기 때문에 변환 후 입력되었음을 확인할 수 있는데, 따라서 원래의 결과를 얻고자 한다면 미리 해당 배열을 실숫값으로 전환 후 입력해야 한다.

in
```
# 모든 원소값을 하나의 값으로 대체하기
a.fill(-10)
a
```

out
```
array([-10, -10, -10, -10])
```

## 2.5 다차원 배열

다차원 배열은 차원의 수가 많다는 것으로 하나의 차원(행만 있는 차원)이 아닌 것을 의미한다. 2차원 배열은 행과 열이 있는 배열로 행의 원소가 또 하나의 배열임을 의미하는 것이다.

in
```
# 다차원 배열
a = np.array([[1, 2, 3, 4], [5, 6, 7, 8]])
a
```

out
```
array([[1, 2, 3, 4],
       [5, 6, 7, 8]])
```

다음 그림과 같이 구성되어 있음을 알 수 있다.

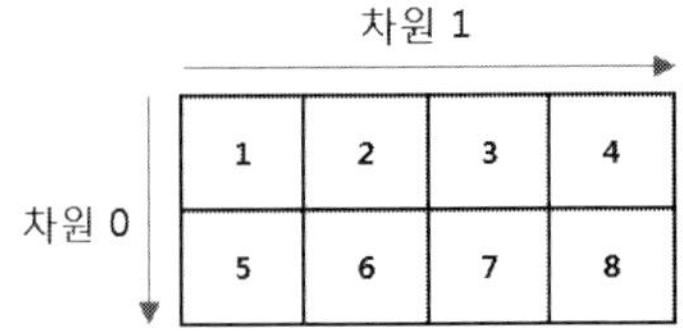


그림 2.1 넘파이 다차원 배열

그림 2.1은 다차원 배열이므로 하나의 값을 조회하고자 한다면, a[i, j]와 같은 방식으로 한다. 여기서 i는 차원 0에 대한 인덱스, j는 차원 1에 대한 인덱스를 의미한다.

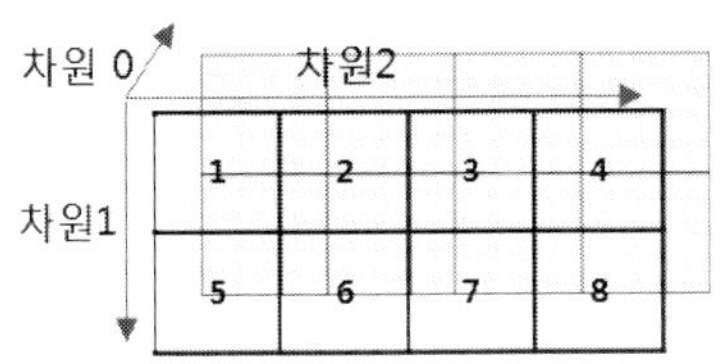


그림 2.2 넘파이 3차원 배열

그림 2.2는 3차원인 경우에 각각의 차원이 어떻게 구성되는지를 보여준다. 3차원인 경우에는 a[i, j, k] 방식으로 접근할 수 있다.

in
```
# 인덱스에 의한 원소 가져오기
a = np.array([[1, 2, 3, 4], [5, 6, 7, 8]])
a.shape, a.ndim, a[0,0], a[-1, -1], a[-1]
```

out
```
((2, 4), 2, 1, 8, array([5, 6, 7, 8]))
```

a[-1]인 경우는 배열의 행 우선이므로 마지막 행을 출력하게 된다.

## 2.6 배열 생성자

배열을 생성하는 다양한 생성자(constructor)가 있다. array 이외에도 arange, linspace, zeros, ones, identity, empty 등이 있으며 분포에 따른 난수를 발생하는 난수 함수도 있다.

in
```
# start, stop, step 형식으로 구성됨. 단, stop보다 작은 값까지 유효함
np.arange(0, 10, 2)
```
out
```
array([0, 2, 4, 6, 8])
```

in
```
# 정수가 아닌 경우에는 stop보다 작은 값이 아닌 경우가 있음
np.arange(1.5, 2.7, 0.3)
```
out
```
array([1.5, 1.8, 2.1, 2.4, 2.7])
```

in
```
# 하나의 값만 있는 경우는 stop 값으로 인식
np.arange(10)
```
out
```
array([0, 1, 2, 3, 4, 5, 6, 7, 8, 9])
```

in
```
# 튜플 형식으로 크기를 입력
np.zeros((3,))
```
out
```
array([0., 0., 0.])
```

in
```
# 1 행렬(np.ones)
np.ones((3, 4)).astype(np.float)
```
out
```
array([[1., 1., 1., 1.],
       [1., 1., 1., 1.],
       [1., 1., 1., 1.]])
```

in

```
# start, stop, n이며, 시작부터 끝까지 n개로 균등하게 나누는 값을 반환
np.linspace(0, 1, 10).round(2)
```

out

```
array([0.  , 0.11, 0.22, 0.33, 0.44, 0.56, 0.67, 0.78, 0.89, 1.  ])
```

in

```
# 특정값 채우기(np.full)
np.full((2, 3), 1)
```

out

```
array([[1, 1, 1],
       [1, 1, 1]])
```

in

```
# 대각 행렬(np.diag)
A = np.diag([1, 2, 3])
A, np.diag(A)
```

out

```
(array([[1, 0, 0],
        [0, 2, 0],
        [0, 0, 3]]),
 array([1, 2, 3]))
```

diag 함수는 주어진 배열의 값을 이용하여 대각 행렬을 구성하고 이미 행렬이 구성된 경우에는 대각 원소들로 구성된 배열을 반환한다.

in

```
# 정방 행렬(square matrix)이 아니어도 됨
np.diag(np.arange(2*3).reshape(2, 3))
```

out

```
array([0, 4])
```

in

```
# 항등 행렬
np.identity(3), np.eye(3)
```

out

```
(array([[1., 0., 0.],
        [0., 1., 0.],
        [0., 0., 1.]]),
```

```
array([[1., 0., 0.],
       [0., 1., 0.],
       [0., 0., 1.]]))
```

대각 원소가 모두 1인 행렬을 항등 행렬이라고 한다.

in
```
# 좌표 행렬(np.meshgrid)
x = np.arange(1, 4)
y = np.arange(4, 7)
X, Y = np.meshgrid(x, y)
x, X, y, Y
```

out
```
(array([1, 2, 3]), array([[1, 2, 3],
       [1, 2, 3],
       [1, 2, 3]]), array([4, 5, 6]), array([[4, 4, 4],
       [5, 5, 5],
       [6, 6, 6]]))
```

결과를 보면 x의 각 값에 대하여 y의 모든 값이 대응되는 배열이 생성되는 것을 알 수 있다.

in
```
# 초기화 안된 배열 생성
np.empty((2, 3), dtype=np.float)
```

out
```
array([[ 67.56970773,  44.2287148,  67.56970773],
       [245.2112852, 375.23029227,  44.2287148 ]])
```

in
```
# _like 함수
X = np.empty((3, 3), dtype=np.float)
np.ones_like(X), np.zeros_like(X)
```

out
```
(array([[1., 1., 1.],
```

```
         [1., 1., 1.],
         [1., 1., 1.]]),
 array([[0., 0., 0.],
         [0., 0., 0.],
         [0., 0., 0.]]))
```

in
```
# 난수 발생(np.random)
np.random.seed(123)
np.random.rand(3,), np.random.normal(size=3)
```

out
```
(array([0.69646919, 0.28613933, 0.22685145]),
 array([1.73837013, 0.4064541, 0.32210607]))
```

난수는 numpy.random 모듈의 함수를 이용한다. rand는 0과 1 사이의 무작위 수를 발생시키며 normal 함수는 표준정규분포에서 무작위 수를 발생시킨다. 생성한 배열의 크기는 정숫값 또는 size 전달인자값으로 정의한다.

in
```
# 크기 변경
np.random.seed(123)
np.random.rand(2, 3).round(2)
```

out
```
array([[0.7 , 0.29, 0.23],
       [0.55, 0.72, 0.42]])
```

in
```
# np.random.randint: [low, high] 추출
np.random.seed(123)
np.random.randint(0, 10, 5)
```

out
```
array([2, 2, 6, 1, 3])
```

in
```
# np.random.choice: 주어진 배열에서 확률표본 추출
np.random.seed(123)
np.random.choice(np.arange(10), 5, replace=False)
```

```
out    array([4, 0, 7, 5, 8])
```

## 2.7 배열 조각내기

배열 조각내기는 조각을 내서 전체 배열의 부분 영역 값을 가져오는 것을 말한다. 이는 리스트의 연산과 동일한 구조이다. 조각내기의 일반적인 구조는 다음과 같다.

배열[lower:upper:step, ..., lower:upper:step ]

조각내기는 각 차원별로 적용이 가능하다. 예를 들어 a[:, 1:3]이라고 하면, 축 0인 경우는 모든 영역, 축 1인 경우는 1부터 시작하여 2까지 값을 가져오는 것을 의미한다. 각각의 값을 생략하는 경우는 제일 작은 인덱스 값, 제일 큰 인덱스 값, step=1이 할당된다.

```
in     # 하나의 값 가져오기
       a = np.arange(10)
       a, a[(3,)], a[3]
out    (array([0, 1, 2, 3, 4, 5, 6, 7, 8, 9]), 3, 3)
```

```
in     # a[m:n:p]: 인자 생략
       a = np.arange(10)
       a, a[:], a[::]
out    (array([0, 1, 2, 3, 4, 5, 6, 7, 8, 9]),
        array([0, 1, 2, 3, 4, 5, 6, 7, 8, 9]),
        array([0, 1, 2, 3, 4, 5, 6, 7, 8, 9]))
```

in

```
# 역 배열
a = np.arange(10)
a[::], a[::-1]
```

out

```
(array([0, 1, 2, 3, 4, 5, 6, 7, 8, 9]), array([9, 8, 7, 6, 5, 4, 3, 2, 1, 0]))
```

in

```
# 시작:끝 정의
a = np.arange(10)
a, a[:2], a[3:]
```

out

```
(array([0, 1, 2, 3, 4, 5, 6, 7, 8, 9]),
 array([0, 1]),
 array([3, 4, 5, 6, 7, 8, 9]))
```

in

```
# 증분(step)
a = np.arange(10)
a, a[::2], a[::-2]
```

out

```
(array([0, 1, 2, 3, 4, 5, 6, 7, 8, 9]),
 array([0, 2, 4, 6, 8]),
 array([9, 7, 5, 3, 1]))
```

in

```
# 시작:끝:증분
a = np.arange(10)
a, a[1::2]
```

out

```
(array([0, 1, 2, 3, 4, 5, 6, 7, 8, 9]), array([1, 3, 5, 7, 9]))
```

참고로 하나의 조각은 원래 배열을 참조하는데 이는 새로 생성된 조각값을 변경하면, 원래 배열의 값도 변경되므로 복사되지 않는다는 것을 의미한다.

in

```
# 조각 참조
a = np.arange(10)
b = a[:5]
```

의미는 다음과 같이 비교하는 것이다.

in
```
# a > 5 의 의미
np.random.seed(123)
a = np.random.choice(10, 5)
a > np.full(a.shape, 5)
```

out
```
array([False, False, True, False, False])
```

in
```
# 논리 배열 이용 추가
a = np.arange(10)
bool_mask = np.array([0, 0, 0, 1, 1, 1, 0, 0, 0, 0], dtype=bool)
a, a[bool_mask]
```

out
```
(array([0, 1, 2, 3, 4, 5, 6, 7, 8, 9]), array([3, 4, 5]))
```

in
```
# 조각내기와 팬시 색인화의 결합 예(1)
a = np.arange(1, 26).reshape(5,5)
a, a[0:2, [1, 3]]
```

out
```
(array([[ 1,  2,  3,  4,  5],
        [ 6,  7,  8,  9, 10],
        [11, 12, 13, 14, 15],
        [16, 17, 18, 19, 20],
        [21, 22, 23, 24, 25]]),
 array([[2, 4],
        [7, 9]]))
```

행에 대해서는 조각내기 0:2를 적용하고 열에는 [1, 3]의 색인 배열을 넘겨주었다.

in
```
# 조각내기와 팬시 색인화의 결합 예(2)
a = np.arange(1, 26).reshape(5,5)
a, a[:, 1]
```

```
out     (array([[ 1,  2,  3,  4,  5],
               [ 6,  7,  8,  9, 10],
               [11, 12, 13, 14, 15],
               [16, 17, 18, 19, 20],
               [21, 22, 23, 24, 25]]),
         array([ 2,  7, 12, 17, 22]))
```

행에 대해서는 조각내기 :를 적용하고 열에는 1의 스칼라 값을 넘겨주었다. 결과는 차원이 1인 배열이 출력되었다.

```
in      # 조각내기와 팬시 색인화 결합 예3
        a = np.arange(1, 26).reshape(5,5)
        a, a[:, [1]]
```

```
out     (array([[ 1,  2,  3,  4,  5],
               [ 6,  7,  8,  9, 10],
               [11, 12, 13, 14, 15],
               [16, 17, 18, 19, 20],
               [21, 22, 23, 24, 25]]),
         array([[ 2],
               [ 7],
               [12],
               [17],
               [22]]))
```

행에 대해서는 조각내기 :를 적용하고 열에는 [1]의 색인 배열을 넘겨주었고 결과는 차원이 2인 배열이 출력되었다. 앞의 예 2와 비교하여 차이점이 있다는 것을 알 수 있다.

## 2.9 모양 변경

배열의 모양 변경(reshaping)을 한다는 것은 데이터 원소의 개수는 일정하지만 그 모양(shape)을 바꾼다는 것을 의미한다. 주로 reshape, newaxis 메소드 또는 함수를 이용한다.

in
```
# 모양 변경: 크기 유지
np.random.seed(0)
A = np.random.choice(10, 10)
B = A.reshape(2, 5)
A, B, A.size, B.size
```

out
```
(array([5, 0, 3, 3, 7, 9, 3, 5, 2, 4]),
 array([[5, 0, 3, 3, 7],
        [9, 3, 5, 2, 4]]), 10, 10)
```

in
```
# 1차원 배열 만들기
np.random.seed(0)
B = np.random.choice(2*5, (2, 5))
b = B.flatten()
B, b
```

out
```
(array([[5, 0, 3, 3, 7],
        [9, 3, 5, 2, 4]]),
 array([5, 0, 3, 3, 7, 9, 3, 5, 2, 4]))
```

in
```
# 1차원 뷰 배열 만들기
np.random.seed(0)
B = np.random.choice(2*5, (2, 5))
b = B.ravel()
B, b
```

out
```
(array([[5, 0, 3, 3, 7],
```

```
        [9, 3, 5, 2, 4]]),
 array([5, 0, 3, 3, 7, 9, 3, 5, 2, 4]))
```

뷰를 만든다는 것은 B, b는 서로 연결되어 참조된다는 것을 의미한다.

in
```
# 길이가 1인 차원 제거
np.random.seed(0)
A = np.random.choice(1*10, (1, 10))

# 0축 제거
c = np.squeeze(A, axis=0)
A, c
```

out
```
(array([[5, 0, 3, 3, 7, 9, 3, 5, 2, 4]]),
 array([5, 0, 3, 3, 7, 9, 3, 5, 2, 4]))
```

in
```
# 길이가 1인 차원 추가
np.random.seed(0)
a = np.random.choice(5, (4, ), replace=False)

# 축 추가
np.expand_dims(a, axis=0), np.expand_dims(a, axis=1)
```

out
```
(array([[2, 0, 1, 3]]),
 array([[2],
        [0],
        [1],
        [3]]))
```

in
```
# 차원 추가하는 다른 방법
np.random.seed(0)
a = np.random.choice(5, (4, ), replace=False)

# 1축 추가
a[:, np.newaxis]
```

out

```
array([[2],
       [0],
       [1],
       [3]])
```

in

```
# 배열의 전치(transpose)
C = np.arange(2*3).reshape(2, 3)

C, C.T, C.transpose(), np.transpose(C)
```

out

```
(array([[0, 1, 2],
        [3, 4, 5]]),
 array([[0, 3],
        [1, 4],
        [2, 5]]),
 array([[0, 3],
        [1, 4],
        [2, 5]]),
 array([[0, 3],
        [1, 4],
        [2, 5]]))
```

2차원 전치를 하게 되면 (i, j) 원소가 전치된 배열의 (j, i)로 변경된다.

in

```
# 2차원 이상의 배열의 전치
C = np.arange(2*3*4).reshape(2, 3, 4)
C.shape, C.T.shape, C[1, 2, 3], C.T[3, 2, 1]
```

out

```
((2, 3, 4), (4, 3, 2), 23, 23)
```

3차원 전치인 경우에는 (i, j, k) 원소가 (k, j, i)으로 변경된다.

## 2.10 배열 쌓기

배열 쌓기(stacking)는 원하는 축으로 쌓을 수 있는 배열을 추가한다는 의미이며 쌓는 방향으로 모양(shape)이 동일해야 한다. 주로 사용하는 함수는 vstack, hstack, dstack, r_, c_를 사용한다.

in
```
# 0축에 배열 쌓기
a = np.arange(5)
b = np.arange(5, 10)
c = np.vstack((a, b))
a, b, c
```

out
```
(array([0, 1, 2, 3, 4]), array([5, 6, 7, 8, 9]),
 array([[0, 1, 2, 3, 4],
        [5, 6, 7, 8, 9]]))
```

vstack 함수에서 전달인자는 튜플 형식임을 주의해야 한다.

in
```
# np.r_
a = np.arange(2*5).reshape((2, 5))
b = np.arange(2*5).reshape((2, 5))
np.r_[a, b], np.vstack((a, b))
```

out
```
(array([[0, 1, 2, 3, 4],
        [5, 6, 7, 8, 9],
        [0, 1, 2, 3, 4],
        [5, 6, 7, 8, 9]]),
 array([[0, 1, 2, 3, 4],
        [5, 6, 7, 8, 9],
        [0, 1, 2, 3, 4],
        [5, 6, 7, 8, 9]]))
```

r_에서는 전달인자가 리스트 형식으로 주고 있음을 주의해야 한다.

in

```
# 쌓을 수 있는 배열
a = np.arange(5)
b = np.array([1]*5)
c = np.vstack((a, b))
a, b, c
```

out

```
(array([0, 1, 2, 3, 4]), array([1, 1, 1, 1, 1]),
array([[0, 1, 2, 3, 4],
[1, 1, 1, 1, 1]]))
```

a 배열과 이어서 쌓기 위해서는 쌓는 축으로 모양이 동일된 형식을 가져야 한다.

in

```
# 2차원 배열 쌓기
a = np.arange(2*3).reshape(2, 3)
b = a
c = np.vstack((a, b))
c, a.shape, b.shape, c.shape
```

out

```
(array([[0, 1, 2],
        [3, 4, 5],
        [0, 1, 2],
        [3, 4, 5]]),
(2, 3), (2, 3), (4, 3))
```

in

```
# 1축에 배열 쌓기
a = np.arange(5)
b = np.arange(5, 10)
c = np.hstack((a,b))
a, b, c, a.shape, c.shape
```

out

```
(array([0, 1, 2, 3, 4]),
 array([5, 6, 7, 8, 9]),
```

```
array([0, 1, 2, 3, 4, 5, 6, 7, 8, 9]),
(5,),
(10,))
```

in
```
# 3차원 배열: 1축으로 쌓기
a = np.arange(2*3*4).reshape(2, 3, 4)
b = a
c = np.hstack((a,b))
a, c, c.shape
```

out
```
(array([[[ 0,  1,  2,  3],
         [ 4,  5,  6,  7],
         [ 8,  9, 10, 11]],

        [[12, 13, 14, 15],
         [16, 17, 18, 19],
         [20, 21, 22, 23]]]),
 array([[[ 0,  1,  2,  3],
         [ 4,  5,  6,  7],
         [ 8,  9, 10, 11],
         [ 0,  1,  2,  3],
         [ 4,  5,  6,  7],
         [ 8,  9, 10, 11]],

        [[12, 13, 14, 15],
         [16, 17, 18, 19],
         [20, 21, 22, 23],
         [12, 13, 14, 15],
         [16, 17, 18, 19],
         [20, 21, 22, 23]]]),
 (2, 6, 4))
```

결과를 보면 1축의 크기만 2배로 증가함을 알 수 있다.

```
in     # 2축에 배열 쌓기
       a = np.arange(2).reshape(1, 2)
       b = np.arange(2, 2+2).reshape(1, 2)
       c = np.dstack((a,b))
       a, b, c, a.shape, c.shape
```

```
out    (array([[0, 1]]),
        array([[2, 3]]),
        array([[[0, 2],
                [1, 3]]]), (1, 2), (1, 2, 2))
```

## 2.11 배열 축과 계산

배열의 축은 생성되는 순서(참조되는 순서)에 의하여 결정되며, 축은 0부터 시작된다.

이러한 축 개념을 이용하면 다차원 배열에 대하여 다양한 방향으로 요약 또는 함수 계산 등을 할 수 있다.

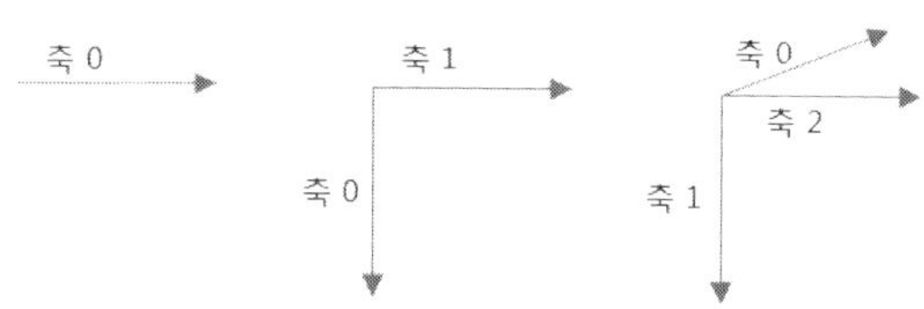


그림 2.3 배열의 축

가령 2차원 배열 3×4인 a에 대하여 np.sum(a, axis=0)는 축 0을 따라서 합을 구하는 것이기 때문에 해당 축은 사라지고 (4, )인 열별로 합이 나오게 된다. 만약 행별로 합을 구하고자 한다면 np.sum(a, axis=1)과 같이 입력한다. 집계함수로는 sum, mean, std 등을 사용한다.

in
```
# 축을 명시하지 않으면, 전체의 합
a = np.arange(2*5).reshape((2, 5))
a, a.sum()
```

out
```
(array([[0, 1, 2, 3, 4],
        [5, 6, 7, 8, 9]]), 45)
```

in
```
# 0축을 따라서 합을 구함. 모든 열별로 합이 나옴
a = np.arange(2*5).reshape((2, 5))
c = a.sum(axis=0)
a, c, c.shape
```

out
```
(array([[0, 1, 2, 3, 4],
        [5, 6, 7, 8, 9]]),
array([5,  7,  9, 11, 13]),
(5,))
```

in
```
# 1축을 따라서 합을 구함. 모든 행별로 합이 나옴
a = np.arange(2*5).reshape((2, 5))
c = a.sum(axis=1)
a, c, c.shape
```

out
```
(array([[0, 1, 2, 3, 4],
        [5, 6, 7, 8, 9]]),
array([10, 35]),
(2,))
```

in
```
# 기본 집계함수
a = np.arange(2*5).reshape((2, 5))
a, a.sum(axis=0), a.mean(axis=0), a.std(axis=0)
```

out
```
(array([[0, 1, 2, 3, 4],
        [5, 6, 7, 8, 9]]),
 array([5,  7,  9, 11, 13]),
```

```
array([2.5, 3.5, 4.5, 5.5, 6.5]),
array([2.5, 2.5, 2.5, 2.5, 2.5]))
```

## 2.12 배열 방송

배열 방송(broadcasting)은 두 개의 배열의 모양이 맞지 않더라도 작은 모양의 배열이 큰 배열의 모양에 맞추기 위하여 동시에 해당 배열이 필요한 곳곳에 던져지는(casting) 것을 의미한다. 마치 하나의 내용이 곳곳에 방송되는 것과 같은 의미이다. 이때 작은 모양의 배열이 복사 없이 진행되므로 자원 효율적이다. 예를 들어, 4×3 크기의 배열이 있다고 한다면, 1×3, 4×1 방송이 가능하지만 2×3은 방송할 수 없다. 왜냐하면, 큰 행렬을 좌우 1칸씩 이동하면 중첩하여 덮을 수 있기 때문이다.

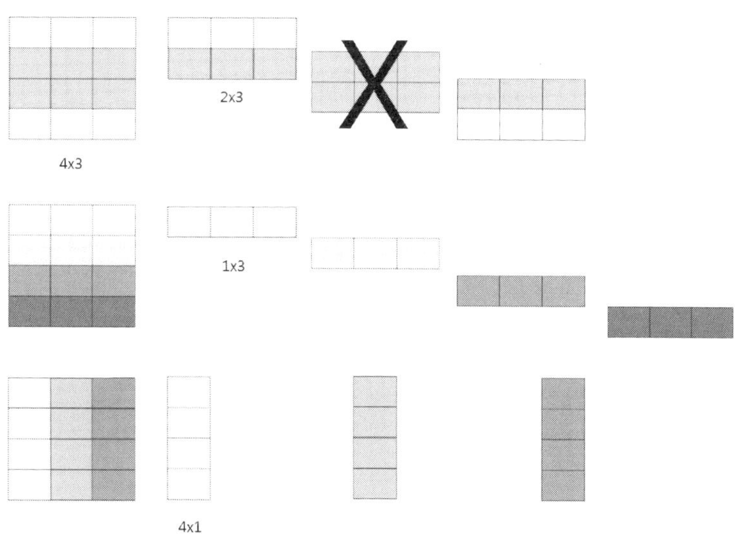


그림 2.4 배열 방송 구조

그림 2.4에서 2×3인 경우에는 1칸씩 움직여서 서로 겹치지 않게 덮을 수 없다.

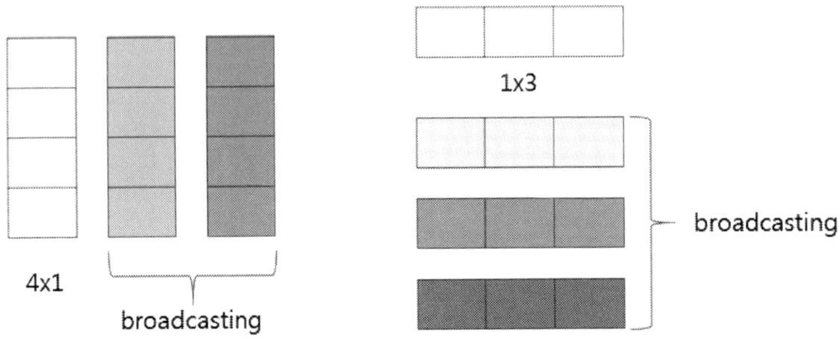


그림 2.5 배열 방송의 예

in
```
# 배열 + 스칼라
a = np.arange(5)
b = 1
a, b, a + b
```

out
```
(array([0, 1, 2, 3, 4]), 1, array([1, 2, 3, 4, 5]))
```

in
```
# 2차원 배열 + 스칼라
a = np.arange(2*3).reshape(2, 3)
b = 1
a, b, a + b
```

out
```
(array([[0, 1, 2],
        [3, 4, 5]]),
 1,
 array([[1, 2, 3],
        [4, 5, 6]]))
```

in
```
# 2차원 배열 + 1차원 배열: 0축
a = np.arange(2*3).reshape(2, 3)
b = np.ones(3)
a, b, a + b
```

out
```
(array([[0, 1, 2],
        [3, 4, 5]]),
 array([1., 1., 1.]),
 array([[1., 2., 3.],
        [4., 5., 6.]]))
```

in
```
# 2차원 배열 + 1차원 배열: 1축
a = np.arange(2*3).reshape(2, 3)
b = np.ones(2)[:, np.newaxis]
a, b, a + b
```

out
```
(array([[0, 1, 2],
        [3, 4, 5]]),
 array([[1.],
        [1.]]),
 array([[1., 2., 3.],
        [4., 5., 6.]]))
```

in
```
# 2차원 배열 * 1차원 배열
a = np.arange(2*3).reshape(2, 3)
b = np.arange(3)
a, b, a * b
```

out
```
(array([[0, 1, 2],
        [3, 4, 5]]),
 array([0, 1, 2]),
 array([[0,  1,  4],
        [0,  4, 10]]))
```

in
```
# 배열 방송 불가
a = np.arange(4*3).reshape(4, 3)
b = np.arange(2*3).reshape(2, 3)
a + b
```

out
```
ValueError: operands could not be broadcast together with shapes (4,3) (2,3)
```

## 2.13 참고문헌


| 인용어 | 문헌 또는 URL |
|---|---|
| | https://numpy.org/doc/stable/user/quickstart.html |
| | https://numpy.org/doc/stable/user/basics.html |
| [KANG-ML] | 강봉주(2019), 파이썬으로 실무에 바로 적용하는 머신러닝, 에이콘출판사 |
| [KANG-BASICS] | 강봉주(2020), 파이썬 기반의 AI 를 위한 기초수학, 확률 및 통계, 자유아카데미 |
| [KANG-AUTOML] | 강봉주(2020), SAS Viya 기반의 실무에 바로 적용하는 AutoML, 자유아카데미 |

3장

# 판다스 이해

## 3.1 개요

판다스(pandas)는 미시경제학에서 사용하는 "panel data"에서 나온 말이며 주로 데이터 처리와 분석에 사용되는 파이썬 라이브러리이다. 판다스는 시리즈(Series)와 데이터프레임(DataFrame)이라는 데이터 클래스를 가지고 있으며, 다양한 데이터 포맷을 갖는 데이터에 접근할 수 있고 모양을 바꾸거나, 피벗팅, 데이터 결합이나 연결 등의 기능을 갖고 있다. 판다스를 사용하기 위해서는 다음의 패키지를 적재해야 한다.

```
import pandas as pd
```

여기서 pd는 가장 많이 사용하는 별명이다.

### 3.1.1 사용 데이터

3장에서는 자동차보험의 보험금청구(claim)와 관련된 데이터를 사용하였다.

| # | 변수 | 유형 | 설명 | 한글 설명 |
|---|---|---|---|---|
| 1 | id | categorical | ID number | 식별번호 |
| 2 | child_driv | numeric | No of driving children | 운전가능자녀수 |
| 3 | age | numeric | Age | 나이 |
| 4 | children | numeric | Number of children | 자녀수 |
| 5 | yoj | numeric | Years on Job | 재직연수 |
| 6 | income | numeric | Income | 수입금액 |
| 7 | house_val | numeric | Housing value | 주택가격 |
| 8 | status | categorical | Marital Status | 결혼상태 |
| 9 | gender | categorical | Gender of driver | 운전자성별 |
| 10 | edu_level | categorical | Highest Education | 교육수준 |
| 11 | job | categorical | Occupation of driver | 운전자직업 |

| # | 변수 | 유형 | 설명 | 한글 설명 |
|---|---|---|---|---|
| 12 | distance | numeric | Work distance | 직장거리 |
| 13 | car_use | categorical | Car use (y/n) | 차량이용여부 |
| 14 | vehicle_val | numeric | Vehicle value | 차량가격 |
| 15 | vehicle_type | categorical | Type of Car | 차량유형 |
| 16 | clm_freq | numeric | No of claims (10yrs) | 10년 내보험청구건수 |
| 17 | revoked | categorical | License revoked (10yrs) | 10년 면허취소건수 |
| 18 | mvr_pts | numeric | Motor Vehicle Record points | 운전자운전이력점수 |
| 19 | claim_amount | numeric | Claim amount | 보험청구금액 |
| 20 | vehicle_age | numeric | Age of Vehicle | 차량 연식 |
| 21 | claim_ind | categorical | Claim flag | 보험청구여부 |
| 22 | area | categorical | Home/Work area | 지역 |
| 23 | state_code | categorical | State code | 주코드 |

해당 데이터는 다음과 같이 구성된다.

in
```
# [claim] 데이터
url = 'https://github.com/bong-ju-kang/data/blob/master/claim.csv?raw=true'
df = pd.read_csv(url)
df.shape
```

out
```
(10300, 23)
```

### 3.1.2 데이터프레임 구조

그림 3.1에 생성된 데이터프레임 구조를 보면 0, 1, 2, … 값을 갖는 색인(index)이 있고 가로로는 '열(column)'로 구성되어 있다. 즉, 세로로는 0, 1, 2, … 값을 가지는 '행' 레이블이라고 할 수 있는 색인과 '열'들로 구성된 데이터 영역으로 구성되어 있다. 이러한 구조는 shape, index, columns, dtypes, info 등을 통하여 확인할 수 있다.

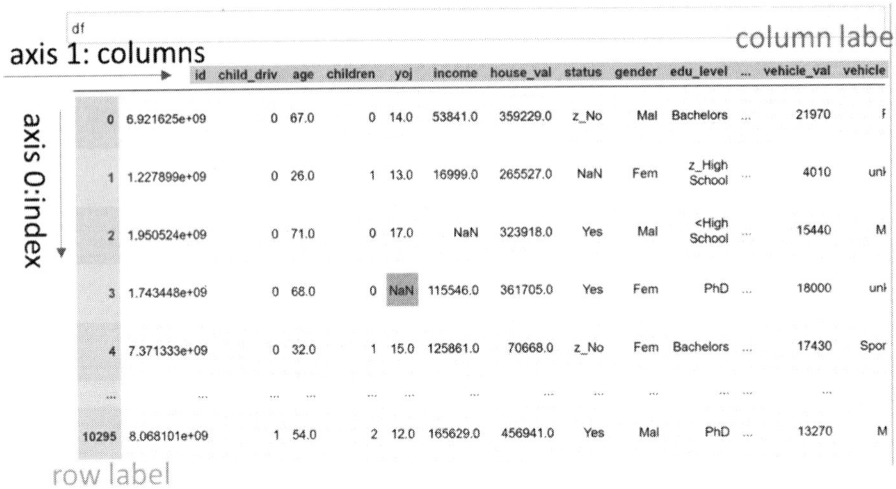


그림 3.1 판다스 데이터 구조

in
```
# 내용 일부 보기
# df.head()
df.head().values
```

out
```
array([[6921625014.0, 0, 67.0, 0, 14.0, 53841.0, 359229.0, 'z_No', 'Mal',
        'Bachelors', 'None', 71, 'Private', 21970, 'Family', 0, 'No', 2,
        294, 12.0, 0, 'Highly Urban/ Urban', 'Berlin'],
       [1227899219.0, 0, 26.0, 1, 13.0, 16999.0, 265527.0, nan, 'Fem',
        'z_High School', 'Clerical', 50, 'Private', 4010, 'unknown', 4,
        'No', 7, 292, 12.0, 0, 'Highly Urban/ Urban', 'Thueringen'],
       [1950523925.0, 0, 71.0, 0, 17.0, nan, 323918.0, 'Yes', 'Mal',
        '<High School', 'Teacher', 77, 'Private', 15440, 'Minivan', 0,
        'No', 0, 387, 8.0, 0, 'Highly Urban/ Urban', 'Bayern'],
       [1743448001.0, 0, 68.0, 0, nan, 115546.0, 361705.0, 'Yes', 'Fem',
        'PhD', 'Doctor', 81, 'Private', 18000, 'unknown', 4, 'Yes', 3,
        308, 19.0, 0, 'Highly Urban/ Urban', 'Bayern'],
       [7371333285.0, 0, 32.0, 1, 15.0, 125861.0, 70668.0, 'z_No', 'Fem',
        'Bachelors', 'Teacher', 91, 'Commercial', 17430, 'Sports Car', 0,
        'No', 0, 3221, 9.0, 1, 'Highly Urban/ Urban', 'Bayern']],
       dtype=object)
```

데이터프레임의 5개의 행에 대한 결과를 보여준다.

in
```
# 열 확인
df.columns, type(df.columns)
```

out
```
(Index(['id', 'child_driv', 'age', 'children', 'yoj', 'income', 'house_val',
       'status', 'gender', 'edu_level', 'job', 'distance', 'car_use',
       'vehicle_val', 'vehicle_type', 'clm_freq', 'revoked', 'mvr_pts',
       'claim_amount', 'vehicle_age', 'claim_ind', 'area', 'state_code'],
       dtype='object'),
       pandas.core.indexes.base.Index)
```

열 이름에 대한 정보를 보여주고 있다. 열 정보 자체는 판다스의 Index 클래스에 속한다.

in
```
# 색인 확인
df.index, type(df.index)
```

out
```
(RangeIndex(start=0, stop=10300, step=1), pandas.core.indexes.range.RangeIndex)
```

위의 결과는 행 레이블에 대한 정보로, 행은 디폴트로 범위색인(RangeIndex) 클래스에 속하는데 이는 색인(Index) 클래스의 하위 클래스이다.

### 3.1.3 데이터 형

데이터 형은 int64, float64, boolean, object, datetime64, timedelta, category 등이 있다. object 데이터 형은 문자열 또는 문자열을 포함한 혼합된 데이터 형을 의미한다.

in
```
# 데이터 유형 확인
df.dtypes, type(df.dtypes)
```

```
out    (id              float64
        child_driv        int64
        age             float64
        children          int64
        yoj             float64
        income          float64
        house_val       float64
        status           object
        gender           object
        edu_level        object
        job              object
        distance          int64
        car_use          object
        vehicle_val       int64
        vehicle_type     object
        clm_freq          int64
        revoked          object
        mvr_pts           int64
        claim_amount      int64
        vehicle_age     float64
        claim_ind         int64
        area             object
        state_code       object
        dtype: object, pandas.core.series.Series)
```

결과를 보면 계열(Series) 클래스로 정의되어 있다. 계열 클래스에 대해서는 이후의 절에서 다루기로 하자.

### 3.1.4 열 선택

특정 열을 선택하는 경우에는 df[['column_index_1', ..., 'column_index_n']] 형식을 일반적으로 사용한다.

in
```
# 1개의 컬럼 선택
df['status']
```

out
```
0        z_No
1         NaN
2         Yes
3         Yes
4        z_No
         ...
10295     Yes
10296     Yes
10297     Yes
10298     Yes
10299     Yes
Name: status, Length: 10300, dtype: object
```

in
```
# 1개의 컬럼 선택
df.status
```

out
```
0        z_No
1         NaN
2         Yes
3         Yes
4        z_No
         ...
10295     Yes
10296     Yes
10297     Yes
10298     Yes
10299     Yes
Name: status, Length: 10300, dtype: object
```

### 3.1.5 계열 클래스

계열 클래스는 판다스 데이터프레임 중 하나의 열에 대한 데이터 클래스이다. 계열 클래스는 데이터프레임의 속성과 메소드를 대부분 공유하고 있지만 자기만의 속성과 메소드가 있다.

in
```
# 계열 객체
type(df['status'])
```

out
```
pandas.core.series.Series
```

in
```
# 계열(series) 정보
x = df['status']
type(x), x.name, x.dtype, x.size, x.index
```

out
```
(pandas.core.series.Series,
 'status',
 dtype('O'),
 10300,
 RangeIndex(start=0, stop=10300, step=1))
```

in
```
# 계열 메소드, 데이터프레임 메소드, 중첩 메소드
srs_methods = dir(df['status'])
df_methods = dir(df)
len(srs_methods), len(df_methods), len(set(srs_methods).intersection(set(df_methods)))
```

out
```
(420, 448, 370)
```

결과를 보면 중첩되는 메소드가 370개임을 알 수 있다.

### 3.1.6 메소드

이후의 작업에서 사용되는 몇 가지 유용한 메소드에 대하여 알아보자.

```
in    # 메소드: head, tail
      df.head()
```

데이터프레임의 상위 5행, 하위 5행의 데이터를 출력하는 메소드이다.

```
in    # 메소드: sample
      df.sample(5, random_state=123)
```

무작위로 5개의 표본을 추출하는 메소드이다.

```
in    # 메소드: value_counts
      df.claim_ind.value_counts(), df.claim_ind.value_counts(normalize=True)

out   (0    7554
       1    2746
       Name: claim_ind, dtype: int64, 0    0.733398
       1    0.266602
       Name: claim_ind, dtype: float64)
```

범주 열에 대한 값, 건수, 비율을 출력하는 메소드이다.

```
in    # 메소드: unique (결측값 포함)
      df.status.unique(), df.status.nunique(), df.status.value_counts()

out   (array(['z_No', nan, 'Yes'], dtype=object), 2,
       Yes     6187
       z_No    4111
       Name: status, dtype: int64)
```

특정 열에 대한 유일한 값을 출력하는 메소드이다.

```
in      # 메소드: describe (NaN은 제거)
        df.status.describe(), df.age.describe()
```

```
out     (count      10298
         unique         2
         top          Yes
         freq        6187
         Name: status, dtype: object,
         count    10293.000000
         mean        53.797921
         std         13.172204
         min          5.000000
         25%         45.000000
         50%         54.000000
         75%         63.000000
         max        103.000000
         Name: age, dtype: float64)
```

각 정보에서 결측값을 제외한 특정 열에 대한 기술(descriptive) 정보를 보여준다.

```
in      # 메소드: isna()
        df['status'].isna().sum()
```

```
out     2
```

특정 열에 대한 결측값 여부와 개수를 보여준다.

### 3.1.7 계열 연산

계열에 대한 간단한 연산 예시를 살펴보자.

```
in      # 계열 연산
        np.where(df['age']/100 >= 0.5 , 1, 0)
out     array([1, 0, 1, ..., 1, 1, 1])
```

df['age']가 넘파이 배열과 같은 의미로 사용되는 것을 알 수 있는데, 실제 넘파이 값으로 전환하기 위해서는 다음의 메소드를 사용한다.

```
in      # 넘파이 전환
        df['age'].values
out     array([67., 26., 71., ..., 64., 63., 69.])
```

### 3.1.8 연산 사슬

연산의 사슬화(chaining)는 연산을 사슬처럼 적용하는 것을 의미하는데, 예를 통해서 살펴보자.

```
in      # 메소드 적용 후의 객체 유형
        type(df.status.isna())
out     pandas.core.series.Series
```

메소드가 적용된 후의 결과 또한 계열이므로 연속해서 적용이 가능하다.

```
in      # 메소드 사슬화
        df.status.isnull().sum(), df.status.value_counts().sum()
out     (2, 10298)
```

in

```
# 메소드 사슬화
df.yoj.isnull().sum(), df.yoj.fillna(df.yoj.mean()).sum().round(3)
```

out

```
(548, 138781.727)
```

### 3.1.9 열 이름 변경

열 이름은 rename 메소드 또는 columns 속성을 통하여 변경할 수 있다.

in

```
# 컬럼 이름 변경: 특정 몇 개만
old_names = df.columns
col_names = {'yoj': 'year_on_job', 'age':'holder_age'}
df.rename(columns=col_names).columns
```

out

```
Index(['id', 'child_driv', 'holder_age', 'children', 'year_on_job', 'income',
       'house_val', 'status', 'gender', 'edu_level', 'job', 'distance',
       'car_use', 'vehicle_val', 'vehicle_type', 'clm_freq', 'revoked',
       'mvr_pts', 'claim_amount', 'vehicle_age', 'claim_ind', 'area',
       'state_code'],
       dtype='object')
```

in

```
# 원래 이름으로 복귀
df.columns = old_names
df.columns
```

out

```
Index(['id', 'child_driv', 'age', 'children', 'yoj', 'income', 'house_val',
       'status', 'gender', 'edu_level', 'job', 'distance', 'car_use',
       'vehicle_val', 'vehicle_type', 'clm_freq', 'revoked', 'mvr_pts',
       'claim_amount', 'vehicle_age', 'claim_ind', 'area', 'state_code'],
       dtype='object')
```

### 3.1.10 열 생성과 삭제

신규로 열을 생성하는 형식은 "df['신규생성열']=값"이다. 여기서 값은 계열, 넘파이 배열 등 다양한 값이 정의될 수 있다.

in
```
# 열 생성
df['status_null_yn'] = df.status.isna()
df.status_null_yn.head()
```

out
```
0    False
1    True
2    False
3    False
4    False
Name: status_null_yn, dtype: bool
```

in
```
# 컬럼 삭제
del df['status_null_yn']
```

## 3.2 데이터프레임 연산자

데이터프레임의 연산자(operator)는 대괄호([])에 의한 색인 연산, 속성 또는 메소드 등을 의미한다.

### 3.2.1 열과 행 선택

다중 열은 리스트 형식으로 선택한다.

in
```
# 다중 컬럼 선택: 리스트 방식
vars = ['age', 'status', 'claim_ind']
df[vars].head(2)
```

out
```
   age  status  claim_ind
0  67.0  z_No          0
1  26.0  NaN           0
```

in
```
# 다중 열과 다중 행 선택: .loc, :n
vars = ['age', 'status', 'claim_ind']
df.loc[:2, vars]
```

out
```
   age  status  claim_ind
0  67.0  z_No          0
1  26.0  NaN           0
2  71.0  Yes           0
```

loc 메소드의 일반적인 형식은 loc[where, columns]이다. loc 메소드의 첫 번째 인자는 데이터의 일부를 추출하는 조건을 입력해야 한다. 예를 들어 행 레이블인 경우에는 행의 색인 값을 입력해야 하는데, 이때 색인을 무엇으로 정의하는지에 따라 그 값을 다양하게 정의할 수 있다. loc 메소드의 두 번째 인자는 열 레이블의 이름으로 정의해야 한다. 문자열을 원소로 하는 리스트 등이 있다.

in
```
# loc 메소드 이해
df2 = pd.DataFrame(
    {'value': np.random.rand(31)},
     index=pd.date_range('2020-01-01','2020-01-31'))
df2.loc[:'2020-01-05', ['value']]
```

out
```
               value
2020-01-01  0.172515
2020-01-02  0.072742
2020-01-03  0.041442
```

```
2020-01-04    0.954806
2020-01-05    0.021028
```

여기서 색인은 날짜이므로 첫 번째 인자값을 날짜 형식으로 정의한 것이다.

```
in     # 다중 컬럼 선택: .loc, 불린 표현
       vars = ['age', 'status', 'claim_ind']
       df.loc[df.age > 50, vars].head(3)

out       age  status   claim_ind
       0  67.0   z_No           0
       1  71.0   NaN            0
       2  68.0   Yes            0
```

df.age>50은 논리 표현식이며 결과는 계열 객체가 된다. 이를 이용하여 조건을 충족하는 행만 가져올 수 있게 된다.

```
in     df.age > 50

out    0         True
       1        False
       2         True
       3         True
       4        False
                 ...
       10295     True
       10296    False
       10297     True
       10298     True
       10299     True
       Name: age, Length: 10300, dtype: bool
```

in # 다중 컬럼 선택: iloc

```
df.iloc[:3, [0, 1, 3]]
```

out

| | id | child_driv | children |
|---|---|---|---|
| 0 | 6.921625e+09 | 0 | 0 |
| 1 | 1.227899e+09 | 0 | 1 |
| 2 | 1.950524e+09 | 0 | 0 |

iloc 메소드의 일반적인 형식은 iloc[row_index, col_index]이고 iloc 메소드를 사용할 때는 정숫값만을 사용해야 한다. 여기서 :3의 의미는 넘파이 조각내기와 같은 형식이며 [0, 1 3]은 팬시 색인과 동일하다.

in # 다중 컬럼 선택: 데이터 형 기준

```
df.select_dtypes(include='object').iloc[:2, :2]
```

out

| | status | gender |
|---|---|---|
| 0 | z_No | Mal |
| 1 | NaN | Fem |

### 3.2.2 열 순서 변경

열 순서는 선택할 때 원하는 순서로 선택하면 된다.

in # 컬럼 순서 변경 표현

```
df[['age', 'status']].head(3)
```

out

| | age | status |
|---|---|---|
| 0 | 67.0 | z_No |
| 1 | 26.0 | NaN |
| 2 | 71.0 | Yes |

## 3.2.3 데이터프레임 요약

데이터프레임의 데이터 요약(summary)을 위한 연산은 describe, unique, value_counts, max, min, mean 등이 있다.

in
```
# 디폴트는 숫자형 데이터
df.describe().T[['count', 'mean', 'std', 'min', 'max']]
```

out

| | count | mean | std | min | max |
|---|---|---|---|---|---|
| id | 10300.0 | 4.537007e+09 | 3.054959e+09 | 11300316.0 | 2.020000e+10 |
| child_driv | 10300.0 | 1.700000e-01 | 5.073812e-01 | 0.0 | 4.000000e+00 |
| age | 10293.0 | 5.379792e+01 | 1.317220e+01 | 5.0 | 1.030000e+02 |
| children | 10300.0 | 7.209709e-01 | 1.116310e+00 | 0.0 | 5.000000e+00 |
| yoj | 9752.0 | 1.347395e+01 | 4.109358e+00 | 3.0 | 2.600000e+01 |
| income | 9730.0 | 6.243657e+04 | 4.746161e+04 | 560.0 | 3.675900e+05 |
| house_val | 9725.0 | 4.168986e+05 | 2.356174e+05 | 0.0 | 1.586073e+06 |
| distance | 10300.0 | 7.841942e+01 | 1.586968e+01 | 50.0 | 1.870000e+02 |
| vehicle_val | 10300.0 | 1.566013e+04 | 8.429569e+03 | 1500.0 | 6.974000e+04 |
| clm_freq | 10300.0 | 1.808641e+00 | 1.528187e+00 | 0.0 | 7.000000e+00 |
| mvr_pts | 10300.0 | 3.202621e+00 | 2.585899e+00 | 0.0 | 1.700000e+01 |
| claim_amount | 10300.0 | 1.810643e+03 | 4.725595e+03 | 115.0 | 1.236160e+05 |
| vehicle_age | 9661.0 | 1.029790e+01 | 5.713707e+00 | -1.0 | 3.000000e+01 |
| claim_ind | 10300.0 | 2.666019e-01 | 4.422039e-01 | 0.0 | 1.000000e+00 |

in
```
# 범주형 데이터
df.select_dtypes(include='object').describe().T
```

out

| | count | unique | top | freq |
|---|---|---|---|---|
| status | 10298 | 2 | Yes | 6187 |
| gender | 10300 | 2 | Fem | 5545 |
| edu_level | 10300 | 5 | z_High School | 2950 |
| job | 9635 | 11 | Teacher | 2288 |
| car_use | 10300 | 2 | Private | 6512 |
| vehicle_type | 10300 | 8 | unknown | 2883 |
| revoked | 10300 | 2 | No | 9039 |
| area | 10300 | 2 | Highly Urban/ Urban | 8228 |
| state_code | 10300 | 10 | Bayern | 5122 |

in
```
# 모든 변수의 결측값 개수
df.isna().sum()
```

out
```
id                 0
child_driv         0
age                7
children           0
yoj              548
income           570
house_val        575
status             2
gender             0
edu_level          0
job              665
distance           0
car_use            0
vehicle_val        0
vehicle_type       0
clm_freq           0
revoked            0
mvr_pts            0
claim_amount       0
vehicle_age      639
claim_ind          0
area               0
state_code         0
dtype: int64
```

### 3.2.4 연산 사슬

데이터프레임의 연속적인 연산 사슬의 예를 살펴보자.

in
```
# 연산 사슬: 첫 번째 연산
df.select_dtypes(include='object').isnull()
```

out

| | status | gender | edu_level | job | car_use | vehicle_type | revoked | area | state_code |
|---|---|---|---|---|---|---|---|---|---|
| 0 | False | False | False | False | False | False | False | False | False |
| 1 | True | False | False | False | False | False | False | False | False |
| 2 | False | False | False | False | False | False | False | False | False |
| 3 | False | False | False | False | False | False | False | False | False |
| 4 | False | False | False | False | False | False | False | False | False |
| ... | ... | ... | ... | ... | ... | ... | ... | ... | ... |
| 10295 | False | False | False | False | False | False | False | False | False |
| 10296 | False | False | False | True | False | False | False | False | False |
| 10297 | False | False | False | False | False | False | False | False | False |
| 10298 | False | False | False | False | False | False | False | False | False |
| 10299 | False | False | False | False | False | False | False | False | False |

10300 rows × 9 columns

첫 번째 연산의 결과는 모든 행과 열의 값이 null인지 여부를 판정한다. 연산의 결과는 데이터프레임이다.

in

```
# 연산 사슬: 두 번째 연산
x = df.select_dtypes(include='object').isnull().sum()
x, type(x)
```

out

```
(status          2
 Gender          0
 edu_level       0
 job           665
 car_use         0
 vehicle_type    0
 revoked         0
 area            0
 state_code      0
 dtype: int64, pandas.core.series.Series)
```

첫 번째 연산의 결과는 데이터프레임이며 sum 메소드를 사용한 결과, 각각의 열을 0축 방향으로 True의 개수를 출력하였다. 출력된 결과는 계열 클래스로서 연속적인 연산을 할 수 있다.

in
```
# 연산 사슬: 결측값을 가진 변수는 제거됨
df.select_dtypes(include='object').max()
```

out
```
gender                              Mal
edu_level                 z_High School
car_use                         Private
vehicle_type                    unknown
revoked                             Yes
area               z_Highly Rural/ Rural
state_code                   Thueringen
dtype: object
```

결과를 보면 처음부터 결측값을 가지는 열 status, job이 생략되어 계산된다. 만약에 결측값을 포함하여 함수를 적용하고자 한다면 convert_dtypes 메소드를 이용하여 object 데이터 객체에서 동일한 데이터 유형으로 바꾼 후 적용해야 한다.

in
```
# 연산 사슬: 데이터 형을 바꾼 후 적용
df.select_dtypes(include='object').convert_dtypes().max()
```

out
```
status                             z_No
gender                              Mal
edu_level                 z_High School
job                             Teacher
car_use                         Private
vehicle_type                    unknown
revoked                             Yes
area               z_Highly Rural/ Rural
state_code                   Thueringen
dtype: object
```

데이터 형을 바꾼다라는 의미는 일률적인 object 데이터 형에서 분화되어 string 데이터 유형으로 변환되었다는 것을 의미한다.

in
```
# 데이터 형의 변환
df.select_dtypes(include='object').convert_dtypes().info()
```

out
```
<class 'pandas.core.frame.DataFrame'>
RangeIndex: 10300 entries, 0 to 10299
Data columns (total 9 columns):
 #   Column        Non-Null Count  Dtype
---  ------        --------------  -----
 0   status        10298 non-null  string
 1   gender        10300 non-null  string
 2   edu_level     10300 non-null  string
 3   job           9635 non-null   string
 4   car_use       10300 non-null  string
 5   vehicle_type  10300 non-null  string
 6   revoked       10300 non-null  string
 7   area          10300 non-null  string
 8   state_code    10300 non-null  string
dtypes: string(9)
memory usage: 724.3 KB
```

결측값을 처리하는 다른 방법은 fillna 메소드를 사용하는 것이다.

in
```
# 연산 사슬
df.select_dtypes(include='object').fillna('').max(skipna=False)
```

out
```
status                         z_No
gender                          Mal
edu_level             z_High School
job                         Teacher
car_use                     Private
vehicle_type                unknown
revoked                         Yes
area          z_Highly Rural/ Rural
state_code               Thueringen
dtype: object
```

### 3.2.5 연산 적용 축

연산을 적용하는 축은 전달인자를 통하여 바꿀 수 있다. 일반적으로 디폴트는 0축으로 색인 방향이다.

in
```
# 연산 적용 축 바꾸기: 각 관측값마다 결측값의 개수 합하기
df.isna().sum(axis=1)
# df.isna().sum(axis='columns').sum()
```

out
```
0        0
1        1
2        1
3        1
4        0
        ..
10295    0
10296    1
10297    0
10298    0
10299    0
Length: 10300, dtype: int64
```

결과를 보면 각각의 색인 값의 합을 구하고 있음을 알 수 있다.

## 3.3 데이터프레임 생성

데이터프레임을 생성하는 많은 방법 중에 사전 데이터, 리스트 데이터의 생성과 외부에 있는 파일에 접근하여 생성하는 방법을 소개한다.

### 3.3.1 리스트와 사전

in
```
# 리스트와 사전을 이용
dict_data = {'name':['bjk', 'hsk', 'dsk'], 'age':[55, 25, 24]}
tdf = pd.DataFrame(dict_data)
tdf
```

out

| | name | age |
|---|---|---|
| 0 | bjk | 55 |
| 1 | hsk | 25 |
| 2 | dsk | 24 |

in
```
# 데이터 형
tdf.dtypes
```

out
```
name      object
age        int64
dtype:    object
```

생성된 데이터 형을 보면 문자열인 경우에는 object, 정수 숫자인 경우는 int64으로 정의되어 있다.

in
```
# 리스트 이용
tdf = pd.DataFrame([[1., 2., 3.],
                    [4, 5, 6]],
                    columns=['x', 'y', 'z'])
tdf
```

out

| | x | y | z |
|---|---|---|---|
| 0 | 1.0 | 2.0 | 3.0 |
| 1 | 4.0 | 5.0 | 6.0 |

in
```
# 데이터 형
tdf.dtypes
```

```
out   x    float64
      y    float64
      z    float64
      dtype: object
```

데이터 형을 보면 실숫값을 갖는 경우에 float64가 디폴트로 정의되어 있다.

### 3.3.2 외부 파일

외부 파일이나 데이터베이스에서 데이터프레임을 생성하고자 하는 경우에는 read_csv, read_excel, read_html, read_json, read_hdf, read_sql 등의 함수를 이용한다.

```
in    # 외부 URL 이용: [claim] 데이터
      url = 'https://github.com/bong-ju-kang/data/blob/master/claim.csv?raw=true'
      df = pd.read_csv(url)
      df.info( )
```

```
out   <class 'pandas.core.frame.DataFrame'>
      RangeIndex: 10300 entries, 0 to 10299
      Data columns (total 23 columns):
      #          Column   Non-Null Count       Dtype
      ---  ------------   --------------       -----
      0             id    10300 non-null     float64
      1     child_driv    10300 non-null       int64
      2            age    10293 non-null     float64
      3       children    10300 non-null       int64
      4            yoj     9752 non-null     float64
      5         income     9730 non-null     float64
      6      house_val     9725 non-null     float64
      7         status    10298 non-null      object
      8         gender    10300 non-null      object
      9      edu_level    10300 non-null      object
```

```
10              job   9635 non-null   object
11         distance  10300 non-null    int64
12          car_use  10300 non-null   object
13      vehicle_val  10300 non-null    int64
14     vehicle_type  10300 non-null   object
15         clm_freq  10300 non-null    int64
16          revoked  10300 non-null   object
17          mvr_pts  10300 non-null    int64
18     claim_amount  10300 non-null    int64
19      vehicle_age   9661 non-null  float64
20        claim_ind  10300 non-null    int64
21             area  10300 non-null   object
22       state_code  10300 non-null   object
dtypes: float64(6), int64(8), object(9)
memory usage: 1.8+ MB
```

## 3.3.3 zip 파일

zip 파일로 구성된 외부 파일이 있는 경우에 이를 데이터프레임으로 변환하는 과정을 살펴보자.

in

```
# zip 파일이 csv 파일을 그대로 압축한 경우
url = 'https://github.com/bong-ju-kang/data/blob/master/HFWS_2019.zip?raw=true'
zipdf = pd.read_csv(url, encoding='euc-kr', compression='zip')
zipdf.info()
```

out

```
<class 'pandas.core.frame.DataFrame'>
RangeIndex: 18406 entries, 0 to 18405
Columns: 153 entries, 조사연도 to 가구주 은퇴시_생활비 재원마련(2014년~)
dtypes: float64(21), int64(113), object(19)
memory usage: 21.5+ MB
```

만약 zip 파일이 데이터 파일을 포함한 다수의 파일로 압축된 경우에는 다음과 같은 절차를 거쳐야 한다.

in
```
# 일반적인 zip 파일을 읽는 경우
import io
import zipfile
import requests

# 원천 파일 경로 지정
zip_url = 'https://github.com/bong-ju-kang/data/raw/master/bank.zip'

# HTTP 요청 및 스트림 또는 파일형식의 데이터 가져오기
get_data = requests.get(zip_url).content

# 데이터 형은 bytes, 이진 파일
type(get_data)
```

out
```
bytes
```

데이터 원천에 접근하여 이항 파일 형식으로 데이터를 가져오는 역할을 한다.

in
```
# 바이트 형의 파일 데이터 읽기
strm_data = io.BytesIO(get_data)

# 이진 zip 파일 읽기
z = zipfile.ZipFile(strm_data)
z
```

out
```
<zipfile.ZipFile file=<_io.BytesIO object at 0x7f023af3f470> mode='r'>
```

결과는 이진 zip 파일을 읽은 후 메모리에 적재된 결과를 보여준다.

in

```
# zip 파일 구성원 보기
z.infolist()
```

out

```
[<ZipInfo filename='bank-full.csv' compress_type=deflate filemode='-rw-r—r--' external_
attr=0x4000 file_size=4610348 compress_size=514234>,
 <ZipInfo filename='bank-names.txt' compress_type=deflate filemode='-rw-r—r--' external_
attr=0x4000 file_size=3864 compress_size=1665>,
 <ZipInfo filename='bank.csv' compress_type=deflate filemode='-rw-r—r--' external_attr=
0x4000 file_size=461474 compress_size=62692>]
```

zip 파일은 3개의 파일로 구성되어 있는 것을 알 수 있다.

in

```
# 특정 파일 일부 보기
z.open('bank.csv').read().decode()[:200]
```

out

```
"age";"job";"marital";"education";"default";"balance";"housing";"loan";"contact";"day";"
month";"duration";"campaign";"pdays";"previous";"poutcome";"y"\n30;"unemployed";"
married";"primary";"no";1787;"no
```

결과를 보면 ";" 기호로 열이 분리되고 첫 번째 행이 열 레이블임을 알 수 있다.

in

```
# 특정 파일 가져오기
zdf = pd.read_csv(z.open('bank.csv'), sep=';')
zdf.info()
```

out

```
<class 'pandas.core.frame.DataFrame'>
RangeIndex: 4521 entries, 0 to 4520
Data columns (total 17 columns):
 #      Column  Non-Null Count  Dtype
---  ----------  --------------  ---------
0          age   4521 non-null   int64
1          job   4521 non-null   object
2      marital   4521 non-null   object
3    education   4521 non-null   object
```

```
 4      default    4521 non-null    object
 5      balance    4521 non-null     int64
 6      housing    4521 non-null    object
 7         loan    4521 non-null    object
 8      contact    4521 non-null    object
 9          day    4521 non-null     int64
 10       month    4521 non-null    object
 11    duration    4521 non-null     int64
 12    campaign    4521 non-null     int64
 13       pdays    4521 non-null     int64
 14    previous    4521 non-null     int64
 15    poutcome    4521 non-null    object
 16           y    4521 non-null    object
dtypes: int64(7), object(10)
memory usage: 600.6+ KB
```

### 3.3.4 JSON 파일

JSON(JavaScript Object Notation)은 속성-값 쌍 또는 키-값 쌍으로 이루어진 데이터 객체를 전달하기 위한 개방형 표준 포맷이다.

in

```
import json

# JSON 파일 만들기
dict_file = {'name':['bj', 'jy', 'hs', 'ds'], 'age':[65, 63, 33, 31]}

json_format = json.dumps(dict_file)
json_format
```

out

```
{"name": ["bj", "jy", "hs", "ds"], "age": [65, 63, 33, 31]}
```

JSON 형식은 사전과 동일하나 모두 큰따옴표를 사용한다.

in
```
# JSON 파일 읽기
json.loads(json_format)
```
out
```
{'age': [65, 63, 33, 31], 'name': ['bj', 'jy', 'hs', 'ds']}
```

결과는 사전 형식으로 변환되었고 큰따옴표는 작은따옴표로 변환되었다.

## 3.4 색인 정렬

계열이나 데이터프레임 객체는 각각의 색인을 갖고 있다. 행 또는 열 레이블을 표현하기도 하고, 계열 또는 데이터프레임 간의 결합을 위해 사용되기도 한다.

in
```
# 데이터 생성
df1 = pd.DataFrame({'x': np.arange(5),
                    'date': pd.date_range(start='2004-11-03', periods=5)})
df2 = pd.DataFrame({'y': np.arange(5),
                    'date': pd.date_range(start='2004-11-05', periods=5)})
df1, df2
```
out
```
(   x       date
 0  0 2004-11-03
 1  1 2004-11-04
 2  2 2004-11-05
 3  3 2004-11-06
 4  4 2004-11-07,
    y       date
 0  0 2004-11-05
 1  1 2004-11-06
 2  2 2004-11-07
 3  3 2004-11-08
 4  4 2004-11-09)
```

2개의 데이터프레임에 대하여 각각의 디폴트 색인을 확인해보자.

in
```
# 행 색인
df1.index, df2.index
```

out
```
(RangeIndex(start=0, stop=5, step=1), RangeIndex(start=0, stop=5, step=1))
```

in
```
# 열 색인
df1.columns, df2.columns
```

out
```
(Index(['x', 'date'], dtype='object'), Index(['y', 'date'], dtype='object'))
```

디폴트 색인을 변경하고 계열로 만들어 보자.

in
```
# 색인 변경 후 계열로 만들기
s1 = df1.set_index('date')['x']
s2 = df2.set_index('date')['y']
s1, s2
```

out
```
(date
 2004-11-03    0
 2004-11-04    1
 2004-11-05    2
 2004-11-06    3
 2004-11-07    4
 Name: x, dtype: int64,
 date
 2004-11-05    0
 2004-11-06    1
 2004-11-07    2
 2004-11-08    3
 2004-11-09    4
 Name: y, dtype: int64)
```

각각의 계열은 date라는 색인을 가지게 된다. 다음은 2개의 계열에 대한 덧셈 연산을 해보자.

in
```
# + 연산 적용
s1 + s2
```

out
```
date
2004-11-03    NaN
2004-11-04    NaN
2004-11-05    2.0
2004-11-06    4.0
2004-11-07    6.0
2004-11-08    NaN
2004-11-09    NaN
dtype: float64
```

연산을 적용한 결과 자동으로 동일한 인덱스 값을 찾아서 더하기 연산을 하고 있음을 알 수 있다. 따라서 계열과 데이터프레임 연산은 색인, 그중에서도 행 색인에 대한 특별한 처리가 필요함을 알 수 있다.

## 3.5 분할-적용-결합

집계(aggregation), 변환(transformation), 여과(filtration)는 데이터를 분할(splitting)하고 분할된 그룹에 대하여 집계, 변환, 여과 함수를 적용(applying)한 후 각각의 결과를 결합(combining)하는 과정으로 구성되는 연속적인 메소드의 적용이라고 할 수 있다.

in
```
df['claim_ind'].unique(), df.groupby('claim_ind')['income'].agg('mean')
```

out
```
(array([0, 1]),
claim_ind
 0     66529.105418
 1     51248.838066
 Name: income, dtype: float64)
```

결과를 보면 claim_ind 값별로 분할한 후, 각 그룹별로 집계함수인 mean을 적용하고 그 결과를 모아서 계열로 출력하였다. 계열의 행 색인은 groupby 열임을 알 수 있다.

in
```
# 복수 집계 예
group = df.groupby('claim_ind')
group['income'].agg(['sum', 'mean', 'std'])
```

out

| claim_ind | sum | mean | std |
|---|---|---|---|
| 0 | 473953347.0 | 66529.105418 | 48525.841827 |
| 1 | 133554472.0 | 51248.838066 | 42463.290985 |

in
```
# 복수 열, 복수 집계 예
group = df.groupby('claim_ind')
group[['income', 'yoj']].agg(['sum', 'mean', 'std']).round(3)
```

out

| | income | | | yoj | | |
|---|---|---|---|---|---|---|
| | sum | mean | std | sum | mean | std |
| claim_ind | | | | | | |
| 0 | 473953347.0 | 66529.105 | 48525.842 | 97553.0 | 13.638 | 3.939 |
| 1 | 133554472.0 | 51248.838 | 42463.291 | 33845.0 | 13.022 | 4.516 |

in
```
# 복수 열, 서로 다른 집계 예
group = df.groupby('claim_ind')
group.agg({'yoj': np.mean, "income": lambda x: np.std(x, ddof=1)}).round(3)
```

out

| claim_ind | yoj | income |
|---|---|---|
| 0 | 13.638 | 48525.842 |
| 1 | 13.022 | 42463.291 |

in

```
# 변환 예
group = df.groupby('claim_ind')
group['yoj'].transform(lambda x: x-x.mean())[:3]
```

out

```
0     0.361946
1    -0.638054
2     3.361946
Name: yoj, dtype: float64
```

프로그램은 먼저 그룹별로 데이터를 분할하고 transform 메소드에 의하여 디폴트 축인 0축을 따라서 각 데이터 값에서 평균을 뺀 값을 출력하라는 것이다. 여기서 평균은 그룹별로 계산한 것이다.

in

```
# 시계열 변환의 예
index = pd.date_range("1/1/2021", periods=365)
ts = pd.Series(np.random.RandomState(123).normal(size=365), index)
ts
```

out

```
2021-01-01   -1.085631
2021-01-02    0.997345
2021-01-03    0.282978
2021-01-04   -1.506295
2021-01-05   -0.578600
                ...
2021-12-27   -0.401414
2021-12-28    0.673491
2021-12-29   -0.413757
2021-12-30    0.675963
2021-12-31   -0.986804
Freq: D, Length: 365, dtype: float64
```

in

```
# 월별 최댓값 대비 차이
group = ts.groupby(lambda x: x.month)
transformed = group.transform(lambda x: x-x.max())
transformed
```

out

```
2021-01-01    -3.291561
2021-01-02    -1.208585
2021-01-03    -1.922952
2021-01-04    -3.712225
2021-01-05    -2.784530
                 ...
2021-12-27    -2.457882
2021-12-28    -1.382976
2021-12-29    -2.470224
2021-12-30    -1.380504
2021-12-31    -3.043271
Freq: D, Length: 365, dtype: float64
```

in

```
# 여과 예
overall_mean = df['yoj'].mean()
group = df.groupby('edu_level')
group['yoj'].filter(lambda x: x.mean() > overall_mean)
```

out

```
0        14.0
3         NaN
4        15.0
8         NaN
9        13.0
         ...
10291    13.0
10292    19.0
10295    12.0
10296    12.0
10298    10.0
Name: yoj, Length: 5834, dtype: float64
```

filter 메소드의 전달인자는 반드시 함수여야 한다. 함수의 결과를 충족하는 행을 출력한다. 결과의 행 색인을 이용하여 이후의 작업을 추가로 진행할 수 있다.

## 3.6 결측값 처리

결측값이란 데이터 값 자체가 없거나, 데이터를 서로 결합 및 연결하는 과정에서 데이터 값이 존재하지 않는 경우이다. 하나의 변수나 열에 결측값이 발생할 경우 일반적으로 분석에서 해당 행은 삭제된다. 또는 결측값 자체가 발견되지 않아 분석 결과에 영향을 줄 수도 있다. 따라서 결측값을 처리한다는 것은 결측값의 발견, 제거, 새로운 값으로 대체하는 것을 의미한다. 새로운 값으로 대체할 때는 특정한 값으로 대체하거나 데이터의 순서에 의거하여 전진 채움 또는 후진 채움 방법이 있다.

### 3.6.1 결측값 발견

결측값의 발견은 isna 메소드를 사용한다.

in
```
# 결측값의 발견
df.isna().sum()
```

out
```
id              0
child_driv      0
age             7
children        0
yoj           548
income        570
house_val     575
status          2
```

```
gender           0
edu_level        0
job            665
distance         0
car_use          0
vehicle_val      0
vehicle_type     0
clm_freq         0
revoked          0
mvr_pts          0
claim_amount     0
vehicle_age    639
claim_ind        0
area             0
state_code       0
dtype: int64
```

### 3.6.2 결측값 표기

결측값은 NaN, <NA>으로 표기된다.

in
```
# 결측값 표기: 숫자 데이터
index = df['age'].isna()==True
df.loc[index, 'age']
```

out
```
293     NaN
1315    NaN
1649    NaN
3747    NaN
4363    NaN
4552    NaN
5225    NaN
Name: age, dtype: float64
```

결측값은 NaN으로 표기된다.

```
in      # 결측값 표기: 문자 데이터
        index = df['status'].isna()==True
        df.loc[index, 'status']

out     1     NaN
        6     NaN
        Name: status, dtype: object
```

문자 결측값도 NaN으로 표기된다.

```
in      # 결측값 표기: 데이터 형 변환
        pd.Series([1, 2, np.nan, 4])

out     0     1.0
        1     2.0
        2     NaN
        3     4.0
        dtype: float64
```

결측값을 np.nan으로 입력하면 정숫값 데이터임에도 불구하고 자동으로 실숫값 데이터 형으로 바뀌어 있음을 알 수 있다. 이를 방지하기 위하여 판다스에서는 대문자로 시작하는 새로운 데이터 형을 추가하였다.

```
in      # 결측값 표기: 데이터 형 변환 없음
        pd.Series([1, 2, np.nan, 4], dtype=pd.Int64Dtype())

out     0       1
        1       2
        2    <NA>
        3       4
        dtype: Int64
```

새로운 데이터 형을 추가하는 경우에 결측값은 <NA>으로 표기된다. 그러나 표기와 상관없이 발견은 isna 메소드를 사용한다.

in
```
# None 결측값: 숫자인 경우 np.nan과 동일한 효과
pd.Series([1, 2, None, 3, np.nan])
```

out
```
0    1.0
1    2.0
2    NaN
3    3.0
4    NaN
dtype: float64
```

결측값으로 None을 사용할 수 있다.

in
```
# None 결측값: 문자인 경우 표기가 다르지만 결측값
srs = pd.Series(['1', '2', None, '3', np.nan])
srs
```

out
```
0       1
1       2
2    None
3       3
4     NaN
dtype: object
```

object 데이터인 경우에는 None을 그대로 사용한다.

### 3.6.3 결측값 계산

결측값이 있는 행과 열의 집계 계산은 어떻게 하는지 살펴보자.

```
in      # 결측값 계산
        x = pd.Series([1., np.nan, 2, 3])
        y = pd.Series([np.nan])

        x.sum(), y.sum(), x.sum(skipna=False), y.sum(skipna=False)
out     (6.0, 0.0, nan, nan)
```

데이터가 결측값 이외의 값이 있는 경우에는 디폴트로 결측값을 제거한 후 계산된다. 그러나 결측값만 있는 경우에는 계산 결과에 주의해야 한다. 이를 정확히 하기 위해서는 skipna 인자에 논리값을 전달해주어야 한다.

### 3.6.4 결측값 채우기

결측값을 채우는 방법 중 가장 간단한 방법은 특정 조건을 만족하는 결측값에 대하여 일정한 값인 상숫값을 채우는 것이다.

```
in      # 상숫값 채우기
        fill_value = df['income'].median()
        df['income'][:4], df['income'][:4].fillna(fill_value)
out     (0      53841.0
        1      16999.0
        2          NaN
        3     115546.0
        Name: income, dtype: float64,
        0      53841.0
        1      16999.0
        2      54308.0
        3     115546.0
        Name: income, dtype: float64)
```

결과를 보면 3번째 행의 값(색인 번호는 2)이 대체된 것을 알 수 있다. 결측값을 가지는 행 자체를 제거할 수도 있지만, 이런 경우에 조심해야 하는 것은 열별로 결측값의 행 위치가 서로 다른 경우에는 모든 데이터가 제거될 수도 있다.

in
```
# 전진 채움: fill
x = pd.Series([1., np.nan, 2, 3])
x.fillna(method='ffill')
```

out
```
0    1.0
1    1.0
2    2.0
3    3.0
dtype: float64
```

전진 채움의 결과를 보면 직전의 값으로 결측값을 채우고 있다.

in
```
# 후진 채움: bfill
x = pd.Series([1., np.nan, 2, 3])
x.fillna(method='bfill')
```

out
```
0    1.0
1    2.0
2    2.0
3    3.0
dtype: float64
```

후진 채움의 결과를 보면 직후의 값으로 결측값을 대체하고 있다.

in
```
# 결측값 처리: 제거
len(df), len(df.dropna()), len(df.dropna())/len(df), len(df['income'].dropna())
```

out
```
(10300, 7653, 0.7430097087378641, 9730)
```

결측값을 가지는 모든 행을 제거하면 원래 데이터에 비해 74% 정도만을 작업에 사용할 수 있다. 그러나 특정 열만 제거하는 경우에는 훨씬 더 많은 데이터를 이용할 수 있다.

## 3.7 모양 변경

어떤 데이터프레임은 분석에 사용할 수 있을 만큼 정제되지 않은 경우가 있다. 이를 잘 정돈(tidy data)하는 과정 중의 하나가 모양 변경(reshaping)이다. 즉, 분석을 위하여 관측값(observation)과 변수(variable)를 정의하는 과정이다.

모양을 변경하는 대표적인 함수는 melt, pivot이 있다.

### 3.7.1 데이터 녹이기

다음과 같은 데이터가 있다고 하자.

in

```
# 주어진 데이터
tdf = pd.DataFrame({'lot1': [0.1, 0.2, 0.7],
                    'lot2': [0.3, 0.1, 0.9],
                    'parameter': ['para1', 'para2', 'para3']})
tdf.head()
```

out

| | lot1 | lot2 | parameter |
|---|---|---|---|
| 0 | 0.1 | 0.3 | para1 |
| 1 | 0.2 | 0.1 | para2 |
| 2 | 0.7 | 0.9 | para3 |

데이터를 보면, 'lot1', 'lot2'는 데이터 값에 해당하는 것이지 변수명으로 사용될 수 없다. 각각의 lot 사이의 차이가 존재하는지 확인하기 위해서 분산분석과 같은 통계 분

석을 하고자 한다면 lot 변수의 값처럼 수치로 존재해야 한다. 이와 같이 분석 목적에 맞는 데이터를 정돈하는 과정이 반드시 필요하다. melt 함수를 이용하여 먼저 데이터를 녹여보자.

in

```
# 데이터 녹이기: melt
# variable, value로 정돈
pd.melt(tdf)
```

out

| | variable | value |
|---|---|---|
| 0 | lot1 | 0.1 |
| 1 | lot1 | 0.2 |
| 2 | lot1 | 0.7 |
| 3 | lot2 | 0.3 |
| 4 | lot2 | 0.1 |
| 5 | lot2 | 0.9 |
| 6 | parameter | para1 |
| 7 | parameter | para2 |
| 8 | parameter | para3 |

주어진 데이터를 녹이면 모든 데이터는 변수와 값(value)으로 구분되어 정리된다. 데이터를 보면 parameter는 제대로 값을 가지고 있으며 변수로 잡힌 lot1, lot2가 문제가 된다. 즉, 2개의 lot 변수를 전치(변수에서 값으로: value_vars)할 필요가 있다. 해당 변수의 역할이 바뀌면 이를 표현하는 변수(var_name)와 값을 표현하는 변수(value_name)가 필요하다.

in

```
# 각 parameter변수와 lot 변수별로 값을 정의하고자 함
melt_df = pd.melt(tdf, id_vars=['parameter'],
                  value_vars=['lot1', 'lot2'],
                  value_name='value',
                  var_name='lot_id')
melt_df
```

out

| | parameter | lot_id | value |
|---|---|---|---|
| 0 | para1 | lot1 | 0.1 |

|   |   |   |   |
|---|---|---|---|
| 1 | para2 | lot1 | 0.2 |
| 2 | para3 | lot1 | 0.7 |
| 3 | para1 | lot2 | 0.3 |
| 4 | para2 | lot2 | 0.1 |
| 5 | para3 | lot2 | 0.9 |

이러한 데이터 구조로 변경이 되면 다음과 같이 parameter 또는 lot_id별로 값의 차이가 있는지 없는지를 살펴볼 수 있게 된다.

in

```
# 추가 분석
melt_df.groupby('lot_id').agg(['mean', 'std'])
```

out

|   | value |   |
|---|---|---|
|   | mean | std |
| lot_id |   |   |
| lot1 | 0.333333 | 0.321455 |
| lot2 | 0.433333 | 0.416333 |

### 3.7.2 데이터 피벗

피벗(pivot)은 회전을 위한 축 지점을 의미하며, 하나의 지점은 그 지점을 표시하기 위한 축에 의하여 결정된다. 데이터 관점에서 보면 피벗은 행과 열의 만나는 지점이라고 볼 수 있고 따라서 행렬 기준점이라고 할 수 있다. 피벗팅(pivoting)은 행렬 기준점을 정하는 행위로써 행렬 축을 정하는 것이다. 굳이 한글로 표현하면 기준 축 정하기로 정의할 수 있다. 그러나 기준 축을 정하는 것에만 국한되지 않고 기준 축을 정한 후 만나는 셀에 대하여 표시할 값을 정하는 것까지 포함된다.

in

```
# pivot을 통하여 원래 데이터로 복귀
pd.pivot_table(melt_df, index=['parameter'], columns=['lot_id'],
               values='value', aggfunc='sum')
```

out

| lot_id<br>parameter | lot1 | lot2 |
|---|---|---|
| para1 | 0.1 | 0.3 |
| para2 | 0.2 | 0.1 |
| para3 | 0.7 | 0.9 |

피벗을 하기 위해서는 기준이 되는 행(index)과 열(columns)을 정의해야 하며 교차 지점의 값을 정하고 만약 1개 이상의 값이 중복되는 경우에 어떤 통계량(aggfunc)을 사용할지를 정한다.

결과를 보면 parameter가 색인으로 되어 있는데, 이를 열로 변환하기 위해서는 다음과 같은 추가 작업이 필요하다.

in

```
# 색인을 열로 복귀
pd.pivot_table(melt_df, index=['parameter'], columns=['lot_id'],
          values='value', aggfunc='sum').reset_index()
```

out

| lot_id<br>parameter | lot1 | lot2 |
|---|---|---|
| para1 | 0.1 | 0.3 |
| para2 | 0.2 | 0.1 |
| para3 | 0.7 | 0.9 |

## 3.8 데이터 결합

데이터 결합은 판다스의 데이터프레임 객체 간의 결합을 의미한다. 일반적으로 알려져 있는 inner, outer, left, right로 결합(join)할 수 있다. 지원하는 함수는 merge, concat 등이 있으며 메소드는 join 등이 있다. 이때 결합을 하기 위해서는 키가 필요한데, 판다스에서는 디폴트로 행 레이블인 색인(index)이다. 만약 다른 키를 주고자 한다면 이를 명시해야 한다.

in
```
# 재현성을 위한 씨앗값 지정
np.random.seed(123)

# 데이터 생성
df1 = pd.DataFrame({'x': np.random.randn(5),
                    'date': pd.date_range(start='2004-11-03', periods=5)})
df1
```

out

| | x | date |
|---|---|---|
| 0 | -1.085631 | 2004-11-03 |
| 1 | 0.997345 | 2004-11-04 |
| 2 | 0.282978 | 2004-11-05 |
| 3 | -1.506295 | 2004-11-06 |
| 4 | -0.578600 | 2004-11-07 |

in
```
# 재현성을 위한 씨앗값 지정
np.random.seed(123)

# 데이터 생성
df2 = pd.DataFrame({'y': np.random.random(5),
                    'date': pd.date_range(start='2004-11-05', periods=5)})
df2
```

out

| | y | date |
|---|---|---|
| 0 | 0.696469 | 2004-11-05 |
| 1 | 0.286139 | 2004-11-06 |
| 2 | 0.226851 | 2004-11-07 |
| 3 | 0.551315 | 2004-11-08 |
| 4 | 0.719469 | 2004-11-09 |

### 3.8.1 내부 결합

내부(inner) 결합은 공통의 키에 해당하는 행만으로 결합하는 방식이다.

in

```
# 내부 결합
pd.merge(df1, df2, on='date', how='inner')
```

out

| | x | date | y |
|---|---|---|---|
| 0 | 0.282978 | 2004-11-05 | 0.980764 |
| 1 | -1.506295 | 2004-11-06 | 0.684830 |
| 2 | -0.578600 | 2004-11-07 | 0.480932 |

이러한 결과는 메소드를 통해서도 처리할 수 있다.

in

```
# 메소드 처리
df1.join(df2.set_index('date'), on='date', how='inner')
```

out

| | x | date | y |
|---|---|---|---|
| 2 | 0.282978 | 2004-11-05 | 0.696469 |
| 3 | -1.506295 | 2004-11-06 | 0.286139 |
| 4 | -0.578600 | 2004-11-07 | 0.226851 |

여기서 주의해야 할 사항은 df2와 결합할 때 df2의 색인과 결합한다는 것이다. 따라서 반드시 색인을 지정해주어야 한다.

보다 명시적으로 색인과 색인의 결합을 하고자 한다면 다음과 같이 처리한다.

in

```
# 색인 대 색인 결합
df1.set_index('date').join(df2.set_index('date'), how='inner')
```

out

| date | x | y |
|---|---|---|
| 2004-11-05 | 0.282978 | 0.696469 |
| 2004-11-06 | -1.506295 | 0.286139 |
| 2004-11-07 | -0.578600 | 0.226851 |

### 3.8.2 왼쪽 결합

왼쪽(left) 결합은 왼쪽 데이터의 색인을 기준으로 하여 결합한다.

in

```
# 왼쪽 결합
pd.merge(df1, df2, on='date', how='left')
# pd.merge(df1, df2, left_on='date', right_on='date', how='left')
```

out

| | x | date | y |
|---|---|---|---|
| 0 | -1.085631 | 2004-11-03 | NaN |
| 1 | 0.997345 | 2004-11-04 | NaN |
| 2 | 0.282978 | 2004-11-05 | 0.696469 |
| 3 | -1.506295 | 2004-11-06 | 0.286139 |
| 4 | -0.578600 | 2004-11-07 | 0.226851 |

표를 보면 df1의 데이터에서 키가 일치하는 값만을 df2에 가져와서 만들었음을 알 수 있다.

### 3.8.3 오른쪽 결합

오른쪽(left) 결합은 오른쪽 데이터의 색인을 기준으로 하여 결합한다.

in

```
# 오른쪽 결합
pd.merge(df1, df2, on='date', how='right')
# pd.merge(df1, df2, left_on='date', right_on='date', how='right')
```

out

| | x | date | y |
|---|---|---|---|
| 0 | 0.282978 | 2020-05-03 | 0.191519 |
| 1 | -1.506295 | 2020-05-04 | 0.622109 |
| 2 | -0.578600 | 2020-05-05 | 0.437728 |
| 3 | NaN | 2020-05-06 | 0.785359 |
| 4 | NaN | 2020-05-07 | 0.779976 |

표를 보면 df2의 결합 키인 데이터 값은 모두 나열이 되어 있고 관련된 df1의 데이터 값을 취하여 결합한 것을 알 수 있다.

### 3.8.4 외부 결합

결합하는 데이터의 지정된 열 또는 색인에 대한 모든 합집합을 만들고 각각의 데이터를 결합한다.

in
```
# 외부(outer) 결합
pd.merge(df1, df2, on='date', how='outer')
```

out

| | x | date | y |
|---|---|---|---|
| 0 | -1.085631 | 2004-11-03 | NaN |
| 1 | 0.997345 | 2004-11-04 | NaN |
| 2 | 0.282978 | 2004-11-05 | 0.696469 |
| 3 | -1.506295 | 2004-11-06 | 0.286139 |
| 4 | -0.578600 | 2004-11-07 | 0.226851 |
| 5 | NaN | 2004-11-08 | 0.551315 |
| 6 | NaN | 2004-11-09 | 0.719469 |

### 3.8.5 행방향 결합

행방향 결합(union)은 결합 방식이 위에서 아래로 결합하는 것으로 0축을 따라서 결합하는 것을 의미한다. 내부, 외부, 왼쪽, 오른쪽 결합이 열 결합과 대비된다. 행방향 결합을 위해서는 concat 함수를 사용한다.

in
```
# 행방향 결합(0축을 따라 그대로 연결)
pd.concat([df1, df2]).drop_duplicates()
```

out

| | x | date | y |
|---|---|---|---|
| 0 | -1.085631 | 2004-11-03 | NaN |

|   |   |   |   |
|---|---|---|---|
| 1 | 0.997345 | 2004-11-04 | NaN |
| 2 | 0.282978 | 2004-11-05 | NaN |
| 3 | -1.506295 | 2004-11-06 | NaN |
| 4 | -0.578600 | 2004-11-07 | NaN |
| 0 | NaN | 2004-11-05 | 0.696469 |
| 1 | NaN | 2004-11-06 | 0.286139 |
| 2 | NaN | 2004-11-07 | 0.226851 |
| 3 | NaN | 2004-11-08 | 0.551315 |
| 4 | NaN | 2004-11-09 | 0.719469 |

결과를 보면 df1과 df2가 갖고 있는 모든 열을 정의한 후 위에서 아래로, 즉 0축으로 데이터를 쌓고 있음을 알 수 있다.

### 3.8.6 isin 메소드

isin 메소드는 데이터프레임과 계열에 적용되는 메소드이며 결과는 논리 계열이다.

in
```
# isin 메소드
df1['date'].isin(['2004-11-03'])
```

out
```
0      True
1      False
2      False
3      False
4      False
Name: date, dtype: bool
```

isin은 대상 객체가 특정한 값을 갖고 있는지를 살펴보는 것이다. 일종의 where 역할을 하고 있다. 이를 이용하여 데이터 결합을 할 수 있다.

in
```
# isin 이용: 오른쪽 결합
df2[df2['date'].isin(df1['date'])]
```

out

| | y | date |
|---|---|---|
| 0 | 0.696469 | 2004-11-05 |
| 1 | 0.286139 | 2004-11-06 |
| 2 | 0.226851 | 2004-11-07 |

## 3.9 참고문헌


| 인용어 | 문헌 또는 URL |
|---|---|
| | https://pandas.pydata.org/pandas-docs/stable/index.html |
| | https://pandas.pydata.org/pandas-docs/stable/user_guide/index.html#user-guide |
| [KANG-ML] | 강봉주(2019), 파이썬으로 실무에 바로 적용하는 머신러닝, 에이콘출판사 |
| [KANG-BASICS] | 강봉주(2020), 파이썬 기반의 AI 를 위한 기초수학, 확률 및 통계, 자유아카데미 |
| [KANG-AUTOML] | 강봉주(2020), SAS Viya 기반의 실무에 바로 적용하는 AutoML, 자유아카데미 |

4장

# 맷플롯립 패키지 이해

## 4.1 개요

맷플롯립(matplotlib)은 넘파이와 함께 파이썬에서 그림을 생성하는 라이브러리이다. 이 중에서 pyplot 모듈은 상업용 패키지인 MATLAB과 같은 인터페이스를 제공하며, 가장 많이 사용되는 라이브러리이다.

pyplot 모듈을 사용하여 데이터, 그래프 준비, 그래프 생성, 그래프 수정, 그래프 저장, 그래프 보기의 전 과정을 살펴보도록 하자. pyplot을 사용하기 위하여 사전에 해당 모듈을 적재해야 한다. 일반적으로 많이 사용하는 별명인 plt을 사용한다.

```
import matplotlib.pyplot as plt
```

## 4.2 그래프 준비

그래프 준비란 생성될 그래프의 공간을 지정하고, 어느 위치에 그래프를 그릴 것인지 정의하는 것이다. 그래프가 그려지는 공간을 figure라고 표현한다. axis는 figure라는 캔버스의 하나의 영역이다. figure는 여러 개의 axis를 포함할 수 있다. 그래프를 그리기 위해서는 사전에 디폴트로 정의되어야 할 사항이 많다. 예를 들어 figure 크기, 폰트, 색깔 등이 있는데, 이를 확인할 때는 다음의 방법을 이용한다.

in
```
# 디폴트 인자(parameter) 확인
plt.rcParams
```

figure와 axis의 의미를 알아보자.

in

```
# figure, axis 인스턴스 생성, 2x2 영역으로 분할
fig, ax = plt.subplots(figsize=(7, 7), nrows=2, ncols=2)

# 2번째 행의 2번째 열의 그래프
ax[1,1].plot([1, 2, 3], [1, 2, 2])
plt.show()
```

out

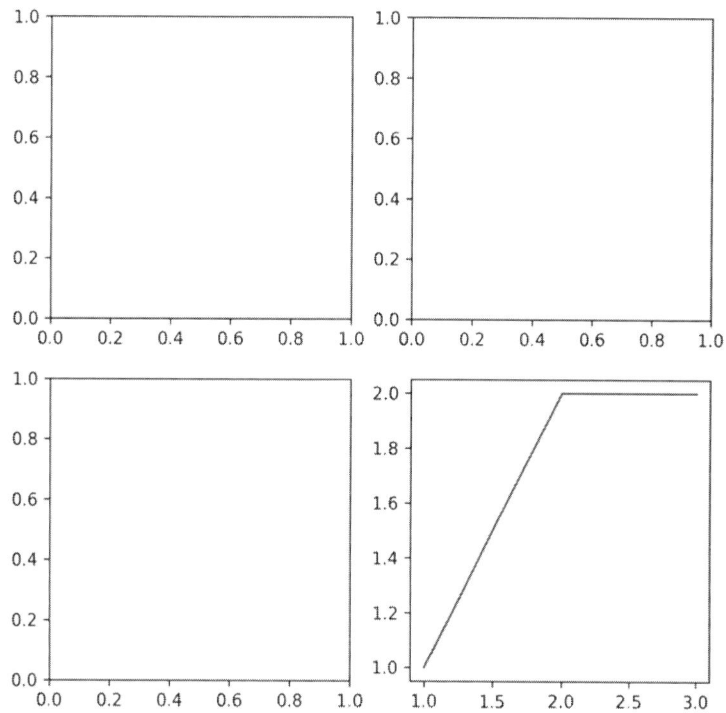


그림 4.1 figure 와 axis의 관계

프로그램에서는 subplots 메소드를 이용하여 figure, axis 인스턴스를 동시에 생성하였다. 이때 생성된 axis는 1개가 아닌 4개를 생성하였고 이 중에 4번째 위치에 적절한 그림을 생성하였다. 즉, figure는 캔버스라고 생각할 수 있고 각각의 영역에 독립적으로 axis를 이용하여 그림을 생성하는 것이다.

## 4.3 그래프 생성

그래프를 그리기 위해서는 반드시 figure가 생성되어야 한다. 생성하는 방법은 figure, subplot, subplots 등과 같은 메소드를 이용한다. 이때 그래프의 인자(parameter)를 구체적으로 지정하지 않으면 디폴트로 그래프를 생성할 수 있다. axis가 구체적인 그래프라고 가정했을 때, 앞에서 정의한 그림을 그리기 위한 그래프 인자들의 모든 값은 그대로 상속되므로 값만 간단히 정의하면 인자는 디폴트 값으로 그래프를 생성할 수 있다.

in

```
# 데이터 생성
x = np.arange(100)
y = np.random.RandomState(123).normal(0, 1, 100)

# 디폴트 선 그래프
fig, ax = plt.subplots()
ax.plot(x, y)
plt.show()
```

out

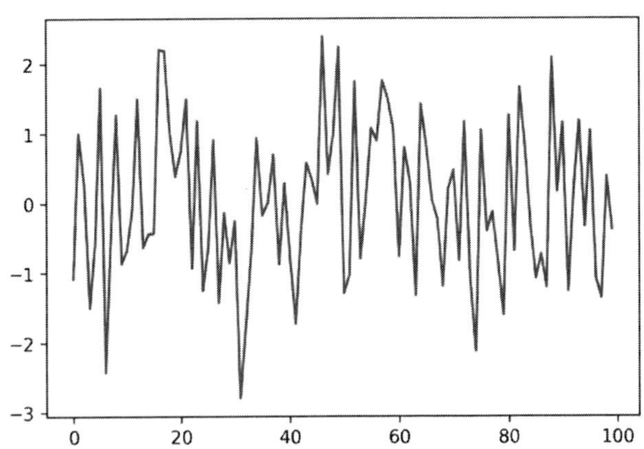

그림 4.2 디폴트 선 그래프

in

```python
# 디폴트 산점도
fig, ax = plt.subplots(dpi=300)
ax.scatter(x, y)
plt.show()
```

out

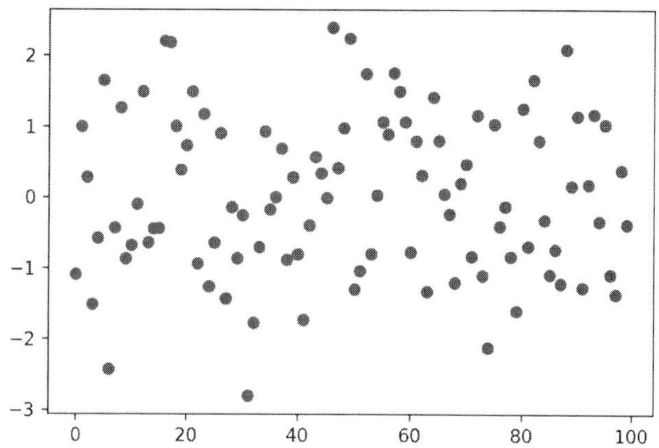

그림 4.3 디폴트 산점도

in

```python
# 이미지 데이터
img_data =[[0, 0, 0, 0, 0, 0, 0, 0, 0],
           [0, 0, 1, 1, 1, 1, 0, 0, 0],
           [0, 0, 0, 0, 0, 0, 1, 0, 0],
           [0, 0, 0, 0, 0, 0, 1, 0, 0],
           [0, 1, 1, 1, 1, 1, 0, 0, 0],
           [0, 0, 1, 1, 1, 1, 1, 0, 0],
           [0, 0, 0, 0, 0, 0, 1, 0, 0],
           [0, 0, 0, 1, 1, 1, 0, 0, 0],
           [0, 0, 1, 1, 1, 0, 0, 0, 0]]

# 인스턴스 생성
fig, ax = plt.subplots(figsize=(5,5))

# 디폴트 이미지
ax.imshow(img_data)
```

out

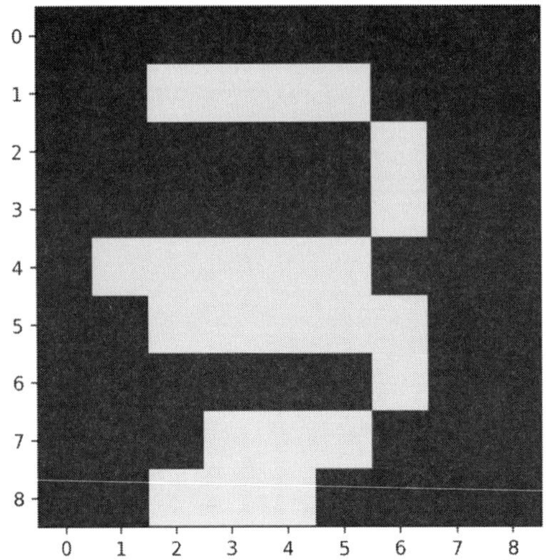


그림 4.4 이미지 디폴트

## 4.4 그래프 수정

axis 인스턴스에 그래프가 생성되기 때문에 이 절에서는 axis 인스턴스에 대한 수정을 어떻게 처리할지 정의할 것이다. 그래프에 대한 선택 사항을 지정하지 않은 경우에는 디폴트 값으로 그래프가 생성되는 것을 확인하였다.

이때 디폴트 값을 수정하고 추가적으로 이해를 돕기 위해 장식하는 것을 그래프 수정(customization)이라고 한다.

### 4.4.1 그래프 유형

일반적으로 많이 사용하는 그래프의 유형은 선 그래프인 plot이지만, 이외에도 2차원 그래프로는 bar, hist, scatter 등이 있다.

in
```
# 히스토그램
x = np.random.RandomState(123).normal(0, 1, 100)
fig, ax = plt.subplots()
ax.hist(x)
plt.show()
```

out

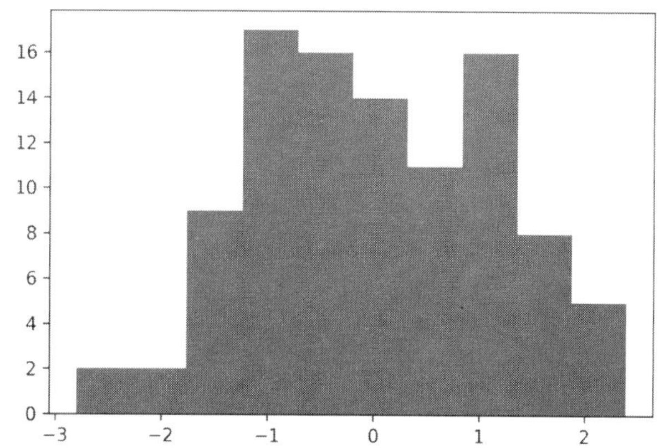

그림 4.5 히스토그램

해당 그래프의 자세한 사항은 도움말을 통해 볼 수 있다.

in
```
# 그래프 종류에 대한 도움말
help(plt.Axes.hist)
```

## 4.4.2 선 속성

선은 plot, step, bar 등의 많은 그래프 유형에서 등장한다. 이러한 선은 다음과 같은 주요한 속성이 있다.

| 인자 | 내용 | 비고 |
|---|---|---|
| color | 색깔 | "black", "blue", "#ffaabb", … |
| alpha | 투명도 | 0 에서 1 사이의 숫자 |
| lw, linewidth | 선 두께 | 숫자 |
| ls, linestyle | 선 유형 | 실선: "-", 파선: "—", 점선: ":", 일점쇄선: "-". 등 |
| marker | 데이터 점의 표식 기호 | "+", "o", "*", "s", ".", "1", "2", … 등 |
| markersize | 표식 두께 | 숫자 |
| markerfacecolor | 표식 색깔 | |
| markeredgewidth | 표식 모서리 두께 | |
| markeredgecolor | 표식 모서리 색깔 | |

이러한 속성을 이용해서 그래프를 수정하는 방법을 알아보자.

in

```
# 속성 수정
# 데이터 생성
x = np.arange(100)
y = np.random.RandomState(123).normal(0, 1, 100)

# 디폴트 대 수정 그래프
fig, ax = plt.subplots(figsize=(10, 7), nrows=2, ncols=1)
ax[0].plot(x, y)
ax[0].set_title('Default')
ax[1].plot(x, y, color='black', ls='--',
          marker='o', markersize=3, markeredgecolor='red')
ax[1].set_title('Customization')
plt.show()
```

out

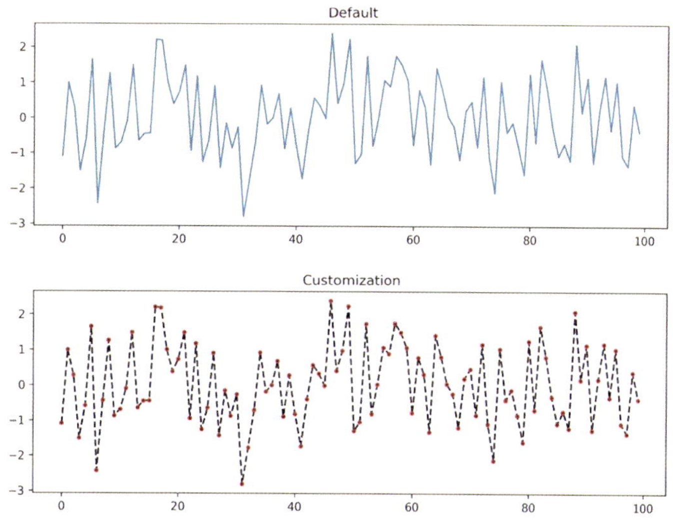


그림 4.6 그래프 선 수정

## 4.4.3 범례

범례(legend)는 그래프의 가독성을 높이는 방법 중 하나로, 한 개의 그래프에서 여러 개의 결과를 동시에 표현하고자 할 때에는 각각의 결과에 대한 범례가 필요하다. 아래의 예를 통하여 범례를 사용하는 방법을 알아보자.

in

```
# 데이터 생성
x = np.linspace(0, 1, 10)
y1 = x
y2 = x**2

# 그래프 생성
fig, ax = plt.subplots(figsize=(10, 5), nrows=1, ncols=4)
for i in np.arange(4):
    loc_index = i+1
    ax[i].plot(x, y1, label=r'$y=x$')
    ax[i].plot(x, y2, ls='--', label=r'$y=x^2$')
```

```
        ax[i].legend(loc=loc_index)
        ax[i].set_title(f"loc={loc_index}")
    plt.show()
```

out

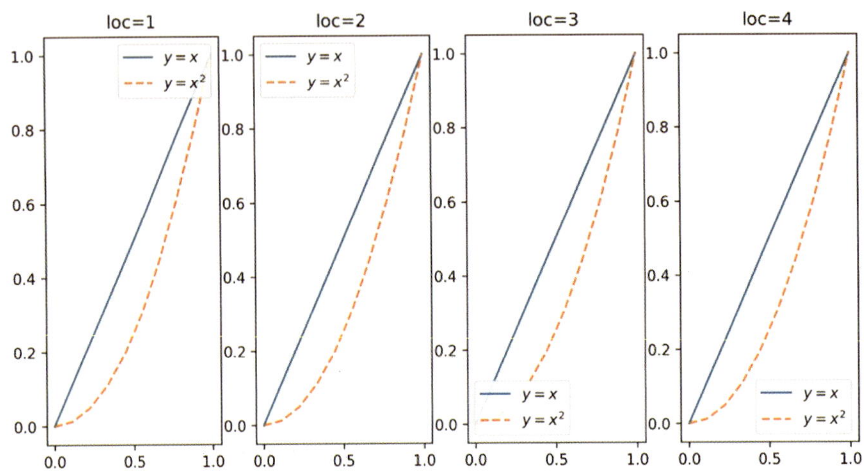


그림 4.7 그래프 범례 추가

그림을 보면 우측 상단(righttop)에서부터 반시계 방향으로 값이 변함을 알 수 있다.

### 4.4.4 텍스트 처리와 주석

그래프에는 여러가지 이유로 다양한 텍스트를 출력할 필요가 있다. 예를 들어 x축 이름, 제목, 특별한 점에 대한 표시 등이 있다. 또한 텍스트 중에는 수학적인 수식을 표현해야 하는 경우가 있는데, 예를 들어 y=x**2으로 표현하는 경우와 $y = x^2$ 으로 표현하는 경우이다. 후자가 훨씬 더 가독성이 좋다고 볼 수 있다. 이러한 수식의 표준 방법은 LaTeX이며 matplotlib에서도 이러한 표준을 따르고 있다. 단, 수식은 $와 $ 사이에 입력을 해야만 올바른 결과를 얻을 수 있다.

구체적인 사용 방법은 다음 예를 통하여 알아보도록 하자.

in

```
# 데이터 생성
x = np.linspace(0, 2, 10)
y1 = 2*x
y2 = x**2

# 그래프 생성
fig, ax = plt.subplots()
ax.plot(x, y1, label=r'$f(x)=2x$')
ax.plot(x, y2, ls='--', label=r'$f(x)=x^2$')
ax.legend(loc='best')

# 주석
ax.annotate(r"$ \frac{d}{dx} x^2 $", fontsize=14, family="serif",
            xy=(0.5, 1), xycoords="data",
            xytext=(+20, +50), textcoords="offset points",
            arrowprops=dict(arrowstyle="->", connectionstyle="arc3, rad=.5"))
plt.show()
```

out

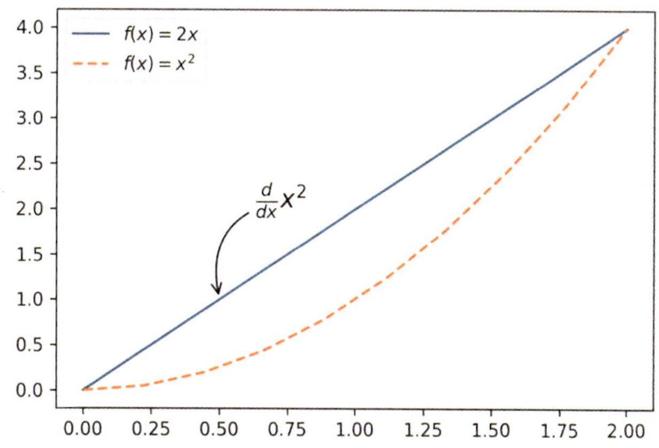


그림 4.8 그래프 범례

## 4.4.5 좌표축

axis 인스턴스가 생성된 경우에 특별한 좌표축에 의하여 그래프가 생성된다. 예를 들어, 어떤 그래프는 x축과 y축을 가지는 이차원 좌표축에 의해서 생성된다. 이러한 축이 어떻게 수정될 수 있는지 알아보자.

### 4.4.5.1 축 라벨

축 자체의 라벨과 제목의 추가 및 수정을 예를 통하여 살펴보자.

in

```
# 데이터 구성
x = np.linspace(0, 200, 500)
y = np.cos(x) * np.exp(-x/100)

# 그래프 생성
fig, ax = plt.subplots(figsize=(8, 5))
ax.plot(x, y, lw=2)

ax.set_xlabel ("x", fontsize=15, fontname='sans-serif', color="blue")
ax.set_ylabel (r"$cos(x)\exp(\frac{-x}{100})$",
               labelpad=20, fontsize=15, color="blue")
ax.set_title("Convergence to Zero", fontsize=16)
plt.show()
```

out

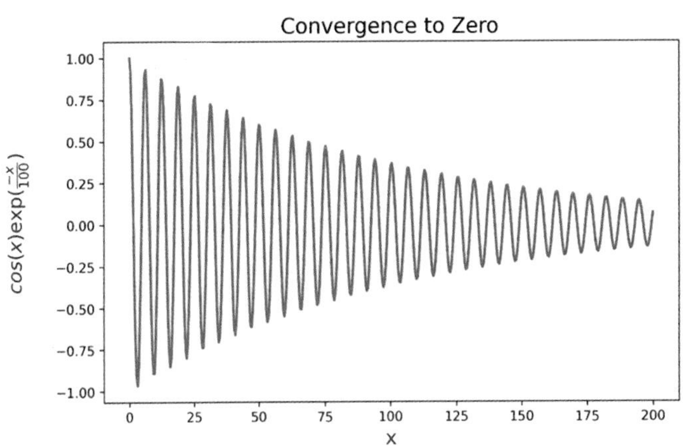


그림 4.9 그래프 축 라벨

프로그램에서 labelpad는 각 축의 눈금 영역으로부터 얼마만큼 거리를 둘 것인지 결정한다.

### 4.4.5.2 축 범위

그래프 생성 시 데이터 값의 범위와 상관없이 축의 길이(축의 최솟값과 최댓값)를 지정할 수 있다. 예를 통하여 살펴보기로 하자.

in
```
# 데이터 구성
x = np.linspace(0, 200, 500)
y = np.cos(x) * np.exp(-x/100)

# 그래프 생성
fig, ax = plt.subplots(figsize=(10, 4), ncols=3)

ax[0].plot(x, y, lw=2)
ax[0].set_xlim(-5, 35)
ax[0].set_ylim(-1, 1)
ax[0].set_title("range restriction")
ax[1].plot(x, y, lw=2)
ax[1].axis('tight')
ax[1].set_title("axis('tight')")

ax[2].plot(x, y, lw=2)
ax[2].axis('equal')
ax[2].set_title("axis('equal')")

plt.show()
```

out

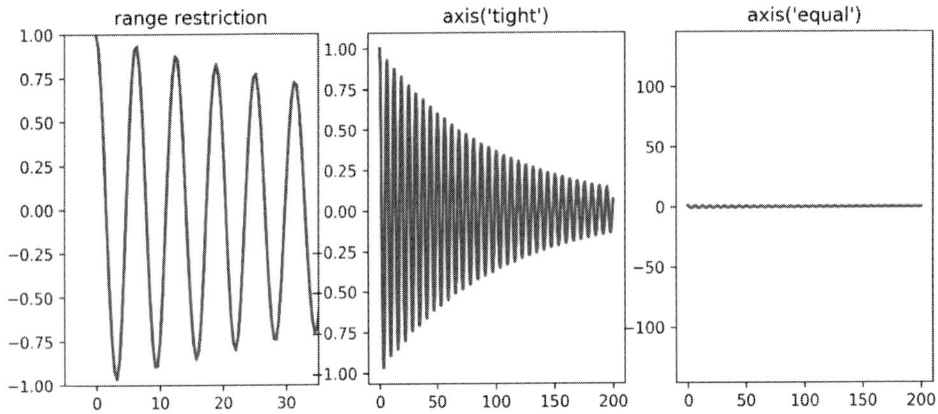


그림 4.10 그래프 축 범위

프로그램에서 equal의 의미는 각 축의 척도(scale)를 동일하게 적용하는 것을 의미한다.

### 4.4.5.3 축 눈금

축 눈금(tick)의 위치와 라벨을 어떻게 수정하는지 살펴보자. 축 눈금은 큰(major) 눈금과 작은(minor) 눈금이 있다. 단, 라벨은 디폴트로 큰 눈금에만 표시된다.

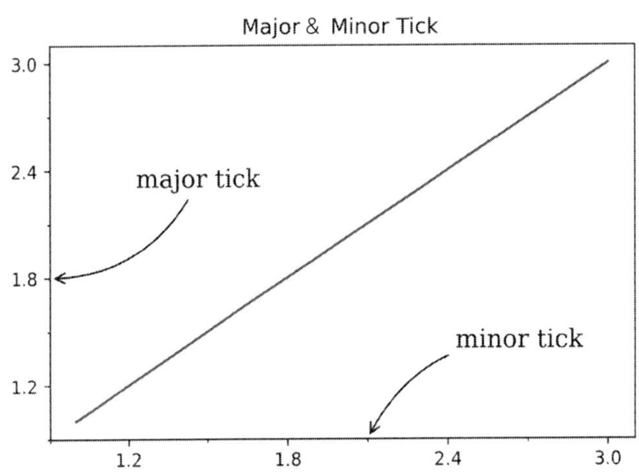


그래프에 표시되는 눈금의 개수는 matplotlib의 ticker 모듈로 수정할 수 있다.

in

```
# 데이터 구성
x = np.linspace(0, 1, 100)
y = np.sin(x) * np.exp(x)

# 그래프 생성
fig, ax = plt.subplots()
ax.plot(x, y)

ax.set_title("x axis: Major(5) & Minor Ticks(50)")
ax.xaxis.set_major_locator(mpl.ticker.MaxNLocator(5))
ax.xaxis.set_minor_locator(mpl.ticker.MaxNLocator(50))

plt.show()
```

out

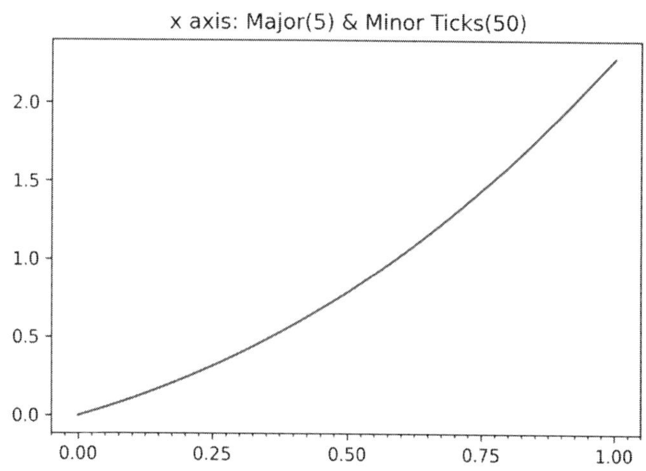


그림 4.12 그래프 축 눈금 개수 수정

그래프 눈금의 개수와 실제 표현되는 라벨도 수정하고자 한다면 다음과 같은 방식으로 처리한다.

in

```
# 데이터 구성
x = np.linspace(1, 5, 100)
y = np.sin(x) * np.exp(x)

# 그래프 생성
fig, ax = plt.subplots(figsize=(10, 5), ncols=2)
ax[0].plot(x, y)
ax[0].set_title("default x ticks")

ax[1].plot(x, y)
ax[1].set_title("use set_xticks")
ax[1].set_xticks([2.5, 3, 3.5])
ax[1].set_xticklabels(['x1', 'x3', 'x5'])

plt.show()
```

out

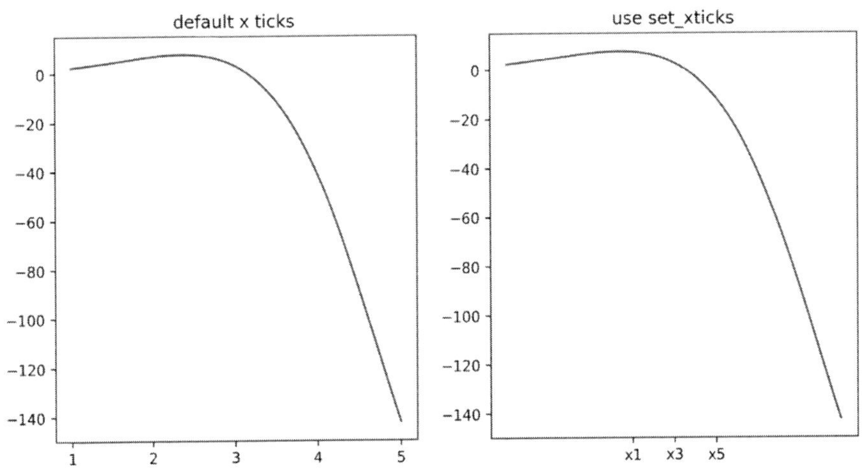


그림 4.13 그래프 축 눈금 수정

### 4.4.5.4 격자

그래프의 가독성을 높이는 방법 중의 하나는 격자(grid)를 생성하는 것이다. 그래프로 표현된 값에 시각적으로 도움을 준다. 격자도 axes 모듈의 메소드를 이용한다.

in

```
# 데이터 구성
x = np.linspace(1, 5, 100)
y = np.sin(x) * np.exp(x)

# 그래프 생성
fig, ax = plt.subplots(figsize=(10, 5), ncols=2)
ax[0].plot(x, y)
ax[0].set_title("default")
ax[1].plot(x, y)
ax[1].set_title("major & minor grid")
ax[1].xaxis.set_major_locator(mpl.ticker.MaxNLocator(5))
ax[1].xaxis.set_minor_locator(mpl.ticker.MaxNLocator(20))
ax[1].grid(color="grey", which="major", axis='x', linestyle='-', linewidth=0.5)
ax[1].grid(color="grey", which="minor", axis='x', linestyle=':', linewidth=0.5)
ax[1].grid(color="grey", which="major", axis='y', linestyle='-', linewidth=0.5)

plt.show()
```

out

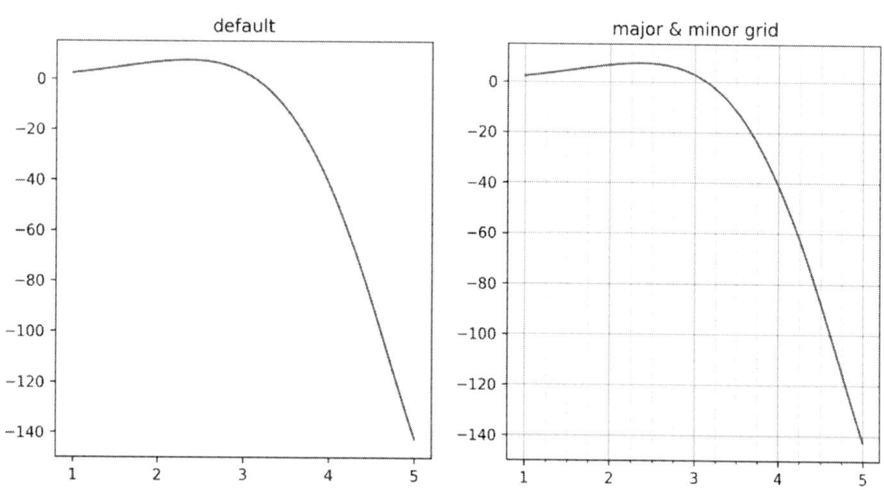


그림 4.14 그래프 격자

### 4.4.5.5 쌍둥이 축

쌍둥이(twin) 축은 서로 다른 척도를 가지는 값을 하나의 그래프에 표현하고자 할 때 사용된다. 예를 들어, 월별 매출실적과 월별 전월대비 매출증가율을 동시에 표현하고자 할 때 쌍둥이로 월 축을 공유하는 것이다. 이때 만약 x축을 쌍둥이로 공유하고자 하면 twinx를 사용하고 y축인 경우는 twiny를 사용한다.

in

```
# 데이터 구성
month = np.arange('2020-01', '2020-12', dtype='datetime64[M]')
t = np.arange(12)
x = np.random.RandomState(123).normal(1000, 30, 12)
lag1 = np.roll(x, -1)
lag1[len(lag1)-1] = np.nan
y = (lag1-x) / x * 100

# 그래프 생성
fig, ax = plt.subplots()
ax.plot(t, x, color='steelblue')
ax.set_title("sales vs. %increase")
ax.set_xticks(t[[1, 3, 5, 7, 9]])
ax.set_xticklabels(month[[1, 3, 5, 7, 9]])
ax.set_ylabel('sales', color='steelblue')
for label in ax.get_yticklabels():
   label.set_color("steelblue")

# x축 공유
ax2 = ax.twinx()
ax2.plot(t, y, color='orange', marker='o')
ax2.set_ylabel('%increase', color='orange')
for label in ax2.get_yticklabels():
   label.set_color("orange")

plt.show()
```

out

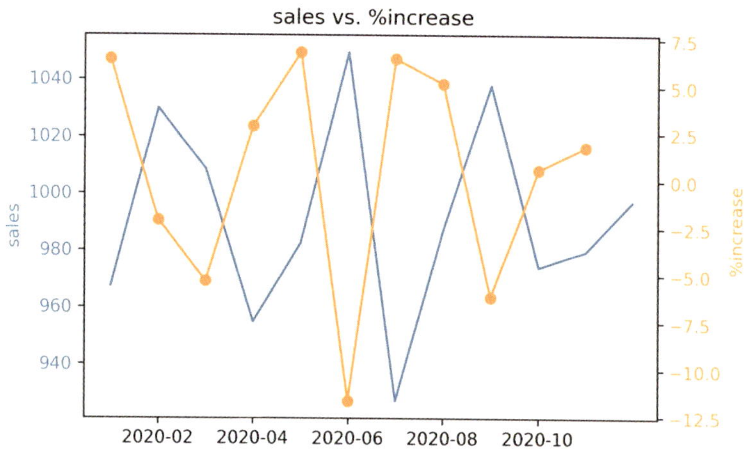


**그림 4.15** 그래프 쌍둥이 축

## 4.5 그래프 저장

그래프를 저장하기 위해서는 savefig 메소드를 이용한다. 예를 통하여 사용 방법을 알아보자. 먼저 그래프를 저장하기 위해서는 저장할 위치를 확인한다.

in
```
# 그래프를 저장하기 위한 경로 확인
import os
os.getcwd()
```

out
```
/content
```

그래프를 저장하기 위한 해상도는 DPI(Dots Per Inch)를 사용한다. 해상도를 높이기 위해서는 해당 인자의 값을 수정해야 한다.

in

```
# 패키지가 없는 경우에는 설치
# !pip install yf

import yfinance as yf
import os

# 경로 정의
path = os.getcwd()

# 데이터 구성
df = yf.download('005930.KS',
                 start='2020-01-01',
                 end='2020-12-31',
                 progress=False)

# 그래프 생성
fig, ax = plt.subplots()
ax.plot(df.index, df['Close'])
fig.show()

# 디폴트 그래프
fig.savefig(path+'/'+'samsung_stock_price.png')
fig.savefig(path+'/'+'samsung_stock_price_high.png', dpi=300)
```

out

그림 4.16 그래프 디폴트 해상도

그림 4.17 그래프 고해상도

## 4.6 참고문헌

| 인용어 | 문헌 또는 URL |
|---|---|
| | https://matplotlib.org/stable/index.html |
| | Robert Johansson 2019, Numerical Python: Scientific Computing and Data Science Applications with Numpy, SciPy and Matplotlib, Apress |
| [KANG-ML] | 강봉주(2019), 파이썬으로 실무에 바로 적용하는 머신러닝, 에이콘출판사 |
| [KANG-BASICS] | 강봉주(2020), 파이썬 기반의 AI 를 위한 기초수학, 확률 및 통계, 자유아카데미 |
| [KANG-AUTOML] | 강봉주(2020), SAS Viya 기반의 실무에 바로 적용하는 AutoML, 자유아카데미 |
| [GMLOPS] | https://cloud.google.com/architecture/mlops-continuous-delivery-and-automation-pipelines-in-machine-learning?hl=ko |

5장

# SWAT 패키지

## 5.1 SAS Viya에 대한 이해

### 5.1.1 개요

Viya는 SAS의 새로운 플랫폼이다. BASE SAS 근간의 전통적인 플랫폼에서 벗어나 개방형(open), 클라우드 서비스 가능(cloudenabled)의 분석 실행 환경이다. Viya는 아마존 웹 서비스(AWS), 마이크로소프트 애저(Azure), 구글 클라우드와 같이 어떠한 클라우드 서비스에도 개방되어 있다. 사용자 인터페이스는 SAS 자체에서 제공하는 SAS 스튜디오(SAS Studio), SAS 엔터프라이즈 가이드(SAS Enterprise Guide)와 전통적인 윈도우 인터페이스를 통하여 접근할 수 있으며 오픈 소스 인터페이스인 R 스튜디오(R Studio), 주피터 노트북(Jupyter Notebook)을 통해서도 접근할 수 있다.

### 5.1.2 카스

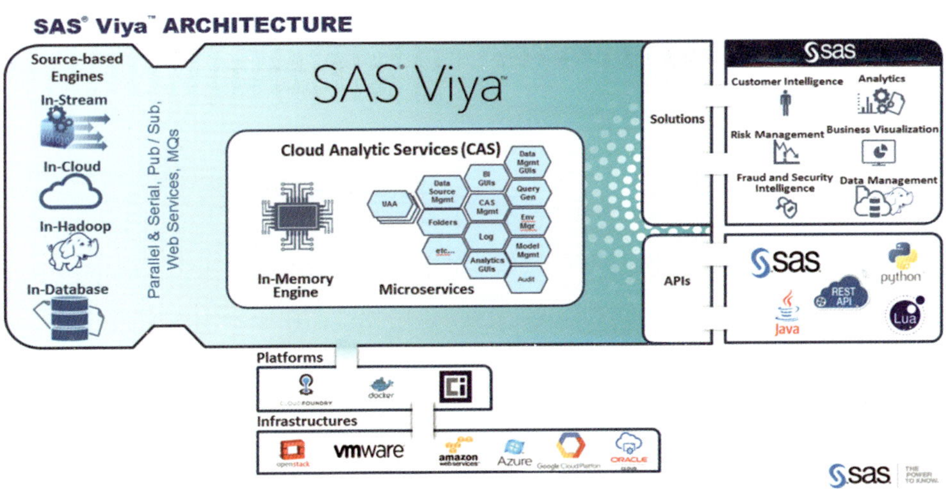


그림 5.1 SAS Viya와 CAS

카스(CAS: cloud analytic services)는 Viya 플랫폼에서 핵심이 되는 분석 엔진을 의미한다. 카스는 대량 병렬처리(MPP: Massively Parallel Processing), 멀티스레딩(multi-threading)을 갖춘 인메모리(in-memory) 엔진이다.

그림 5.1을 보면 SAS Viya는 클라우드 인프라 위에 적절한 플랫폼에서 수행되는 소프트웨어(SaaS: Software as a Service)인 것을 볼 수 있다. 그 중심에는 카스 분석 엔진을 갖고 있으며 기존 SAS 또는 파이썬, R 등과 같은 오픈소스 엔진도 API를 통해서 서로 연결될 수 있음을 알 수 있다.

카스 엔진이 가지고 있는 계산 능력을 활용하기 위해서는 일반적으로 SAS Viya에서 제공하는 시각화 인터페이스를 이용하거나 SAS Studio를 통하여 접근할 수 있는데, 오픈소스에서 접근하는 경우에는 오픈소스에서 제공하는 다양한 편집기 등을 통하여 접근할 수 있다. 그중 잘 알려진 주피터 노트북을 통하여 접근하는 것이 일반적이다.

### 5.1.3 카스 라이브러리

카스 라이브러리는 인메모리 라이브러리이므로 다음과 같은 구조를 갖고 있다.

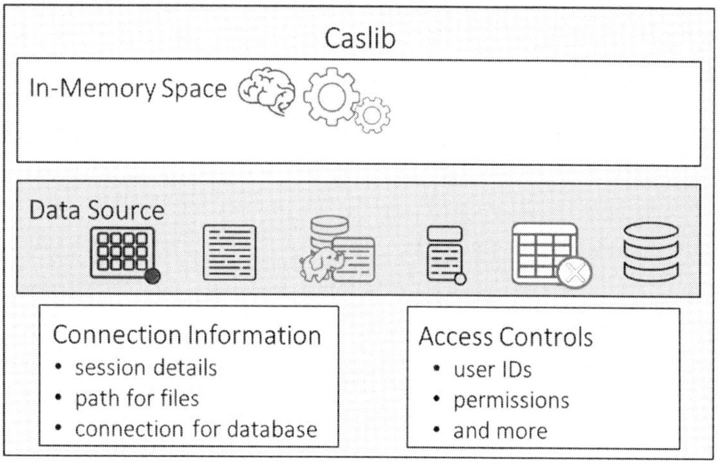


그림 5.2 카스 라이브러리 구조

그림 5.2를 보면 인메모리 공간에 대한 부분과 데이터 소스(data source)에 대한 부분과 각종 접속정보(세션, 경로, 데이터베이스 접속 정복)와 접근 제어로 구성되어 있다.

카스 라이브러리는 인메모리 데이터 부분이 있으므로 일반적으로 세션이 끝나면 메모리 영역에 있는 모든 데이터는 사라지게 된다. 즉, 세션 범위(session scope)가 지역(local)이면 카스 세션이 생성되는 곳에서는 보이지만 세션이 끝나면 사라진다. 이에 반해서 범위가 전역(global)인 경우는 모든 카스 세션에서도 볼 수 있고 카스 세션이 끝나도 유지된다. 만약 데이터를 저장하고자 한다면 데이터 소스 영역에 물리적으로 저장해야 한다. 이에 대한 저장 및 다시 메모리로 적재하는 방법은 다음 절에서 살펴보기로 하자. 세션 범위 등에 따른 카스 라이브러리 유형은 다음과 같다.

| 구분 | 일반사용자(personal) | 사전 정의 | 수동 추가 |
|---|---|---|---|
| 이용가능성<br>(availability) | 세션이 시작되면<br>자동 이용 가능 | 관리자가<br>정의하고 관리 | 관리자가 지정된<br>사용자 |
| 범위(scope) | 전역 | 전역 | 지역 또는 전역 |
| 접근(access) | 일반사용자<br>라이브러리 | 관리자 | 관리자 |
| 사용법 | 카스 접속 후 사용할<br>수 있는 개인 공간 | 데이터 공유서비스로<br>지정된 라이브러리 | 특별한 방법 사용 |

일반 사용자가 접속하게 되면 자동으로 CASUSER 라이브러리를 사용할 수 있다.

다음으로 SAS Viya의 분석 엔진인 카스(CAS: Cloud Analytics Service) 서버에 접속하기 위한 오픈소스 인터페이스인 SWAT(SAS Scripting Wrapper for Analytics Transfer) 패키지를 살펴보고 카스 테이블과 카스 테이블의 속성 및 메소드를 살펴보기로 하자.

## 5.2 시작하기

SAS Viya의 계산 엔진이라고 할 수 있는 카스(CAS) 서버에 접속하기 위해서는 다음과 같은 몇 가지 과정을 거쳐야 한다. SAS 사에서 제공하는 통합 오픈 환경에 접속하지 않으면 카스 서버에 접속할 수가 없으므로 사용자는 이미 카스 서버에 주피터 노트북으로 접속하여 있다고 가정한다.

in

```
# 파이썬 버전 확인하기
import sys
sys.version
```

out

```
'3.8.8 (default, Apr 13 2021, 19:58:26) \n[GCC 7.3.0]'
```

in

```
# swat 패키지
import swat
swat._version_
```

out

```
'1.8.1'
```

in

```
# 필요한 패키지
import io
import os
import zipfile

import numpy as np
import pandas as pd
import matplotlib.pyplot as plt

import requests
```

### 5.2.1 카스 접속

접속을 위해서는 접속 보안 정보와 카스 서버 위치 정보를 입력한다. 이러한 정보는 사전에 주어지기 때문에 해당 정보를 수행하기만 하면 된다.

in
```
# 접속 보안 정보
os.environ['CAS_CLIENT_SSL_CA_LIST'] = '/opt/sas/viya/config/etc/SASSecurityCertificateFrame
work/cacerts/trustedcerts.pem'

# CAS 서버 지정
cashost = '211.59.11.111'
port = 5570
conn = swat.CAS(cashost, port, protocol='cas')
conn
```

out
```
CAS('211.59.11.111', 5570, 'v_user9', protocol='cas', name='py-session-4', session='9d0
39ae9-287f-fc4e-874d-3107101e839d')
```

카스 서버에 접근하기 위한 통신규약(protocol)은 이진 데이터 전송 통신규약인 CAS와 REST(Representational State Transfer)가 있다. 프로그램은 이진 데이터 전송 통신규약인 CAS를 사용하였고 REST를 사용하는 경우에는 중간에 JSON 파일로 변환하여 전송하고 받기 때문에 상대적으로 속도가 느리다. 결과는 카스 클래스의 객체가 생성된다.

### 5.2.2 카스 액션

카스 클래스가 갖고 있는 메소드 중 일부를 사용해보자. 이러한 메소드를 특별히 액션(action)이라고 부른다.

in
```
# CAS 메소드, CAS 액션: serverstatus()
conn.serverstatus()
```

out

§ About

{'CAS': 'Cloud Analytic Services', 'Version': '3.05', 'VersionLong': 'V.03.05M0P11112019', 'Copyright': 'Copyright © 2014-2018 SAS Institute Inc. All Rights Reserved.', 'ServerTime': '2021-05-13T07:53:11Z', 'System': {'Hostname': 'koredu.apac.sas.com', 'OS Name': 'Linux', 'OS Family': 'LIN X64', 'OS Release': '3.10.0-862.el7.x86_64', 'OS Version': '#1 SMP Wed Mar 21 18:14:51 EDT 2018', 'Model Number': 'x86_64', 'Linux Distribution': 'Red Hat Enterprise Linux Server release 7.5 (Maipo)'}, 'license': {'site': 'SASK EDuc', 'site Num': 70180938, 'expires': '06Dec2021:00:00:00', 'gracePeriod': 45, 'warningPeriod': 47}}

§ server

Server Status

| | nodes | actions |
|---|---|---|
| 0 | 1 | 57 |

§ nodestatus

Node Status

| | name | role | uptime | running | stalled |
|---|---|---|---|---|---|
| 0 | koredu.apac.sas.com | controller | 915.388 | 0 | 0 |

### 5.2.3 카스 결과

카스 메소드가 실행된 후 결과는 어떤 데이터 형인지 알아보자.

in

```
# 결과 데이터 형
r = conn.serverstatus()
type(r), isinstance(r, dict)
```

out

```
(swat.cas.results.CASResults, True)
```

결과 데이터 형은 CASResults 클래스이며 사전 클래스의 하위 클래스임을 알 수 있다. 특히 순서가 있는 하위 클래스이다.

in
```
# 결과 키
r.keys()
```
out
```
odict_keys(['About', 'server', 'nodestatus'])
```

결과 키 정보를 이용하여 보고자 하는 결과를 선택하여 살펴볼 수 있다.

in
```
# 결과 키의 값
r['About']
```
out
```
{'CAS': 'Cloud Analytic Services',
'Version': '3.05',
'VersionLong': 'V.03.05M0P11112019',
'Copyright': 'Copyright © 2014-2018 SAS Institute Inc. All Rights Reserved.',
'ServerTime': '2021-05-13T08:00:16Z',
'System': {'Hostname': 'koredu.apac.sas.com',
'OS Name': 'Linux',
'OS Family': 'LIN X64',
'OS Release': '3.10.0-862.el7.x86_64',
'OS Version': '#1 SMP Wed Mar 21 18:14:51 EDT 2018',
'Model Number': 'x86_64',
'Linux Distribution': 'Red Hat Enterprise Linux Server release 7.5 (Maipo)'},
'license': {'site': 'SASK EDuc',
'siteNum': 70180938,
'expires': '06Dec2021:00:00:00',
'gracePeriod': 45,
'warningPeriod': 47}}
```

결괏값 자체도 사전 데이터 클래스임을 확인할 수 있다.

in
```
# 값 데이터 클래스
for key, value in r.items():
    print(key, type(value))
```

```
out     About <class 'dict'>
        server <class 'swat.dataframe.SASDataFrame'>
        nodestatus <class 'swat.dataframe.SASDataFrame'>
```

server, nodestatus 값은 SASDataFrame 클래스임을 확인할 수 있다.

```
in      # SASDataFrame
        r['nodestatus']
```

out

Node Status

| | name | role | uptime | running | stalled |
|---|---|---|---|---|---|
| 0 | koredu.apac.sas.com | controller | 1340.03 | 0 | 0 |

결과를 보면 판다스 데이터프레임과 유사한 형식이다.

```
in      # SASDataFrame의 데이터 형
        isinstance(r['nodestatus'], pd.DataFrame)
out     True
```

결과적으로 판다스 데이터프레임의 하위 클래스이며, 따라서 데이터프레임 갖고 있는 모든 메소드와 속성을 사용할 수 있다.

### 5.2.4 분석

카스 액션, 즉 swat.CAS 클래스의 메소드를 이용하여 기술통계량(descriptive statistics)을 구하는 간단한 분석을 해보자.

카스 액션은 디폴트로서 일부는 바로 사용 가능한 상태가 되지만 그렇지 않은 경우에는 해당 액션을 메모리에 적재해야 한다. 액션집합은 액션들의 모임이며, 액션을 적재한다는 것은 해당 액션을 포함하는 액션집합을 적재하는 것이다. 디폴트로 적재된 액션집합 목록은 actionsetInfo 액션을 통하여 확인할 수 있다. 단, actionsetInfo는 builtIns 액션집합에 속하지만 유일한 이름인 경우는 액션집합을 생략할 수 있다.

in

```
# 적재된 액션집합 확인
# conn.builtIns.actionsetInfo()
conn.actionsetInfo()
```

out

§ setinfo

Action set information

| | actionset | label | loaded | extension | version | product_name | user_defined |
|---|---|---|---|---|---|---|---|
| 0 | accessControl | Access Controls | 1 | tkacon | 3.05.000 | tkcas | false |
| 1 | accessControl | Access Controls | 1 | casmeta | 3.05.000 | tkcas | false |
| 2 | builtins | Builtins | 1 | tkcasablt | 3.05.000 | tkcas | false |
| 3 | configuration | Server Properties | 1 | tkcascfg | 3.05.000 | tkcas | false |
| 4 | dataPreprocess | Data Preprocess | 1 | tktrans | 3.05.000 | crsstat | false |
| 5 | dataStep | DATA Step | 1 | datastep | 3.05.000 | tkcas | false |
| 6 | percentile | Percentile | 1 | tkcasptl | 3.05.000 | crsstat | false |
| 7 | search | Search | 1 | casidx | 3.05.000 | crssearch | false |
| 8 | session | Session Methods | 1 | tkcsessn | 3.05.000 | tkcas | false |
| 9 | sessionProp | Session Properties | 1 | tkcstate | 3.05.000 | tkcas | false |
| 10 | simple | Simple Analytics | 1 | tkimstat | 3.05.000 | crsstat | false |
| 11 | table | Tables | 1 | tkcastab | 3.05.000 | tkcas | false |

만약 원하는 액션집합이 적재되어 있지 않은 경우에는 loadActionset 액션을 사용한다.

in

```
# 액션집합 적재
conn.loadActionset('simple')
```

out

§ actionset

simple

액션집합, 액션에 대하여 필요한 사용방법은 help 액션을 통하여 확인한다.

```
in      # 액션집합에 대한 도움말
        conn.help(actionset='simple')

        # 액션에 대한 도움말
        conn.help(action='summary')
```

간단한 분석을 위하여 카스 서버에 데이터를 적재해보자. 이를 수행하기 위하여 CAS 클래스의 read_csv 메소드를 사용한다.

```
in      # read_csv 메소드
        url = 'https://github.com/bong-ju-kang/data/blob/master/claim.csv?raw=true'
        tbl = conn.read_csv(url, casout='claims')
        tbl
out     CASTable('CLAIMS', caslib='CASUSER(v_user9)')
```

결과를 보면 CASTable 클래스에 속하는 객체가 생성된 것을 알 수 있다(CASUSER 라이브러리에 CLAIMS 이름으로 적재되어 있음을 알 수 있다). 카스 라이브러리는 메모리 공간과 물리적 공간을 동시에 갖는 디렉토리의 별명이다.

카스 테이블은 지역(local)에서 서버에 존재하는 데이터에 대한 일종의 뷰(view)이다. 판다스 데이터프레임은 지역 메모리에 존재하지만, 카스 테이블은 지역에 존재하지 않는 뷰일 뿐이며 데이터프레임의 하위 클래스가 아니다. 그럼에도 불구하고 많은 메소드와 속성을 공유한다.

```
in      # 카스 테이블, 데이터프레임
        isinstance(tbl, pd.DataFrame)
out     False
```

summary 액션을 이용하여 기술통계량을 구해보자.

in

```
# 기술통계량 구하기
r = conn.simple.summary(table=tbl)
# conn.simple.summary(table={'name':'claims', 'caslib':'casuser'})
# conn.simple.summary(table='claims')
r['Summary'].info()
```

out

```
<class 'swat.dataframe.SASDataFrame'>
RangeIndex: 14 entries, 0 to 13
Data columns (total 17 columns):
#     Column      Non-Null Count    Dtype
---   ----------  ----------------  ----------
0     Column      14 non-null       object
1     Min         14 non-null       float64
2     Max         14 non-null       float64
3     N           14 non-null       float64
4     NMiss       14 non-null       float64
5     Mean        14 non-null       float64
6     Sum         14 non-null       float64
7     Std         14 non-null       float64
8     StdErr      14 non-null       float64
9     Var         14 non-null       float64
10    USS         14 non-null       float64
11    CSS         14 non-null       float64
12    CV          14 non-null       float64
13    TValue      14 non-null       float64
14    ProbT       14 non-null       float64
15    Skewness    14 non-null       float64
16    Kurtosis    14 non-null       float64
dtypes: float64(16), object(1)
```

결과를 보면 거의 모든 기술통계량의 값을 가지고 있는 것을 알 수 있다.

기술통계량의 구하기 위해서 summary 액션을 이용하였는데 이와 동일하게 카스 테이블인 경우에는 디폴트로 적용가능하기 때문에 다음의 구문도 가능하다.

| in | |
|---|---|

```
# 디폴트 테이블 적용
r = tbl.summary()
r['Summary'].set_index('Column').iloc[:2, :2]
```

out

Descriptive Statistics for CLAIMS

| Column | Min | Max |
|---|---|---|
| id | 11300316.0 | 2.020000e+10 |
| child_driv | 0.0 | 4.000000e+00 |

## 5.2.5 액션집합 적재

액션집합을 적재한다는 것은 카스 서버와 연결되어 메소드로 활성화된다는 것을 의미한다. 따라서 만약 해당 메소드가 카스 테이블에 적용되는 것이라면 자동으로 사용할 상태가 되어있음을 의미한다.

액션집합의 적재는 loadactionset을 적용한다. 액션집합과 액션은 대소문자를 구분하지 않는다.

in

```
# loadactionset
conn.loadactionset(actionset='percentile')
```

out

§ actionset
percentile

percentile 액션을 적용해보자.

in

```
# 액션 적용

# 방법 1
tbl.percentile()

# 방법 2
# conn.percentile.percentile(table=tbl)
```

out § Percentile

Percentiles for CLAIMS

| | Variable | Pctl | Value | Converged |
|---|---|---|---|---|
| 0 | id | 25.0 | 2.135167e+09 | 1.0 |
| 1 | id | 50.0 | 3.964367e+09 | 1.0 |
| 2 | id | 75.0 | 6.280766e+09 | 1.0 |
| 3 | child_driv | 25.0 | 0.000000e+00 | 1.0 |
| 4 | child_driv | 50.0 | 0.000000e+00 | 1.0 |
| 5 | child_driv | 75.0 | 0.000000e+00 | 1.0 |
| 6 | age | 25.0 | 4.500000e+01 | 1.0 |
| 7 | age | 50.0 | 5.400000e+01 | 1.0 |
| 8 | age | 75.0 | 6.300000e+01 | 1.0 |
| 9 | children | 25.0 | 0.000000e+00 | 1.0 |
| 10 | children | 50.0 | 0.000000e+00 | 1.0 |
| 11 | children | 75.0 | 1.000000e+00 | 1.0 |
| 12 | yoj | 25.0 | 1.200000e+01 | 1.0 |
| 13 | yoj | 50.0 | 1.400000e+01 | 1.0 |
| 14 | yoj | 75.0 | 1.600000e+01 | 1.0 |
| 15 | income | 25.0 | 2.846800e+04 | 1.0 |
| 16 | income | 50.0 | 5.430800e+04 | 1.0 |
| 17 | income | 75.0 | 8.697800e+04 | 1.0 |
| 18 | house_val | 25.0 | 2.473380e+05 | 1.0 |
| 19 | house_val | 50.0 | 3.886740e+05 | 1.0 |
| 20 | house_val | 75.0 | 5.581550e+05 | 1.0 |
| 21 | distance | 25.0 | 6.700000e+01 | 1.0 |
| 22 | distance | 50.0 | 7.800000e+01 | 1.0 |
| 23 | distance | 75.0 | 8.900000e+01 | 1.0 |
| 24 | vehicle_val | 25.0 | 9.200000e+03 | 1.0 |
| 25 | vehicle_val | 50.0 | 1.440000e+04 | 1.0 |
| 26 | vehicle_val | 75.0 | 2.089500e+04 | 1.0 |
| 27 | clm_freq | 25.0 | 0.000000e+00 | 1.0 |
| 28 | clm_freq | 50.0 | 2.000000e+00 | 1.0 |
| 29 | clm_freq | 75.0 | 3.000000e+00 | 1.0 |
| 30 | mvr_pts | 25.0 | 2.000000e+00 | 1.0 |
| 31 | mvr_pts | 50.0 | 3.000000e+00 | 1.0 |
| 32 | mvr_pts | 75.0 | 5.000000e+00 | 1.0 |
| 33 | claim_amount | 25.0 | 2.780000e+02 | 1.0 |
| 34 | claim_amount | 50.0 | 3.230000e+02 | 1.0 |
| 35 | claim_amount | 75.0 | 1.447500e+03 | 1.0 |
| 36 | vehicle_age | 25.0 | 3.000000e+00 | 1.0 |
| 37 | vehicle_age | 50.0 | 1.000000e+01 | 1.0 |
| 38 | vehicle_age | 75.0 | 1.400000e+01 | 1.0 |
| 39 | claim_ind | 25.0 | 0.000000e+00 | 1.0 |
| 40 | claim_ind | 50.0 | 0.000000e+00 | 1.0 |
| 41 | claim_ind | 75.0 | 1.000000e+00 | 1.0 |

### 5.2.6 카스 테이블과 판다스 데이터프레임

카스 테이블은 지역에서 보는 서버 데이터의 뷰이며, 판다스 데이터프레임은 실행되고 있는 지역의 메모리에 있는 실제 데이터이다. 데이터프레임은 메모리에 올릴 수 있는 데이터 크기가 작으면 큰 문제가 없지만 빅데이터인 경우에는 그렇지 않다. 카스 테이블은 이러한 한계를 극복한 것이며 동시에 판다스 데이터프레임과 거의 유사한 속성과 메소드를 갖고 있다. 몇 가지 유사한 예를 살펴보자.

in
```
# 데이터 구성
url = 'https://github.com/bong-ju-kang/data/blob/master/claim.csv?raw=true'
tbl = conn.read_csv(url, casout={'name':'claims', 'replace':True})
type(tbl)
```

out
```
swat.cas.table.CASTable
```

in
```
# 속성 적용
tbl.dtypes
```

out
```
id              double
child_driv      double
age             double
children        double
yoj             double
income          double
house_val       double
status          varchar
gender          varchar
edu_level       varchar
job             varchar
distance        double
car_use         varchar
vehicle_val     double
vehicle_type    varchar
```

```
clm_freq        double
revoked         varchar
mvr_pts         double
claim_amount    double
vehicle_age     double
claim_ind       double
area            varchar
state_code      varchar
dtype: object
```

in

```
# 메소드 적용
tbl[['child_driv','age']].describe(percentiles=np.arange(0,1, 0.1).tolist())
```

out

| | child_driv | age |
|---|---|---|
| count | 10300.000000 | 10293.000000 |
| mean | 0.170000 | 53.797921 |
| std | 0.507381 | 13.172204 |
| min | 0.000000 | 5.000000 |
| 0% | 0.000000 | 5.000000 |
| 10% | 0.000000 | 37.000000 |
| 20% | 0.000000 | 43.000000 |
| 30% | 0.000000 | 47.000000 |
| 40% | 0.000000 | 51.000000 |
| 50% | 0.000000 | 54.000000 |
| 60% | 0.000000 | 57.000000 |
| 70% | 0.000000 | 61.000000 |
| 80% | 0.000000 | 65.000000 |
| 90% | 1.000000 | 70.000000 |
| max | 4.000000 | 103.000000 |

### 5.2.7 접속 종료

접속을 종료하기 위해서는 close 메소드를 사용한다.

## 5.3 카스 테이블

SAS Viya의 핵심 분석 엔진인 카스 서버에 데이터를 적재하는 다양한 방법을 살펴보자. 적재된 테이블은 카스 테이블이며 지역에서는 실제 데이터를 포함하지 않은 뷰이다.

데이터 크기가 크면 클수록 지역에서 처리하기가 어렵기 때문에 카스 서버에 적재하여 각종 연산을 적용하는 것이 올바른 방법이다.

### 5.3.1 지역 데이터 적재

카스 서버에 존재하지 않는 데이터는 모두 지역 데이터이다. 이러한 지역 데이터를 카스 서버에 적재해보자.

in
```
# 데이터 올리기
url = 'https://github.com/bong-ju-kang/data/raw/master/bank.csv'
dt = conn.read_csv(url)
dt
```

out
```
CASTable('TMP26FZLWLV', caslib='CASUSER(v_user9)')
```

결과를 보면 TMP26FZLWLV 이름으로 카스 라이브러리인 CASUSER에 존재함을 알고 해당 이름은 카스 테이블 이름이며 사전에 특정 이름을 지정하지 않았기 때문에 임의로 만든 것이다. 일반적으로 올린 데이터 이름을 명확히 식별하기 위해서는 다음과 같은 형식으로 적재한다.

in
```
# 데이터 올리기
url = 'https://github.com/bong-ju-kang/data/raw/master/bank.csv'
```

```
dt = conn.read_csv(url, casout={'name':'bank', 'caslib':'casuser', 'replace':True})
dt
```

out

```
CASTable('BANK', caslib='CASUSER(v_user9)')
```

적재의 결과는 CASTable 클래스의 객체이며 따라서 관련된 메소드나 액션들이 적용된다. 이때 적용되는 속성과 메소드는 판다스의 데이터프레임과 대부분 일치한다.

in

```
# 카스 테이블 속성
dt.info()
```

out

```
CASTable('BANK', caslib='CASUSER(v_user9)')
Data columns (total 17 columns):
              N   Miss     Type
Age        4521  False   double
Job        4521  False  varchar
Marital    4521  False  varchar
Education  4521  False  varchar
Default    4521  False  varchar
Balance    4521  False   double
Housing    4521  False  varchar
Loan       4521  False  varchar
Contact    4521  False  varchar
Day        4521  False   double
Month      4521  False  varchar
Duration   4521  False   double
Campaign   4521  False   double
Pdays      4521  False   double
Previous   4521  False   double
Poutcome   4521  False  varchar
Y          4521  False  varchar
dtypes: double(7), varchar(10)
data size: 1208227
vardata size: 231691
memory usage: 1208320
```

in
```
# 카스 테이블 메소드
dt.query('age > 50').tail(3)[['age', 'job', 'default', 'y']]
```

out

Selected Rows from Table BANK

| | age | job | default | y |
|---|---|---|---|---|
| 924 | 53.0 | blue-collar | no | no |
| 925 | 58.0 | admin. | no | no |
| 926 | 60.0 | self-employed | no | yes |

지역에서 구문 분석을 실행하여 데이터를 올리는 과정이 힘든 경우에는 해당 파일을 직접 서버에 전송하고 해당 파일로부터 적재할 수 있다. 이러한 방법은 지역에서 특별히 구문 분석을 실행하고 판다스 데이터프레임으로 변환하지 않기 때문에 훨씬 빠른 방법으로써 CAS 클래스의 upload_file 메소드를 사용한다. upload_file 메소드는 파일 적재와 동시에 적재된 파일로부터 table.loadtable 액션을 호출하여 카스 테이블로 변환한다.

in
```
# 서버 사이드에서 모든 작업 수행
url = 'https://github.com/bong-ju-kang/data/raw/master/bank.csv'
dt = conn.upload_file(url, casout={'name':'bank', 'caslib':'casuser', 'replace':True})
dt
```

out
```
CASTable('BANK', caslib='CASUSER(v_user9)')
```

## 5.3.2 서버 데이터 적재

서버에 존재하는 데이터 파일이나 서버와 연결된 데이터베이스 등의 데이터를 적재하는 경우를 서버 데이터 적재라고 표현하며 이때 주로 load_path 메소드를 사용한다.

in
```
# 활동 라이브러리에 존재하는 파일
conn.load_path('bank.csv', casout={'name':'bank', 'caslib':'casuser', 'replace':True})
```

```
out     CASTable('BANK', caslib='CASUSER(v_user9)')
```

## 5.4 색인과 데이터 선택

판다스 데이터프레임과 같이 대괄호([])를 이용하여 다양한 _getitem_ 메소드를 수행한다. 대부분 일치하지만 카스 데이터 테이블은 그리드 분산 구조로 관리하고 있기 때문에 행 색인을 이용한 데이터 찾기는 현재 지원되지 않는다.

| 속성/메소드 | 내용 |
|---|---|
| dt[columns] | 열 이름으로 테이블 부분 집합 구하기 |
| dt.loc[:, columns] | 열 이름으로 테이블 부분 집합 구하기 |
| dt.iloc[:, columns] | 열 색인으로 테이블 부분 집합 구하기 |
| dt.ix[:, columns] | 열 이름과 색인 혼합으로 테이블 부분 집합 구하기 |
| dt[boolean-column] | 열에 대한 논리값으로 테이블 여과하기 |
| dt.query('expr') | 질의문으로 테이블 여과하기 |

### 5.4.1 열 이름 색인 이용하기

열 이름, 즉 열 레이블 색인으로 부분 데이터를 구해보자.

```
in      # 데이터 구성
        dt = conn.load_path('bank.csv',
                            casout={'name':'bank', 'caslib':'casuser', 'replace':True})
        dt.columns
out     Index(['age', 'job', 'marital', 'education', 'default', 'balance', 'housing', 'loan', 'contact',
```

```
'day', 'month', 'duration', 'campaign', 'pdays', 'previous', 'poutcome', 'y'],
dtype='object')
```

in

```
# 1개 열 선택: 카스 컬럼(CASColumn) 객체 반환
dt['age'].head()
```

out

```
0    30.0
1    33.0
2    35.0
3    30.0
4    59.0
Name: Fetch, dtype: float64
```

in

```
# 1개 열 선택: 카스 테이블(CASTable) 객체 반환
dt[['age']].head()
```

out

Selected Rows from Table BANK

| | age |
|---|---|
| 0 | 30.0 |
| 1 | 33.0 |
| 2 | 35.0 |
| 3 | 30.0 |
| 4 | 59.0 |

in

```
# 복수 열 선택
dt[['age', 'job', 'y']].describe(include='all')
```

out

| | age | job | y |
|---|---|---|---|
| count | 4521 | 4521 | 4521 |
| unique | 67 | 12 | 2 |
| top | 34.0 | management | no |
| freq | 231.0 | 969.0 | 4000.0 |
| mean | 41.170095 | NaN | NaN |
| std | 10.576211 | NaN | NaN |
| min | 19.0 | admin. | no |
| 25% | 33.0 | NaN | NaN |
| 50% | 39.0 | NaN | NaN |
| 75% | 49.0 | NaN | NaN |
| max | 87.0 | unknown | yes |

열을 선택하는 방법 중 하나는 데이터프레임과 같이 loc 속성을 사용하는 것이다.

in
```
# 열 선택: loc
dt.loc[:, ['age','yoj' ]].nmiss()
```

out
```
age       0
yoj    4521
dtype: int64
```

in
```
# 열 범위 선택
dt.loc[:, 'loan':'y'].nmiss()
```

out
```
loan        0
contact     0
day         0
month       0
duration    0
campaign    0
pdays       0
previous    0
poutcome    0
y           0
dtype: int64
```

in
```
# 열 범위 선택: 보폭 주기
dt.loc[:, 'loan':'y':2].nmiss()
```

out
```
loan        0
day         0
duration    0
pdays       0
poutcome    0
dtype: int64
```

### 5.4.2 열 정수 색인 이용하기

열 색인은 각 열의 위치를 의미하며, 시작 위치는 0이며 iloc 속성을 이용한다.

in
```
# iloc
dt.iloc[:, 0]
```

out
```
CASColumn('BANK', caslib='CASUSER(v_user9)')['age']
```

in
```
# 마지막 변수만 제거
dt.iloc[:, :-1].columns
```

out
```
Index(['age', 'job', 'marital', 'education', 'default', 'balance', 'housing', 'loan', 'contact',
'day', 'month', 'duration', 'campaign', 'pdays', 'previous', 'poutcome'],
      dtype='object')
```

### 5.4.3 열 이름과 색인 혼합 이용하기

열 이름과 색인 위치를 각각 사용하거나 둘 다 동시에 사용하고자 하는 경우에는 ix 속성을 이용한다.

in
```
# ix
dt.ix[:, ['age', 1, -1]]
```

out
```
CASTable('BANK', caslib='CASUSER(v_user9)')[['age', 'job', 'y']]
```

### 5.4.4 논리 색인 이용하기

정수 색인이 아닌 논리(Boolean) 색인을 이용하여 데이터 여과를 할 수 있다.

in
```
# Bool 색인
dt[dt.age > 55]['y'].value_counts()
```
out
```
no      414
yes      81
dtype: int64
```

### 5.4.5 질의문 이용하기

질의문(query statement)을 이용하여 데이터를 여과할 수 있다.

in
```
# query
dt.query('age > 55 and balance > 3000')['y'].value_counts(normalize=True)
```
out
```
no      0.757576
yes     0.242424
dtype: float64
```

## 5.5 분할-적용-결합

판다스 데이터프레임과 같이 분할-적용-결합의 연산을 카스 테이블에서도 groupby 메소드로 시작하여 처리하고 있다. 카스 테이블에서는 groupby에서 지정된 모든 열의 값에 대한 조합은 ByGroupInfo 키로 반환된다.

in
```
# groupby 기본 구조
dt.groupby('y').simple.summary(subset=['min', 'max', 'nmiss'])
```

out

§ ByGroupInfo

ByGroupInfo

| | y | y_f | _key_ |
|---|---|---|---|
| 0 | no | no | no |
| 1 | yes | yes | yes |

§ ByGroup1.Summary

Descriptive Statistics for BANK

| y | Column | Min | Max | NMiss |
|---|---|---|---|---|
| no | age | 19.0 | 86.0 | 0.0 |
| no | balance | -3313.0 | 71188.0 | 0.0 |
| no | day | 1.0 | 31.0 | 0.0 |
| no | duration | 4.0 | 3025.0 | 0.0 |
| no | campaign | 1.0 | 50.0 | 0.0 |
| no | pdays | -1.0 | 871.0 | 0.0 |
| no | previous | 0.0 | 25.0 | 0.0 |

§ ByGroup2.Summary

Descriptive Statistics for BANK

| y | Column | Min | Max | NMiss |
|---|---|---|---|---|
| yes | age | 19.0 | 87.0 | 0.0 |
| yes | balance | -1206.0 | 26965.0 | 0.0 |
| yes | day | 1.0 | 31.0 | 0.0 |
| yes | duration | 30.0 | 2769.0 | 0.0 |
| yes | campaign | 1.0 | 24.0 | 0.0 |
| yes | pdays | -1.0 | 804.0 | 0.0 |
| yes | previous | 0.0 | 14.0 | 0.0 |

ByGroupInfo 키의 값을 보면 그룹 열에 사용되는 값을 다시 지정하고 각각의 _key_를 지정하였다. 이후의 출력을 보면 _key_에서 지정되어 있는 포맷으로 재지정된 값인 y_f 값별로 ByGroup1.Summary, ByGroup1.Summary 키로 값을 출력하고 있다. _key_의 개수가 2개이므로 ByGroup#.Summary 키에 의하여 출력되는 값도 2개가 된다.

그룹 열이 1개이므로 구조는 간단하지만 복수의 그룹 열이 있는 경우에는 보다 구조가 복잡해진다.

```
in    # 출력되는 각 결과물의 데이터 유형
      r = dt.groupby('y').simple.summary(subset=['min', 'max', 'nmiss'])
      r.keys(), type(r['ByGroup1.Summary'])
```

```
out   (odict_keys(['ByGroupInfo', 'ByGroup1.Summary', 'ByGroup2.Summary']),
       swat.dataframe.SASDataFrame)
```

출력되는 각각의 결과는 SASDataFrame 클래스에 속한다. SAS 데이터프레임은 판다스의 데이터프레임의 하위 클래스이므로 모든 속성과 메소드를 동일하게 적용할 수 있다.

일반적으로 카스 테이블의 연산 결과가 행 단위로 나오지 않고 요약된 형태가 되는 경우에 출력 데이터 형은 SAS 데이터프레임이다. 다음은 출력되는 모든 데이터 프레임을 합쳐서 하나의 데이터프레임으로 구성한 것이다.

```
in    # 출력 결과 합치기
      dt.groupby('y').simple.summary(subset=['min', 'max', 'nmiss']).concat_bygroups()
```

out

§ Summary

Descriptive Statistics for BANK

| y | Column | Min | Max | NMiss |
|---|---|---|---|---|
| no | age | 19.0 | 86.0 | 0.0 |
| no | balance | -3313.0 | 71188.0 | 0.0 |
| no | day | 1.0 | 31.0 | 0.0 |
| no | duration | 4.0 | 3025.0 | 0.0 |
| no | campaign | 1.0 | 50.0 | 0.0 |
| no | pdays | -1.0 | 871.0 | 0.0 |
| no | previous | 0.0 | 25.0 | 0.0 |
| yes | age | 19.0 | 87.0 | 0.0 |
| yes | balance | -1206.0 | 26965.0 | 0.0 |
| yes | day | 1.0 | 31.0 | 0.0 |
| yes | duration | 30.0 | 2769.0 | 0.0 |
| yes | campaign | 1.0 | 24.0 | 0.0 |
| yes | pdays | -1.0 | 804.0 | 0.0 |
| yes | previous | 0.0 | 14.0 | 0.0 |

그룹 열에 의해서 구분되는 특정 셀의 요약된 값만을 필요로 하는 경우가 있다.

in

```
# 특정 셀의 값만 구하기
dt.groupby(['job', 'y']).summary(subset=['min', 'max', 'mean', 'std']).get_group(['technician', 'yes'])
```

out

§ Summary

Descriptive Statistics for BANK

| job | y | Column | Min | Max | Mean | Std |
|---|---|---|---|---|---|---|
| technician | yes | age | 23.0 | 61.0 | 40.397590 | 9.695284 |
| | yes | balance | -824.0 | 11262.0 | 1425.795181 | 2087.710736 |
| | yes | day | 1.0 | 30.0 | 15.698795 | 8.609035 |
| | yes | duration | 78.0 | 2029.0 | 541.843373 | 374.329400 |
| | yes | campaign | 1.0 | 13.0 | 2.265060 | 2.036762 |
| | yes | pdays | -1.0 | 541.0 | 65.289157 | 109.676301 |
| | yes | previous | 0.0 | 10.0 | 1.349398 | 2.292266 |

## 5.6 참고문헌



| 인용어 | 문헌 또는 URL |
|---|---|
| | https://developer.sas.com/guides/python-swat.html |
| | https://sassoftware.github.io/python-swat/ |
| | https://sassoftware.github.io/python-swat/getting-started.html |
| [V-ACTION] | https://documentation.sas.com/doc/ko/pgmsascdc/9.4_3.5/allprodsactions/titlepage.htm |
| [KANG-ML] | 강봉주(2019), 파이썬으로 실무에 바로 적용하는 머신러닝, 에이콘출판사 |
| [KANG-BASICS] | 강봉주(2020), 파이썬 기반의 AI 를 위한 기초수학, 확률 및 통계, 자유아카데미 |
| [KANG-AUTOML] | 강봉주(2020), SAS Viya 기반의 실무에 바로 적용하는 AutoML, 자유아카데미 |

6장

# 머신러닝

6장에서는 SAS Viya 카스 엔진의 액션을 이용하여 머신러닝(ML)의 몇 가지 주요 기법을 구현해보도록 하자.

## 6.1 머신러닝과 운영 통합

데이터 과학의 일부인 머신러닝의 과정은 이미 많이 알려져 있지만 그 범위는 매우 작은 영역으로만 생각해왔다.

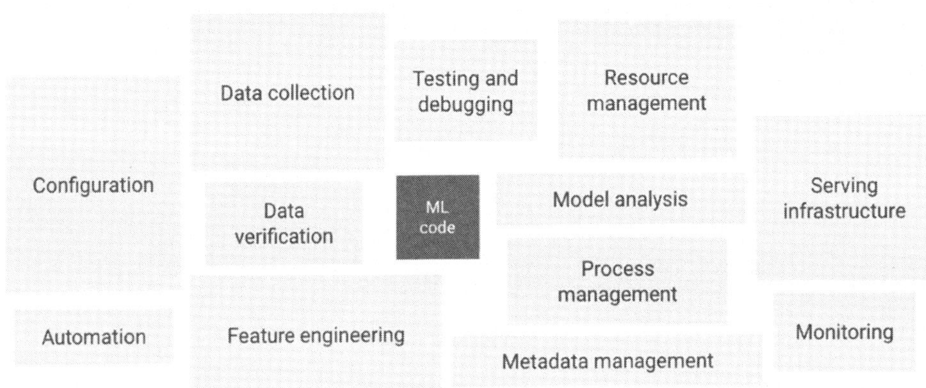


그림 6.1 머신러닝과 주변 시스템

[GMLOPS]에서 인용

그림 6.1은 머신러닝 모델을 만들고 서비스를 하기 위해서 얼마나 많은 주변 시스템의 도움을 받고 있는지 보여주고 있다. 머신러닝 과정(process)은 문헌마다 다양하게 표현되고 있지만 대략적으로 다음과 같은 절차를 갖고 있으며 이러한 과정은 한 번의 모델을 구성하고 배포하는 과정이며 수동으로 진행하는 과정이다.

| 단계 | 내용 | 비고 |
|---|---|---|
| 기초 데이터 구성 | 다양한 데이터 원천으로부터 데이터를 추출. 비즈니스 목적에 맞는지 검증. 데이터 품질, 데이터 주기, 수집 방법 등을 정의 | 기초 데이터 모델링, 사상 정의서, 메타데이터 관리 등의 필요. 가장 많은 시간이 소요 |
| 분석 데이터 구성 | 기초 데이터로부터 분석을 위한 데이터 구성. 데이터 품질 추가 점검 | 특징 공학, 사상 정의서, 메타데이터 관리 등. 데이터 분할 등을 통한 홀드아웃 데이터 구성 |
| 모델 학습 | 알고리즘 적용, 알고리즘의 초모수 조정 등 | |
| 모델 평가 | 학습된 모델에 대한 평가. 홀드아웃 데이터에 의한 평가 | |
| 모델 검증 | 배포에 적합한 모델인지 검증. 검증 기준 제시가 필요 | |
| 모델 배포 | 배치 또는 실시간 요건에 따라 배포 | 실시간인 경우는 예를 들어 REST API 제공 |
| 모델 모니터링 | 배포된 모델 성능의 지속적인 모니터링. 모니터링 기준 필요 | |

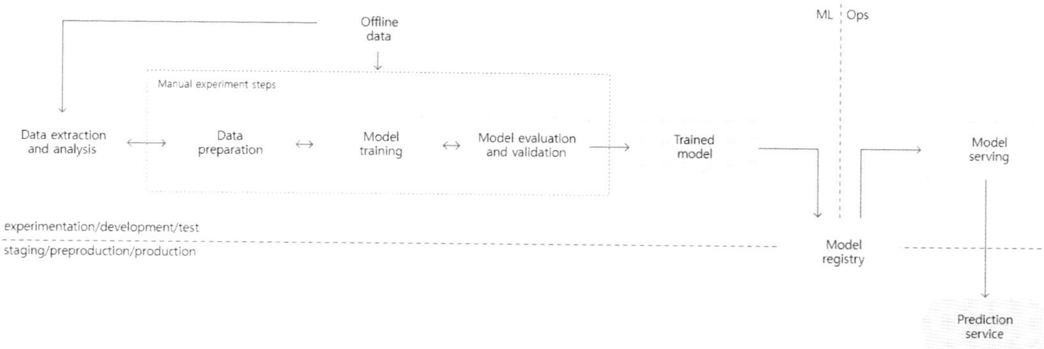


그림 6.2 수동 머신러닝 과정(GMLOPS에서 인용)

구글에서는 그림 6.2와 같이 수동 머신러닝 과정을 표현하였다. 모델 레지스트리 적재하는 과정까지 머신러닝으로 보고 이후는 운영(Ops)과정으로 정하였다. 머신러닝과 운영이 통합 관리되기 위해서는 지속적인 통합(CI: continuous integration), 지속적인 배포(CD: continuous deployment), 지속적인 학습(CT: continuous training)이 필요하며 그림 6.2의 모든 과정이 자동화 및 관리되어야 한다. 이런 의미에서 머신러닝 플랫폼이 필요한 것이다.

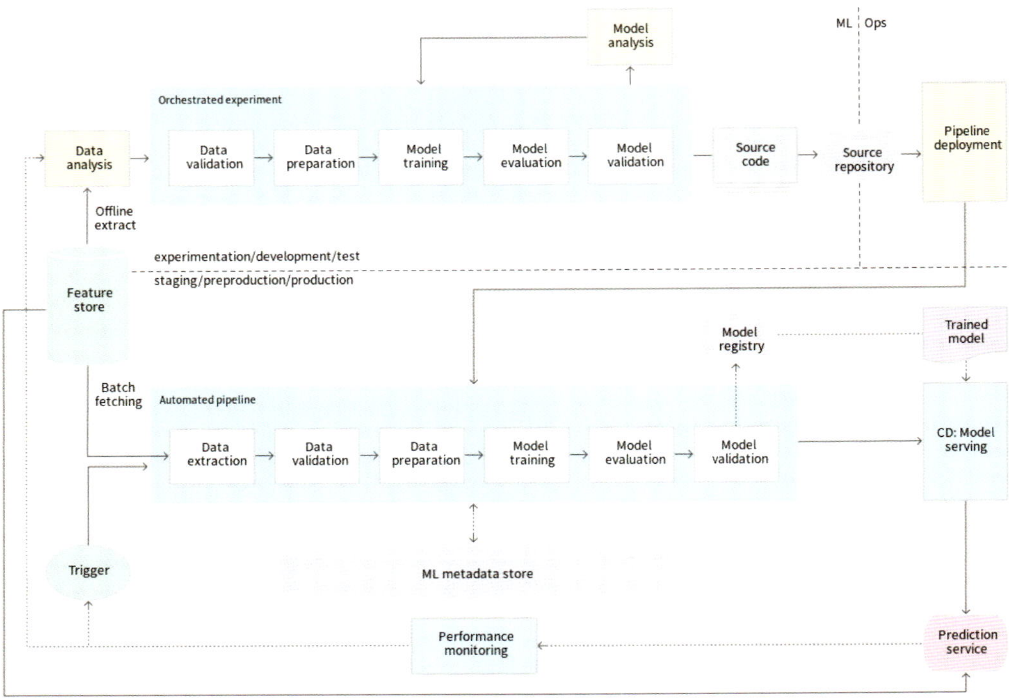


**그림 6.3** 머신러닝 파이프라인 자동화(GMLOPS에서 인용)

그림 6.3은 머신러닝 과정을 하나의 파이프라인으로 정의하고 해당 부분만 자동화하는 경우로 가장 기본적인 자동화 과정이다. 이 과정이 자동화가 되면 통합, 운영 등의 자동화도 추가적으로 가능하게 된다.

6장에서는 카스 엔진을 이용하여 모델 레지스트리 중의 하나이며 SAS Viya의 모델 레지스트리인 애널리틱스 스토어(analytics store)에 등록하는 과정까지 진행해보도록 하자.

## 6.2 [HMEQ] 데이터

비즈니스 목적에 맞게 기초 데이터가 구성이 된 후 적절한 사상(mapping) 과정을 거친 후 다음과 같은 [HMEQ] 데이터가 구성되었다고 가정하자.

주택담보(home equity) 데이터는 5,960개의 주택 담보 대출에 대한 기준 및 대출 성과 정보가 포함되어 있다. 목표변수(BAD)는 신청자가 결국 불이행했는지 또는 심각하게 연체되었는지 여부를 나타내는 이항 변수이다. 채무불이행 결과는 1,189건(20%) 발생했으며 각 신청자에 대해 12개의 입력변수가 기록되어 있다.

해당 데이터의 위치와 메타데이터 정보는 다음과 같다.

| # | 변수 | 유형 | 설명 | 한글 설명 |
|---|---|---|---|---|
| 1 | BAD | categorical | 1 = client defaulted on loan 0 = loan repaid | 1 = 대출 채무 불이행 0 = 대출 상환 |
| 2 | LOAN | numeric | Amount of the loan request | 대출 요청 금액 |
| 3 | MORTDUE | numeric | Amount due on existing mortgage | 기존 부동산 대출 금액 |
| 4 | VALUE | numeric | Value of current property | 현재 부동산 가치 |
| 5 | REASON | categorical | DebtCon = debt consolidation<br>HomeImp = home improvement | DebtCon = 부채 정리<br>HomeImp = 주택 개량 |
| 6 | JOB | categorical | Six occupational categories | 6 가지 직업 분류 |
| 7 | YOJ | numeric | Years at present job | 현재 직업 근무년수 |
| 8 | DEROG | numeric | Number of major derogatory reports | 부정적인 보고서(심각한 연체, 파산 등)의 수 |
| 9 | DELINQ | numeric | Number of delinquent credit lines | 연체된 신용 한도의 수 |
| 10 | CLAGE | numeric | Age of oldest trade line in months | 최장 거래 월수 |
| 11 | NINQ | numeric | Number of recent credit lines | 최근 신용 한도 수(최근 신용 한도 대출 건수) |
| 12 | CLNO | numeric | Number of credit lines | 신용 한도 수(총 신용 한도 대출 건수) |
| 13 | DEBTINC | numeric | Debt-to-income ratio | 소득 대비 부채 비율 |

https://github.com/bong-ju-kang/data/raw/master/hmeq.csv

in

```
# 데이터 구성
url = 'https://github.com/bong-ju-kang/data/raw/master/hmeq.csv'
tbl = conn.read_csv(url, casout={'name':'hmeq', 'caslib':'casuser', 'replace':True})
tbl.shape
```

out

```
(5960, 13)
```

주어진 데이터는 초기 데이터이므로 데이터 분석을 위해 이를 카스 라이브러리에 물리적으로 저장할 필요가 있다. 저장 후 필요한 경우에 다시 카스 테이블로 변환하는 과정을 거치면 된다.

in

```
# 카스 테이블 물리적 저장: save 액션
tbl.table.save(name='hmeq', caslib='casuser',replace=True)

# 저장 파일 확인
conn.table.fileinfo(caslib='casuser')
```

out

§ FileInfo

| | Permission | Owner | Group | Name | Size | Encryption | Time | ModTime |
|---|---|---|---|---|---|---|---|---|
| 0 | -rwxr-xr-x | v_user9 | viya | logistic_model_astore.sashdat | 471976 | NONE | 2021-04-29T10:47:13+09:00 | 1.935280e+09 |
| 1 | -rwxr-xr-x | v_user9 | viya | tree_model_tbl.sashdat | 29032 | NONE | 2021-04-29T10:47:16+09:00 | 1.935280e+09 |
| 2 | -rwxr-xr-x | v_user9 | viya | tree_model_tbl.ATTRS.sashdat | 9840 | NONE | 2021-04-29T10:47:16+09:00 | 1.935280e+09 |
| 3 | -rwxr-xr-x | v_user9 | viya | forest_model_astore.sashdat | 23655928 | NONE | 2021-04-29T10:47:20+09:00 | 1.935280e+09 |
| 4 | -rwxr-xr-x | v_user9 | viya | bank.sashdat | 1220160 | NONE | 2021-05-14T15:01:14+09:00 | 1.936591e+09 |
| 5 | -rw-r--r-- | v_user9 | viya | bank.csv | 375542 | | 2021-05-14T15:52:53+09:00 | 1.936594e+09 |
| 6 | -rwxr-xr-x | v_user9 | viya | hmeq.sashdat | 797288 | NONE | 2021-05-16T14:45:19+09:00 | 1.936763e+09 |

카스 라이브러리의 데이터 소스(data source)에 저장되는 경우에 hmeq.sashdat와 같이 확장명이 sashdat임을 알 수 있다. 저장된 파일은 언제든지 table.loadtable 액션으로 카스 테이블로 변환할 수 있다.

in
```
# 데이터 소스 파일 적재
data_source_file = 'hmeq.sashdat'
conn.table.loadtable(caslib='casuser', path=data_source_file,
                     casout={'name':'hmeq', 'caslib':'casuser', 'replace': True})
tbl = conn.CASTable(name='hmeq', caslib='casuser')
tbl.shape
```
out
```
(5960, 13)
```

## 6.3 데이터 전처리

기초 데이터가 구성된 후 분석 데이터를 구성하기 위해서는 데이터에 대한 기본 정보를 확인하고 필요하면 다음과 같은 업무를 수행한다.

| 업무 | 내용 | 비고 |
|---|---|---|
| 데이터 형 점검 | 각 변수가 분석에 필요한 데이터 형인지 점검 | 분석에서는 크게 숫자형, 범주형으로 구분 |
| 결측값 처리 | 결측값 확인 및 처리 | |
| 특이점 처리 | 특이점 확인 및 처리 | |
| 범주형 데이터 품질 점검 | 범주형 데이터의 유형(pattern) 및 품질 점검 | |
| 논리 결함 점검 | 다차원 빈도표에 의한 각 셀의 논리적 타당성 확인 | 특별한 규칙은 없고 탐색적으로 적용 |

| 업무 | 내용 | 비고 |
|---|---|---|
| 데이터 변환 | 범주형을 숫자형으로 숫자형을 범주형으로 또는 다양한 함수에 의한 변환, 표준화 변환 등 | 일반적으로 구간화(binning) 과정을 많이 진행 |
| 데이터 축소 | 데이터 중 일부 행만 또는 일부 열만 취하거나 주어진 변수 개수보다 작은 개수로 축소 | |

이러한 과정을 통틀어 데이터 전처리(preprocessing) 과정이라고 한다. 이러한 전처리는 분석 데이터의 구성뿐만 아니라 어떤 과정과 상관없이 데이터에 내재된 여러 가지 문제를 처리하는 과정이라고 이해해야 한다. 분석에서는 행을 관측값(observation), 열을 변수(variable)로 부르기도 한다.

### 6.3.1 데이터 형 점검

데이터의 각 변수의 데이터 형을 확인하는 간단한 방법은 info 메소드이다.

in
```
# 메타데이터 확인
tbl.info()
```

out
```
CASTable('hmeq', caslib='casuser')
Data columns (total 13 columns):
              N    Miss     Type
BAD        5960   False   double
LOAN       5960   False   double
MORTDUE     442    True   double
VALUE      5848    True   double
REASON     5708    True  varchar
JOB        5681    True  varchar
YOJ        5445    True   double
DEROG      5252    True   double
DELINQ     5380    True   double
```

```
CLAGE     5652   True   double
NINQ      5450   True   double
CLNO      5738   True   double
DEBTINC   4693   True   double
dtypes: double(11), varchar(2)
data size: 785334
vardata size: 70134
```

데이터 유형은 double, varchar로 구분되어 있으며 각각 숫자형, 범주형 데이터이다. N의 값은 전부 5960건이어야 하지만 MISS가 True인 결측값이 있는 경우에 결측값 건수를 제외한 건수를 보여주고 있다. 또한 BAD 변수는 1과 0 값만을 갖는 이항 변수이므로 범주형 변수이어야 하는데 숫자형 변수로 취급되었음을 알 수 있다. 구체적인 값을 살펴보고자 하는 경우에는 table.fetch 액션, head, tail 메소드를 사용하여 확인한다.

in

```
# 데이터 직접 확인
tbl.fetch(to=5)
```

out

§ Fetch

Selected Rows from Table HMEQ

| | BAD | LOAN | MORTDUE | VALUE | REASON | JOB | YOJ | DEROG | DELINQ | CLAGE |
|---|---|---|---|---|---|---|---|---|---|---|
| 0 | 1.0 | 1100.0 | 25860.0 | 39025.0 | HomeImp | Other | 10.5 | 0.0 | 0.0 | 94.366667 |
| 1 | 1.0 | 1300.0 | 70053.0 | 68400.0 | HomeImp | Other | 7.0 | 0.0 | 2.0 | 121.833333 |
| 2 | 1.0 | 1500.0 | 13500.0 | 16700.0 | HomeImp | Other | 4.0 | 0.0 | 0.0 | 149.466667 |
| 3 | 1.0 | 1500.0 | NaN | NaN | | | NaN | NaN | NaN | NaN |
| 4 | 0.0 | 1700.0 | 97800.0 | 112000.0 | HomeImp | Office | 3.0 | 0.0 | 0.0 | 93.333333 |

| | NINQ | CLNO | DEBTINC |
|---|---|---|---|
| 0 | 1.0 | 9.0 | NaN |
| 1 | 0.0 | 14.0 | NaN |
| 2 | 1.0 | 10.0 | NaN |
| 3 | NaN | NaN | NaN |
| 4 | 0.0 | 14.0 | NaN |

결측값을 보면 숫자형은 NaN으로 범주형은 공백으로 표현되어 있다. 공백도 데이터 값으로 사용되는 경우도 있기 때문에 해당 값의 처리는 특별히 주의가 필요하다.

```
in      # 범주형 데이터 값 확인
        tbl['reason'].value_counts(dropna=False)
```

```
out     DebtCon    3928
        HomeImp    1780
                    252
        dtype: int64
```

공백으로 되어 있는 부분이 결측값으로 처리된 것을 알 수 있다.

## 6.3.2 데이터 집합크기 점검

데이터 품질 등에서는 각각의 변수가 갖고 있는 서로 다른 값의 개수를 구하고자 하는 경우가 많다. 이런 경우에 서로 다른 값의 개수를 집합크기(cardinality)라고 한다.

집합크기는 cardinality 액션집합을 사용해야 하기 때문에 없는 경우 적재과정이 필요하다. 적재를 해야만 이후 메소드로 사용이 가능하다.

```
in      # cardinality 적재
        conn.loadactionset(actionset='cardinality')
```

```
out     § actionset
        cardinality
```

```
in      # 집합 크기 구하기
        tbl.cardinality.summarize(
            cardinality={'name': 'card_out', 'replace':True},
            details={'name': 'card_details_out', 'replace':True},
            options={'nlevels':200}
        )

        # 집합 크기 요약 결과
        conn.CASTable('card_out').head().T
```

out Selected Rows from Table CARD_OUT

| | 0 | 1 | 2 | 3 | 4 |
|---|---|---|---|---|---|
| _VARNAME_ | BAD | LOAN | MORTDUE | VALUE | REASON |
| _FMTWIDTH_ | 12.0 | 12.0 | 12.0 | 12.0 | 7.0 |
| _TYPE_ | N | N | N | N | C |
| _RLEVEL_ | CLASS | INTERVAL | INTERVAL | INTERVAL | CLASS |
| _ORDER_ | ASC | ASC | ASC | ASC | ASC |
| _MORE_ | N | Y | Y | Y | N |
| _CARDINALITY_ | 2.0 | 200.0 | 200.0 | 200.0 | 2.0 |
| _NOBS_ | 5960.0 | 5960.0 | 5960.0 | 5960.0 | 5960.0 |
| _SUMFREQS_ | 5960.0 | 5960.0 | 5442.0 | 5848.0 | 5708.0 |
| _NMISS_ | 0.0 | 0.0 | 518.0 | 112.0 | 252.0 |
| _MISSFMT_ | | | . | . | |
| _VISIBLE_ | 100.0 | 70.06 | 12.16 | 5.38 | 100.0 |
| _MIN_ | 0.0 | 1100.0 | 2063.0 | 8000.0 | NaN |
| _MAX_ | 1.0 | 89900.0 | 399550.0 | 855909.0 | NaN |
| _MEAN_ | 0.199497 | 18607.969799 | 73760.8172 | 101776.048741 | NaN |
| _STDDEV_ | 0.399656 | 11207.480417 | 44457.609458 | 57385.775334 | NaN |
| _SKEWNESS_ | 1.504317 | 2.023781 | 1.814481 | 3.053344 | NaN |
| _KURTOSIS_ | 0.263057 | 6.93259 | 6.481866 | 24.362805 | NaN |
| _MFREQ_ | 4771.0 | 1784.0 | 5235.0 | 5639.0 | 3928.0 |
| _MFREQFOUNDLEVEL_ | Y | N | N | N | Y |
| _MFREQNUM_ | 0.0 | NaN | NaN | NaN | NaN |
| _MFREQCHR_ | | | | | DebtCon |
| _MFREQCFMT_ | 0 | | | | DebtCon |
| _LASTNUM_ | 1.0 | 21700.0 | 15756.0 | 36002.0 | NaN |
| _LASTCHR_ | | | | | HomeImp |
| _LASTCFMT_ | 1 | 21700 | 15756 | 36002 | HomeImp |

In [385]:

BAD 변수인 경우는 숫자형 변수이고 실제 분석에서 추천하는 변수유형(_RLEVEL_)으로는 클래스 변수인 범주형 변수로 표시하고 있다. 집합크기(_CARDINALITY_)는 2개이므로 서로 다른 값이 2개이다. LOAN 변수인 경우 추천 변수유형으로 구간(INTERVAL)변수로 표시되어 있고 서로 다른 값의 개수는 200으로 설정되어 있는데 이는 서로 다른 값의 최대 개수를 200으로 설정해서 이를 초과한다는 의미이다.

추가적으로 각 변수의 결측값을 보여주는 형식(_MISSFMT_)이 정의되어 있고, 범주형은 공백으로 숫자형은 . 으로 표시되어 있다.

### 6.3.3 결측값 처리

결측값을 간단히 점검하는 방법은 다음과 같다.

in
```
# 결측값 간단 확인
tbl.nmiss()
```

out
```
BAD          0
LOAN         0
MORTDUE    518
VALUE      112
REASON     252
JOB        279
YOJ        515
DEROG      708
DELINQ     580
CLAGE      308
NINQ       510
CLNO       222
DEBTINC   1267
```

대부분의 변수가 결측값을 갖고 있음이 확인되었다. 결측값을 채우는 방법 중 가장 간단한 방법은 특정 조건을 만족하는 결측값을 삭제하는 방법과 일정한 값을 상숫값으로 채우는 것이다.

in
```
# 결측값 처리: 삭제
tbl.dropna().shape, tbl.shape
```

out
```
((3364, 13), (5960, 13))
```

결측값을 모두 제거하게 되면 상당히 많은 관측값이 제거된다. 이를 방지하기 위하여 숫자형 변수는 중간값(median)으로, 범주형 변수는 최빈값(mode)으로 대체해보자.

in

```
# 결측값 처리: 상숫값 대체(단, 목표변수는 제외)

target='BAD'
inputs = list(set(tbl.columns.tolist()) - set([target]))

# 결측값 대체
r = tbl.datapreprocess.impute(
    # 결측값 처리 방식
    methodInterval='median', methodNominal='mode',
    # 산출 테이블
    casout={'name':'impute_out', 'replace':True},
    inputs=inputs,
    copyvars=target,

# 결측값 처리를 위한 코드
    code={'casout':{'name':'impute_code_out', 'replace':True}})
r['ImputeInfo']
```

out

Imputation Information for HMEQ

| | Variable | ImputeTech | ResultVar | N | NMiss | ImputedValue-Continuous | ImputedValue-Nominal |
|---|---|---|---|---|---|---|---|
| 0 | VALUE | Median | IMP_VALUE | 5848.0 | 112.0 | 89235.500000 | |
| 1 | DEROG | Median | IMP_DEROG | 5252.0 | 708.0 | 0.000000 | |
| 2 | DELINQ | Median | IMP_DELINQ | 5380.0 | 580.0 | 0.000000 | |
| 3 | JOB | Mode | IMP_JOB | 5681.0 | 279.0 | NaN | Other |
| 4 | YOJ | Median | IMP_YOJ | 5445.0 | 515.0 | 7.000000 | |
| 5 | CLAGE | Median | IMP_CLAGE | 5652.0 | 308.0 | 173.466667 | |
| 6 | REASON | Mode | IMP_REASON | 5708.0 | 252.0 | NaN | DebtCon |
| 7 | CLNO | Median | IMP_CLNO | 5738.0 | 222.0 | 20.000000 | |
| 8 | NINQ | Median | IMP_NINQ | 5450.0 | 510.0 | 1.000000 | |
| 9 | LOAN | Median | IMP_LOAN | 5960.0 | 0.0 | 16300.000000 | |
| 10 | DEBTINC | Median | IMP_DEBTINC | 4693.0 | 1267.0 | 34.818262 | |
| 11 | MORTDUE | Median | IMP_MORTDUE | 5442.0 | 518.0 | 65019.000000 | |

결과를 보면 각 변수별로 결측값 개수와 어떤 값으로 대체되었는지에 대한 정보를 알 수 있다. 또한 결측값이 전부 처리된 후 변수명 IMP_ 이라는 접두사가 붙어 있음을 알 수 있다.

```
in      # 결측값 처리 결과
        conn.CASTable('impute_out').info()
```

```
out     CASTable('impute_out')
        Data columns (total 13 columns):
                              N      Miss      Type
        BAD                5960     False   varchar
        IMP_CLAGE          5960     False    double
        IMP_CLNO           5960     False    double
        IMP_DEBTINC        5960     False    double
        IMP_DELINQ         5960     False    double
        IMP_DEROG          5960     False    double
        IMP_LOAN           5960     False    double
        IMP_MORTDUE        5960     False    double
        IMP_NINQ           5960     False    double
        IMP_VALUE          5960     False    double
        IMP_YOJ            5960     False    double
        IMP_JOB            5960     False   varchar
        IMP_REASON         5960     False   varchar
        dtypes: double(10), varchar(3)
```

결측값을 처리하고 나면 대체하기 위하여 사용한 상숫값을 저장하고 이후 똑같은 데이터에 적용할 수 있어야 한다. 이를 위하여 SAS 코드 테이블로 저장하였고 이후 결측값을 처리할 수 있다. 이러한 과정을 간단히 살펴보기로 하자.

```
in      # 미래 적용 대상 데이터 샘플 구성
        new_tbl = tbl.sample(
            frac=0.1, random_state=123, repalce=True)
```

해당 데이터에 대하여 저장된 SAS 코드 테이블을 이용하여 결측값을 처리하면 된다. 이때 필요한 액션집합은 dataStep이다.

in

```
# 필요한 액션집합
conn.loadactionset('dataStep')

# 코드 테이블을 이용한 결측값 처리
conn.datastep.runcodeTable(
    table=new_tbl,
    casout={'name':'impute_replace_out'},
    codeTable='impute_code_out')

# 결측값 처리 결과
conn.CASTable('impute_replace_out').info()
```

out

```
CASTable('impute_replace_out')
Data columns (total 25 columns):
                  N    Miss     Type
BAD             596   False  varchar
LOAN            596   False   double
MORTDUE         549    True   double
VALUE           591    True   double
REASON          574    True  varchar
JOB             574    True  varchar
YOJ             543    True   double
DEROG           525    True   double
DELINQ          543    True   double
CLAGE           567    True   double
NINQ            539    True   double
CLNO            574    True   double
DEBTINC         467    True   double
IMP_VALUE       596   False   double
IMP_DEROG       596   False   double
IMP_DELINQ      596   False   double
IMP_YOJ         596   False   double
IMP_CLAGE       596   False   double
IMP_CLNO        596   False   double
IMP_NINQ        596   False   double
IMP_LOAN        596   False   double
IMP_DEBTINC     596   False   double
```

```
IMP_MORTDUE    596    False    double
IMP_JOB        596    False    varchar
IMP_REASON     596    False    varchar
dtypes: double(20), varchar(5)
```

결측값 처리 결과를 보면 원래 있던 모든 변수와 결측값 처리 대상 변수의 결과를 포함하여 나타나 있음을 알 수 있다. 이후 분석에 원하는 대로 사용할 수 있도록 하였다.

### 6.3.4 특이점 처리

특이점(outlier)은 숫자형 변수에서 적절한 범위를 벗어난 값을 의미한다. 적절한 범위는 반드시 정해진 것은 아니지만 통계적으로 상자의 크기로 정의되는 3 사분위수와 1 사분위수 차이의 1.5배 이상이면 특이점이라 부른다. 보다 일반적으로는 통계적 분포를 확인한 후에 판단하는 것이 좋다.

in

```
# 히스토그램, 상자그림 점검
fig,ax = plt.subplots(nrows=2, figsize=(6, 10), dpi=300)
tbl['VALUE'].hist(ax=ax[0], bins=20)
tbl['VALUE'].boxplot(ax=ax[1])
plt.show()
```

out

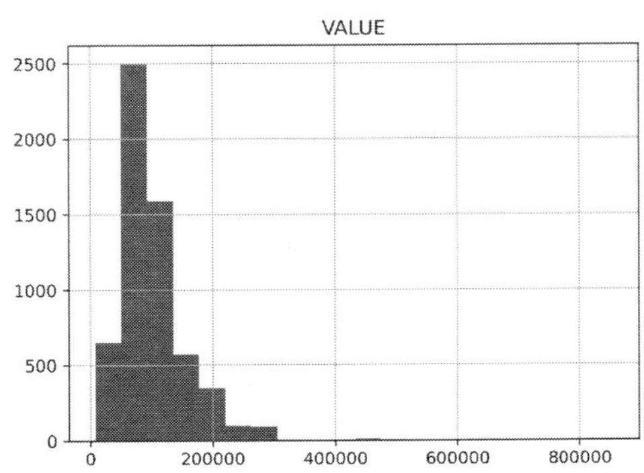

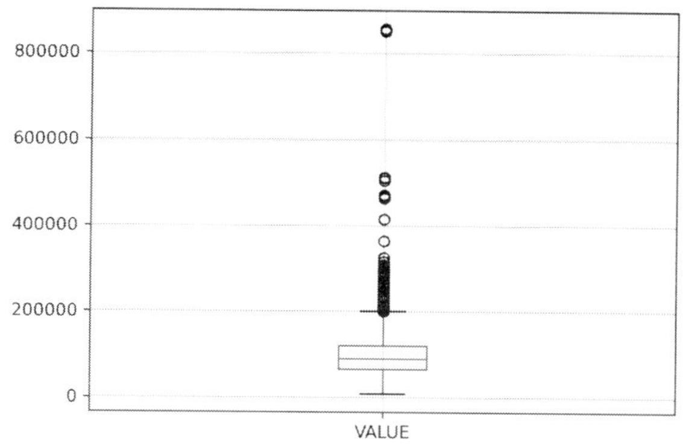

그림 6.4 히스토그램과 상자그림

상자그림(Boxplot)을 보면 대략 200,000 이상에서 특이점이 감지되지만 히스토그램을 보면 보다 더 큰 값에서 특이점을 결정해도 무방하게 보인다. 이러한 이유로 비즈니스 전문가와 함께 해당 값에 대한 논의가 필요하다. 모든 숫자형 변수에 대하여 이러한 과정을 심도 있게 진행해야 한다.

in

```
# 특이점 파악
r = tbl.datapreprocess.outlier()
r['OutlierInfo']
```

out

Outlier Information for HMEQ

| | Variable | OutlierDef | OutlierTreat | ResultVar | N | NMiss | LowerBound | UpperBound |
|---|---|---|---|---|---|---|---|---|
| 0 | BAD | IQR | Trim | OUT_BAD | 5960.0 | 0.0 | 0.000000 | 0.000000 |
| 1 | LOAN | IQR | Trim | OUT_LOAN | 5960.0 | 0.0 | -7200.000000 | 41600.000000 |
| 2 | MORTDUE | IQR | Trim | OUT_MORTDUE | 5442.0 | 518.0 | -21566.500000 | 159325.500000 |
| 3 | VALUE | IQR | Trim | OUT_VALUE | 5848.0 | 112.0 | -14574.750000 | 200475.250000 |
| 4 | YOJ | IQR | Trim | OUT_YOJ | 5445.0 | 515.0 | -12.000000 | 28.000000 |
| 5 | DEROG | IQR | Trim | OUT_DEROG | 5252.0 | 708.0 | 0.000000 | 0.000000 |
| 6 | DELINQ | IQR | Trim | OUT_DELINQ | 5380.0 | 580.0 | 0.000000 | 0.000000 |
| 7 | CLAGE | IQR | Trim | OUT_CLAGE | 5652.0 | 308.0 | -59.604258 | 406.282289 |
| 8 | NINQ | IQR | Trim | OUT_NINQ | 5450.0 | 510.0 | -3.000000 | 5.000000 |
| 9 | CLNO | IQR | Trim | OUT_CLNO | 5738.0 | 222.0 | -1.500000 | 42.500000 |
| 10 | DEBTINC | IQR | Trim | OUT_DEBTINC | 4693.0 | 1267.0 | 14.345367 | 53.797805 |

특이점을 정의하는 기준(OutlierDef)과 처리 방법(OutlierTreat) 및 처리 기준의 경계

하한, 경계상한 값이 나와 있다. 만약 처리된 후 모든 결과를 이용하여 이후 분석을 진행할 경우 해당 값의 처리된 결과 변수들, 즉 원래 변수에 접두사 OUT_이 붙은 변수명을 이용해야 한다.

출력 결과를 보면 특이점을 정의하는 기준은 "IQR" 이며 처리방식은 "Trim"으로 특이점을 결측값으로 처리하여 해당 관측값을 사용하지 않는 방법이다. 결측값을 정의하는 기준은 다음과 같다.

| 기준 | 설명 | 판정 예 |
|---|---|---|
| IQR | 사분위수 범위 | $[Q_1 - k \times IQR,\ Q_3 + k \times IQR]$을 벗어나는 경우, $k = 1.5$,<br>$IQR = Q_3 - Q_1$ |
| MZSCORE | 수정 Z-점수 | $z_{modified} = 0.6745 \times \frac{x_i - \bar{x}}{MAD}$<br>$MAD = median_{i=1,\ \cdots,\ n} \lvert x_i - m \rvert$<br>$MAD$: 중간절대편차<br>$m$ : 중간값 |
| PERC | 사용자 정의 백분위수<br>(하한, 상한) | |
| UDFLIMITS | 사용자 정의 하한값, 상한값 | |
| ZSCORE | Z-점수 | $z = \frac{x_i - \bar{x}}{\sigma}$<br>$[-k, k]$을 벗어나는 경우, $k = 3$ |

이외에도 특이점을 처리하는 기준은 사용자 정의 대체(REPLACE), 경계값 대체(WINSOR)가 있다.

```
in      # 특이점 입력 데이터 구성
        impute_tbl = conn.CASTable('impute_replace_out')
```

입력 데이터는 결측값 처리된 데이터를 사용하였다.

```
in      # 특이점 처리
        copyvars = ['BAD', 'IMP_REASON', 'IMP_JOB']

        r = impute_tbl.datapreprocess.outlier(
            method='IQR',
            treatment='REPLACE',
            arguments={'replacements':'MEDIAN'},
            # 처리 정보
            casOutOutlierInformation={'name':'outlier_info_out', 'replace':True},
            # 특이점 처리를 위한 코드
            code={'casout':{'name':'outlier_code_out', 'replace':True}},
            # 출력 테이블
            casout={'name':'outlier_out', 'replace':True},
            copyvars=copyvars)
```

특이점 처리는 숫자형 변수만 해당되기 때문에 처리되지 않는 변수는 복사를 해주어야 한다. 프로그램에서는 IQR 방법으로 특이점을 찾고 있다면 중간값으로 대체하라고 정의되어 있다. 여기서도 마찬가지로 이후 작업을 위해서 코드 테이블을 저장하였다.

```
in      # 출력 데이터 확인
        conn.CASTable('outlier_out').info()

out     CASTable('outlier_out')
        Data columns (total 23 columns):
                              N    Miss     Type
        BAD                 596   False  varchar
        IMP_REASON          596   False  varchar
        IMP_JOB             596   False  varchar
        OUT_CLAGE           567    True   double
        OUT_CLNO            574    True   double
        OUT_DEBTINC         467    True   double
        OUT_DELINQ          543    True   double
        OUT_DEROG           525    True   double
```

```
OUT_IMP_CLAGE        596   False   double
OUT_IMP_CLNO         596   False   double
OUT_IMP_DEBTINC      596   False   double
OUT_IMP_DELINQ       596   False   double
OUT_IMP_DEROG        596   False   double
OUT_IMP_LOAN         596   False   double
OUT_IMP_MORTDUE      596   False   double
OUT_IMP_NINQ         596   False   double
OUT_IMP_VALUE        596   False   double
OUT_IMP_YOJ          596   False   double
OUT_LOAN             596   False   double
OUT_MORTDUE          549    True   double
OUT_NINQ             539    True   double
OUT_VALUE            591    True   double
OUT_YOJ              543    True   double
dtypes: double(20), varchar(3)
```

출력 결과를 보면 복사한 변수를 제외하고 OUT_IMP_ 접두사가 붙은 변수가 이후 분석에 사용될 수 있다.

### 6.3.5 범주화 처리

#### 6.3.5.1 숫자형 변수 범주화

특이점을 처리하는 또 하나의 방법은 숫자형 변수를 구간으로 나누고 해당 구간을 하나의 범주로 하여 사용할 수 있다. 이를 적용하기 위해서는 먼저 범주화(binning, discretization, categorization) 과정이 필요하다. 범주화는 등간격 또는 등비율로 정의할 수 있다.

in

```
# 숫자형 변수에 대한 구간화: bucket(등간격), quantile(등비율)
r = tbl.binning(
    nbins=10,
    inputs=['LOAN'],
    casout={'name':'bin_out', 'replace':True},
    copyvars=['LOAN'],
    method='bucket',
    # 가장 작은 하한값과 가장 큰 상한값을 정하지 않음
    # -무한대, +무한대 적용
    noDataLowerUpperBound=True)

r['BinDetails']
```

out

Bin Details for HMEQ

| | Vari-able | Bin-Id | BinLower-Bnd | BinUpper-Bnd | Bin-Width | Nin-Bin | Mean | Std | Min | Max |
|---|---|---|---|---|---|---|---|---|---|---|
| 0 | LOAN | 1 | NaN | 9980.0 | NaN | 1130 | 7112.123894 | 1964.837918 | 1100.0 | 9900.0 |
| 1 | LOAN | 2 | 9980.0 | 18860.0 | 8880.0 | 2455 | 14200.000000 | 2538.253383 | 10000.0 | 18800.0 |
| 2 | LOAN | 3 | 18860.0 | 27740.0 | 8880.0 | 1584 | 22978.977273 | 2496.416882 | 18900.0 | 27700.0 |
| 3 | LOAN | 4 | 27740.0 | 36620.0 | 8880.0 | 419 | 31234.367542 | 2564.854990 | 27800.0 | 36600.0 |
| 4 | LOAN | 5 | 36620.0 | 45500.0 | 8880.0 | 184 | 40685.869565 | 2230.346172 | 36800.0 | 45200.0 |
| 5 | LOAN | 6 | 45500.0 | 54380.0 | 8880.0 | 114 | 50237.719298 | 2168.249992 | 45700.0 | 54000.0 |
| 6 | LOAN | 7 | 54380.0 | 63260.0 | 8880.0 | 18 | 59788.888889 | 1766.981104 | 56800.0 | 62900.0 |
| 7 | LOAN | 8 | 63260.0 | 72140.0 | 8880.0 | 26 | 67153.846154 | 2373.390953 | 63300.0 | 71200.0 |
| 8 | LOAN | 9 | 72140.0 | 81020.0 | 8880.0 | 13 | 78015.384615 | 2289.412644 | 72300.0 | 80600.0 |
| 9 | LOAN | 10 | 81020.0 | NaN | NaN | 17 | 86482.352941 | 3341.263850 | 81200.0 | 89900.0 |

지정한 대로 10등분 등간격으로 되어 있고 각 구간을 정의하는 하한값과 상한값이 지정되어 있다. noDataLowerUpperBound 값을 True으로 지정하면 제일 작은 하한값과 제일 큰 상한값에 제한을 두지 않는다는 것을 의미한다. 이 옵션이 중요한 이유는 이후 홀드아웃 데이터에 대하여 평가할 때, 범주화한 후 모델이 진행되었다면 제일 작은 하한값보다 작은 값이 나오는 경우 이를 처리하지 못하기 때문이다. 이산화한 결과를 보고 데이터의 특이점 유무도 판단할 수 있다. 만약 등간격이 아니라 등비율로 보고자 한다면 method 옵션의 값을 quantile으로 지정하면 된다.

이산화된 실제 결과를 살펴보자.

in

```
# 결과 확인
conn.CASTable('bin_out').tail()
```

out

Selected Rows from Table BIN_OUT

| | LOAN | BIN_LOAN |
|---|---|---|
| 5955 | 79200.0 | 9.0 |
| 5956 | 79900.0 | 9.0 |
| 5957 | 80300.0 | 9.0 |
| 5958 | 80600.0 | 9.0 |
| 5959 | 81200.0 | 10.0 |

### 6.3.5.2 문자형 변수 범주화

문자형 변수는 이미 범주화가 되어 있다. 그러나 너무 희귀한 범주들이 있는 경우 하나로 묶어서(group) 새로운 범주값을 부여할 수 있으며 결측값만을 따로 범주로 분류할 수도 있다.

in

```
# 디폴트 산출물
r = tbl.datapreprocess.cattrans()
r['BinDetails']
```

out

Bin Details for HMEQ

| | Variable | BinId | NLevelsInBin | NInBin |
|---|---|---|---|---|
| 0 | BAD | 1 | 1.0 | 4771 |
| 1 | BAD | 2 | 1.0 | 1189 |
| 2 | JOB | 1 | 1.0 | 2388 |
| 3 | JOB | 2 | 1.0 | 1276 |
| 4 | JOB | 3 | 1.0 | 948 |
| 5 | JOB | 4 | 1.0 | 767 |
| 6 | JOB | 5 | 2.0 | 302 |
| 7 | REASON | 1 | 1.0 | 3928 |
| 8 | REASON | 2 | 1.0 | 1780 |

결과를 보면 문자형 변수에 대하여 적절한 다시 범주화를 진행했고 새로운 범주는 정수값을 가지고 있음을 알 수 있다. 범주값은 숫자이지만 실제로는 범주이기 때문에 이후 분석에서는 범주 변수로 처리해야 한다.

in

```
# 실제 범주값 확인
tbl['JOB'].value_counts(dropna=False)
```

out

```
Other      2388
ProfExe    1276
Office      948
Mgr         767
            279
Self        193
Sales       109
```

실제 JOB 범주 변수값을 보면 결측값을 포함하여 7개의 범주이고 각각의 빈도를 알 수 있다. 이 결과와 다시 범주화한 결과를 비교해보면 빈도가 많은 변수는 독립적인 범주로 사상되어 있지만 빈도가 적은 범주는 합쳐져서 하나의 범주로 구성되어 있음을 알 수 있다. 또한 결측값은 어떠한 범주로도 할당되어 있지 않다.

사상 결과를 확인해보자.

in

```
# 사상 결과 확인
tbl.datapreprocess.cattrans(
    method='GROUPRARE',
    casOutLevelBinMap={'name': 'catmapinfo_out', 'replace':True},
    casout={'name': 'cattrans_out', 'replace':True})

conn.CASTable('catmapinfo_out').head(999)
```

out

Selected Rows from Table CATMAPINFO_OUT

| | _Variable_ | _Level_ | _BinId_ |
|---|---|---|---|
| 0 | BAD | 0 | 1.0 |
| 1 | BAD | 1 | 2.0 |
| 2 | JOB | Other | 1.0 |
| 3 | JOB | ProfExe | 2.0 |
| 4 | JOB | Office | 3.0 |
| 5 | JOB | Mgr | 4.0 |
| 6 | JOB | Self | 5.0 |
| 7 | JOB | Sales | 5.0 |
| 8 | REASON | DebtCon | 1.0 |
| 9 | REASON | HomeImp | 2.0 |

결과를 보면 주어진 변수의 특정 범주(_Level_)가 재 범주(_BinId_)로 어떻게 사상되어 있는지 살펴볼 수 있다. 여기서 재 범주를 실행할 때 희귀범주를 묶는 방법인 GROUP-RARE를 적용하였다. 이 방법을 적용하기 위해서는 희귀(rare) 기준이 정의되어야 한다.

in

```
# 희귀 기준 정의
tbl.datapreprocess.cattrans(
    # 퍼센트 값으로 표현
    arguments={'rareThresholdPercent':5},
    method='GROUPRARE',
    casOutLevelBinMap={'name': 'catmapinfo_out', 'replace':True},
    casout={'name': 'cattrans_out', 'replace':True})
```

arguments의 rareThresholdPercent 키워드를 이용하여 정의하였다. 이때 주의할 사항은 5% 미만의 모든 범주는 하나의 범주로 묶이게 되는데 다 묶어도 5%가 안 되면 그 다음 5% 이상인 범주로 흡수된다는 것이다. 결측값을 하나의 범주로 생성하기 위해서는 다음과 같은 처리를 해주어야 한다.

in

```
# 결측값 범주 생성하기
r = tbl.datapreprocess.cattrans(
    # 결측값은 0 그룹으로 분류하고 독립적인 그룹(방법 영향없음)
    arguments={"overrides":{"binMissing":True},
               'rareThresholdPercent':5},
    method='GROUPRARE',
    casOutLevelBinMap={'name': 'catmapinfo_out', 'replace':True},
    casout={'name': 'cattrans_out', 'replace':True})

# 사상정보 확인
conn.CASTable('catmapinfo_out').head(999)
```

out

Selected Rows from Table CATMAPINFO_OUT

| | _Variable_ | _Level_ | _BinId_ |
|---|---|---|---|
| 0 | BAD | | 0.0 |

| | | | |
|---|---|---|---|
| 1 | BAD | 0 | 1.0 |
| 2 | BAD | 1 | 2.0 |
| 3 | JOB | | 0.0 |
| 4 | JOB | Other | 1.0 |
| 5 | JOB | ProfExe | 2.0 |
| 6 | JOB | Office | 3.0 |
| 7 | JOB | Mgr | 4.0 |
| 8 | JOB | Self | 5.0 |
| 9 | JOB | Sales | 5.0 |
| 10 | REASON | | 0.0 |
| 11 | REASON | DebtCon | 1.0 |
| 12 | REASON | HomeImp | 2.0 |

결측값은 새로운 범주인 0으로 사상되어 있으며 희귀범주 영향을 받지 않는다.

범주변수의 재 범주화는 이외에도 목표변수가 정의되어 있는 경우에 목표변수의 데이터 유형에 따라 분류결정나무, 회귀결정나무를 적합하여 유의미한 분기 조건을 범주로 설정하는 방법이 있다. 이때 적합하는 결정나무는 한 개의 범주변수만을 입력한다. 범주변수는 대부분 알고리즘에서의 입력은 원핫인코딩(one-hot encoding) 과정을 거쳐서 입력이 된다. 이때 범주변수임을 선언해주는 부분이 있어야만 해당 변환이 발생한다.

## 6.3.6 특징 척도화

신경망 알고리즘과 같이 특정한 알고리즘은 숫자형 변수들이 모두 표준화(standardization, normalization)되어 있어야 하는 조건이 있다. 이러한 작업을 통칭하여 특징 척도화(feature scaling)라고 한다.

### 6.3.6.1 Z-점수 표준화

Z-점수 표준화(normalization)는 다음과 같은 변환을 의미한다.

$$z = \frac{x_i - \overline{x}}{\sigma}$$

여기서 $\overline{x}$는 데이터 평균이며 $\sigma$는 표준편차이다.

in

```
# Z-점수 표준화
r = tbl.dataPreprocess.transform(
    # Z-점수 표준화 정의
    requestPackages=[
        {"function":{"arguments":{"location":'MEAN', "scale":'STD'},
         "method":'STANDARDIZE'}},
        {'target':'BAD'}
    ],
    # 범주형 변수와 값 비교를 위한 변수 복사
    copyvars=['BAD', 'REASON', 'JOB', 'LOAN'],
    # 모델
    saveState={'name':'trnf_astore_out', 'replace':True},
    # 변환 정보
    casOutVarTransInfo={'name':'trnf_info_out', 'replace':True},
    # 결과 테이블
    casout={'name':'trnf_out', 'replace':True}
)

r['TransInfo']
```

out

Transformation Requests for HMEQ

| | ActualName | NTransVars | NEvalVars | Func | FunctArgs | DisctMethod |
|---|---|---|---|---|---|---|
| 0 | _TR1 | 10 | 0 | Standardize | Mean Std | |
| 1 | _TR2 | 10 | 1 | | | Equal-Width (Bucket) |

결과를 보면 10개의 연속형 데이터에 대하여 적용을 하였고 접두사로 _TR1_임을 정의하였다. 여기서 _TR2_는 원래 데이터 값을 5등분 등간격으로 범주화한 변수이며 따로 지정하지 않았지만 디폴트로 수행되었다.

실제 표준화되어 있는지를 확인해보자.

in

```
# 값 비교
conn.CASTable('trnf_out')[['LOAN','_TR1_LOAN']].head()
```

out

Selected Rows from Table TRNF_OUT

| | LOAN | _TR1_LOAN |
|---|---|---|
| 0 | 1100.0 | -1.562168 |
| 1 | 1300.0 | -1.544323 |
| 2 | 1500.0 | -1.526478 |
| 3 | 1500.0 | -1.526478 |
| 4 | 1700.0 | -1.508633 |

표준화 정보는 다음과 같이 확인할 수 있다.

in

```
# 표준화 정보
conn.CASTable('trnf_info_out').head(999)
```

out

elected Rows from Table TRNF_INFO_OUT

| | Variable | _Transformation_ | _ResultVar_ | _NObs_ | NMiss | _FuncArg1_ | _FuncArg2_ | NBins |
|---|---|---|---|---|---|---|---|---|
| 0 | CLAGE | _TR1 | _TR1_CLAGE | 5652.0 | 308.0 | 179.766275 | 85.810092 | NaN |
| 1 | CLAGE | _TR2 | _TR2_CLAGE | 5652.0 | 308.0 | NaN | NaN | 5.0 |
| 2 | CLNO | _TR1 | _TR1_CLNO | 5738.0 | 222.0 | 21.296096 | 10.138933 | NaN |
| 3 | CLNO | _TR2 | _TR2_CLNO | 5738.0 | 222.0 | NaN | NaN | 5.0 |
| 4 | DEBTINC | _TR1 | _TR1_DEBTINC | 4693.0 | 1267.0 | 33.779915 | 8.601746 | NaN |
| 5 | DEBTINC | _TR2 | _TR2_DEBTINC | 4693.0 | 1267.0 | NaN | NaN | 5.0 |
| 6 | DELINQ | _TR1 | _TR1_DELINQ | 5380.0 | 580.0 | 0.449442 | 1.127266 | NaN |
| 7 | DELINQ | _TR2 | _TR2_DELINQ | 5380.0 | 580.0 | NaN | NaN | 5.0 |
| 8 | DEROG | _TR1 | _TR1_DEROG | 5252.0 | 708.0 | 0.254570 | 0.846047 | NaN |
| 9 | DEROG | _TR2 | _TR2_DEROG | 5252.0 | 708.0 | NaN | NaN | 5.0 |
| 10 | LOAN | _TR1 | _TR1_LOAN | 5960.0 | 0.0 | 18607.969799 | 11207.480417 | NaN |
| 11 | LOAN | _TR2 | _TR2_LOAN | 5960.0 | 0.0 | NaN | NaN | 5.0 |
| 12 | MORTDUE | _TR1 | _TR1_MORTDUE | 5442.0 | 518.0 | 73760.817200 | 44457.609458 | NaN |
| 13 | MORTDUE | _TR2 | _TR2_MORTDUE | 5442.0 | 518.0 | NaN | NaN | 5.0 |
| 14 | NINQ | _TR1 | _TR1_NINQ | 5450.0 | 510.0 | 1.186055 | 1.728675 | NaN |
| 15 | NINQ | _TR2 | _TR2_NINQ | 5450.0 | 510.0 | NaN | NaN | 5.0 |
| 16 | VALUE | _TR1 | _TR1_VALUE | 5848.0 | 112.0 | 101776.048741 | 57385.775334 | NaN |
| 17 | VALUE | _TR2 | _TR2_VALUE | 5848.0 | 112.0 | NaN | NaN | 5.0 |
| 18 | YOJ | _TR1 | _TR1_YOJ | 5445.0 | 515.0 | 8.922268 | 7.573982 | NaN |
| 19 | YOJ | _TR2 | _TR2_YOJ | 5445.0 | 515.0 | NaN | NaN | 5.0 |

결과를 보면 _FuncArg1, _FuncArg1가 있고 각각의 평균과 표준편차임을 알 수 있다.

분석가게 모델로 저장되어 있기 때문에 입력 데이터와 형식이 같다면 모델을 이용하여 출력 테이블을 구성할 수 있다.

in

```
# 모델 이용 점수 산출
conn.astore.score(
    # 산출 대상
    table={'name':tbl},
    # 변수 복사
    copyvars=['BAD', 'REASON', 'JOB'],
    # 분석가게 모델 호출
    rstore={'name':'trnf_astore_out'},
    # 출력 정의
    casout={'name':'trnf_out', 'replace':True}
)
conn.CASTable('trnf_out').head().T
```

out

Selected Rows from Table TRNF_OUT

| | 0 | 1 | 2 | 3 | 4 |
|---|---|---|---|---|---|
| _TR1_CLAGE | -0.995216 | -0.67513 | -0.353101 | NaN | -1.007258 |
| _TR2_CLAGE | 1.0 | 1.0 | 1.0 | NaN | 1.0 |
| _TR1_CLNO | -1.21276 | -0.719612 | -1.114131 | NaN | -0.719612 |
| _TR2_CLNO | 1.0 | 1.0 | 1.0 | NaN | 1.0 |
| _TR1_DEBTINC | NaN | NaN | NaN | NaN | NaN |
| _TR2_DEBTINC | NaN | NaN | NaN | NaN | NaN |
| _TR1_DELINQ | -0.398701 | 1.375503 | -0.398701 | NaN | -0.398701 |
| _TR2_DELINQ | 1.0 | 1.0 | 1.0 | NaN | 1.0 |
| _TR1_DEROG | -0.300893 | -0.300893 | -0.300893 | NaN | -0.300893 |
| _TR2_DEROG | 1.0 | 1.0 | 1.0 | NaN | 1.0 |
| _TR1_LOAN | -1.562168 | -1.544323 | -1.526478 | -1.526478 | -1.508633 |
| _TR2_LOAN | 1.0 | 1.0 | 1.0 | 1.0 | 1.0 |
| _TR1_MORTDUE | -1.077449 | -0.083401 | -1.355467 | NaN | 0.540721 |
| _TR2_MORTDUE | 1.0 | 1.0 | 1.0 | NaN | 2.0 |
| _TR1_NINQ | -0.107629 | -0.686106 | -0.107629 | NaN | -0.686106 |
| _TR2_NINQ | 1.0 | 1.0 | 1.0 | NaN | 1.0 |
| _TR1_VALUE | -1.093495 | -0.581608 | -1.482529 | NaN | 0.178162 |
| _TR2_VALUE | 1.0 | 1.0 | 1.0 | NaN | 1.0 |
| _TR1_YOJ | 0.208309 | -0.253799 | -0.649892 | NaN | -0.781923 |
| _TR2_YOJ | 2.0 | 1.0 | 1.0 | NaN | 1.0 |
| BAD | 1 | 1 | 1 | 1 | 0 |
| REASON | HomeImp | HomeImp | HomeImp | | HomeImp |
| JOB | Other | Other | Other | | Office |

결괏값을 보면 각 변수별로 접두사인 _TR1_과 _TR2_가 붙어 있다. 이 중 표준화 결과는 _TR1_이며 _TR2_는 원 데이터를 값 기준으로 5등분한 값을 갖는 범주변수이다.

### 6.3.6.2 최대-최소 척도화

최대-최소 척도화는 범위(range)를 척도로 이용한다.

$$x_{scaled} = \frac{x_i - \min x_i}{\max x_i - \min x_i} = \frac{x_i - \min x_i}{range_i}$$

결괏값은 0과 1 사이의 값을 갖는다.

in

```
# 최대-최소 척도화
r = tbl.dataPreprocess.transform(
    # Z-점수 표준화 정의
    requestPackages=[
        {"function":{"method":'RANGE'}},
        {'target':'BAD'}],
    # 값 비교를 위한 변수 복사
    copyvars=['BAD', 'REASON', 'JOB', 'LOAN'],
    # 모델
    saveState={'name':'trnf_astore_out', 'replace':True},
    # 변환 정보
    casOutVarTransInfo={'name':'trnf_info_out', 'replace':True},
    # 결과 테이블
    casout={'name':'trnf_out', 'replace':True}
)

# 값 비교
conn.CASTable('trnf_out')[['LOAN','_TR1_LOAN']].head()
```

out

Selected Rows from Table TRNF_OUT

| | LOAN | _TR1_LOAN |
|---|---|---|
| 0 | 1100.0 | 0.000000 |

| | | |
|---|---|---|
| 1 | 1300.0 | 0.002252 |
| 2 | 1500.0 | 0.004505 |
| 3 | 1500.0 | 0.004505 |
| 4 | 1700.0 | 0.006757 |

### 6.3.6.3 중심 척도화

중심(center) 척도화는 다음과 같이 정의한다.

$$x_{centered} = x_i - c$$

여기서 $c$는 특별히 명시하지 않으면 평균값으로 대체한다.

in

```
# 중심 척도화
r = tbl.dataPreprocess.transform(
    requestPackages=[{"function":{
        "method":"CENTER"
    }}],

    # 값 비교를 위한 변수 복사
    copyvars=['BAD', 'REASON', 'JOB', 'LOAN'],
    # 모델
    saveState={'name':'trnf_astore_out', 'replace':True},
    # 변환 정보
    casOutVarTransInfo={'name':'trnf_info_out', 'replace':True},
    # 결과 테이블
    casout={'name':'trnf_out', 'replace':True}
)

# 값 비교
conn.CASTable('trnf_out')[['LOAN','_TR1_LOAN']].head()
```

out

Selected Rows from Table TRNF_OUT

| | LOAN | _TR1_LOAN |
|---|---|---|
| 0 | 1100.0 | -17507.969799 |

| | | |
|---|---|---|
| 1 | 1300.0 | -17307.969799 |
| 2 | 1500.0 | -17107.969799 |
| 3 | 1500.0 | -17107.969799 |
| 4 | 1700.0 | -16907.969799 |

### 6.3.6.4 척도-이동 척도화

척도-이동(scale-shift) 척도화란 먼저 크기를 조정한 후 이동하는 것을 의미한다.

$$x_{ss} = \frac{x_i}{scale} + shift$$

in

```
# 척도-이동 척도화
r = tbl.dataPreprocess.transform(
    requestPackages=[{"function":{
        "method":"SCALESHIFT",
        "arguments":{"otherArguments":[1/255,1]}
    }}],

    # 값 비교를 위한 변수 복사
    copyvars=['BAD', 'REASON', 'JOB', 'LOAN'],
    # 모델
    saveState={'name':'trnf_astore_out', 'replace':True},
    # 변환 정보
    casOutVarTransInfo={'name':'trnf_info_out', 'replace':True},
    # 결과 테이블
    casout={'name':'trnf_out', 'replace':True}
)

# 값 비교
conn.CASTable('trnf_out')[['LOAN','_TR1_LOAN']].head()
```

out

Selected Rows from Table TRNF_OUT

| | LOAN | _TR1_LOAN |
|---|---|---|
| 0 | 1100.0 | 5.313725 |

| | | |
|---|---|---|
| 1 | 1300.0 | 6.098039 |
| 2 | 1500.0 | 6.882353 |
| 3 | 1500.0 | 6.882353 |
| 4 | 1700.0 | 7.666667 |

결과를 보면 원 데이터의 값을 255으로 나누고 1만큼 더한 것을 알 수 있다.

### 6.3.6.5 거듭곱 척도화

거듭곱(power) 척도화는 거듭곱 변환, 예를 들어 박스-칵스 변환(Box-Cox transformation), 여-존슨(Yeo-Johnson) 변환, 로그 변환, 제곱근 변환 등을 의미한다. 각 변환의 자세한 내용은 [KANG-AUTOML]을 참조한다.

변환의 목적은 데이터의 정규분포화이므로 변환 후 그 결과를 확인하는 것이 중요하다.

in
```
# 거듭곱 변환
r = tbl.dataPreprocess.transform(
    requestPackages=[{"function":{
        "method":"LOG",
        # 밑을 지정할 수 있음: 디폴트는 np.e
        "arguments":{"otherArguments":[10]}
    }}],

    # 값 비교를 위한 변수 복사
    copyvars=['BAD', 'REASON', 'JOB', 'LOAN'],
    # 모델
    saveState={'name':'trnf_astore_out', 'replace':True},
    # 변환 정보
    casOutVarTransInfo={'name':'trnf_info_out', 'replace':True},
    # 결과 테이블
    casout={'name':'trnf_out', 'replace':True}
```

```
)

# 값 비교
conn.CASTable('trnf_out')[['LOAN','_TR1_LOAN']].head()
```

out

Selected Rows from Table TRNF_OUT

| | LOAN | _TR1_LOAN |
|---|---|---|
| 0 | 1100.0 | 3.041393 |
| 1 | 1300.0 | 3.113943 |
| 2 | 1500.0 | 3.176091 |
| 3 | 1500.0 | 3.176091 |
| 4 | 1700.0 | 3.230449 |

변환 전과 변환 후의 분포를 비교해보자.

in

```
# 분포 비교
fig, ax = plt.subplots(nrows=2, figsize=(10,7), dpi=300)
conn.CASTable('trnf_out')['LOAN'].hist(ax=ax[0])
conn.CASTable('trnf_out')['_TR1_LOAN'].hist(ax=ax[1])
ax[1].set_title(r'$LOG(LOAN)$')
plt.show()
```

out

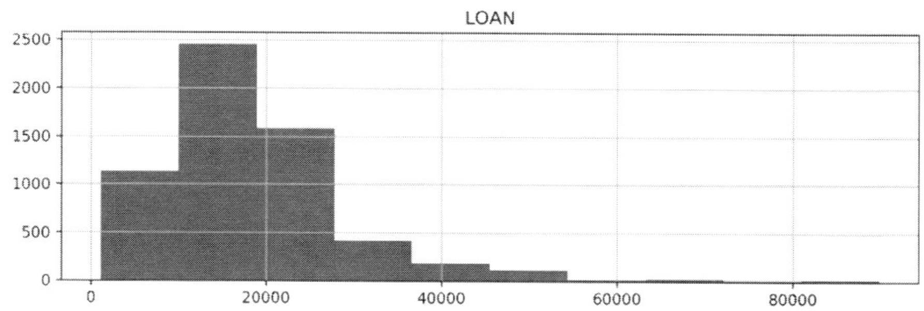

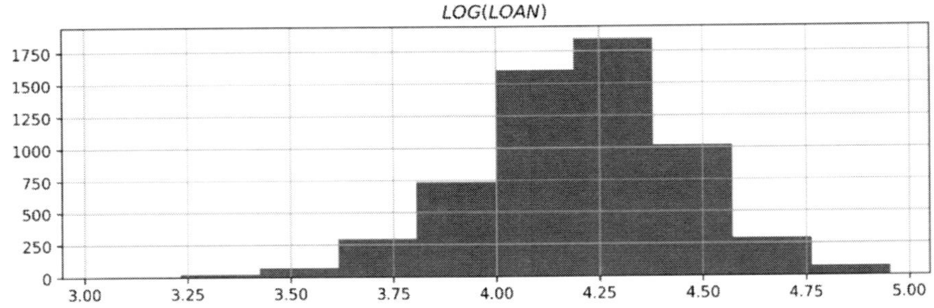


그림 6.5 로그변환 후 분포 변화

그림 6.5의 결과를 보면 로그변환을 한 결과가 보다 정규분포에 가까워져 있음을 알 수 있다.

### 6.3.7 데이터 전처리 정책

데이터 전처리의 특별한 규칙은 없지만 몇 가지 시나리오를 기반으로 하여 적절한 정책을 만들어 낼 수 있다.

| 순서 | 내용 | 비고 |
|---|---|---|
| 데이터 탐색 | 결측값 비율, 왜도, 첨도, 특이점 등을 이용하여 각 변수의 등급을 생성 | 등급에 따른 심각도 점검 |
| 변수 선별 | 결측값 비율 높은 변수, 상숫값을 갖는 변수, 분산이 너무 큰 변수, 목표변수와의 상호정보가 너무 작은 변수 등을 제거, 엔트로피 등을 이용한 희귀범주 변환, 상관관계가 높은 변수들은 검증 후 일부 제거, 즉, 잡음 변수 제거 | 최하 품질 변수 제거, 덜 유의미한 변수는 변수변환, 유의미한 변수이며 최상 품질 변수 유지 |
| 특징 변환 | 제거되지 않은 선별된 변수는 보다 더 많은 신호(signal)를 주기 위한 변환 필요 | |

### 6.3.7.1 데이터 탐색 정책

초기 분석 데이터는 기초 데이터로부터 단순히 변수들만 결합된 것이다. 데이터 탐색은 초기 분석 데이터로부터 시작된다. 데이터를 탐색한다는 것은 여러 가지 의미가 있지만 무엇보다도 데이터 형(type)을 명확히 하는 것이다. 각각의 변수가 숫자형(numerical)과 범주형(categorical) 데이터를 표현하는지를 파악해야 한다. 이외에도 날짜(date), 시간(time), 날짜시간(datetime) 데이터를 구분하는 것이다.

데이터 형이 정의된 후에는 다음과 같은 사항을 점검한다.

| 항목 | 적용 대상 | 경계 낮은 값 (low-medium) | 경계 높은 값 (medium-high) | 비고 |
|---|---|---|---|---|
| 결측값 | 모두 | 5 | 25 | 결측률 |
| 집합크기 (cardinality) | 범주 | 32 | 64 | 건수 기준이며 목표변수에 대한 최소 건수는 10 |
| 엔트로피 (entropy) | 범주 | 0.25 | 0.75 | 엔트로피(지니, 샤론) |
| 정성변동지수 (IQV: index of qualitative variation) | 범주 | 10 | 100 | 낮은 경계값은 최상위 빈도 2 개 값의 비율(HighTopBottom), 높은 경계값은 최상, 최하 빈도의 비율 (highTopTwo) |
| 왜도, 기움 (skewness) | 숫자 | 2 | 10 | 적률(moment) 기준 경계값 |
| 첨도, 뾰족함 (kurtosis) | 숫자 | 5 | 10 | 적률(moment) 기준 경계값 |
| 특이점 (outlier) | 숫자 | 1 | 2.5 | z-점수, 사분위수범위 기준 백분율 경계값 |
| 변동계수 (CV: coefficient of variation) | 숫자 | 1E-05 | | 적률 기준, 높음과 낮음 경계값 |

표에서 경계 낮은 값과 경계 높은 값이 나오는데 이는 해당 항목 기준으로 볼 때 1차 경계값, 2차 경계값이 되는 것이다. 예를 들어 결측값 비율의 경계 낮은 값은 5%이

지만, 경계 높은 값은 25%인 것이다. 결측값 관점에서 보면 특정 변수가 경계 높은 값 정도이면 실제 사용여부를 고민해보아야 한다. 낮은 값과 높은 값을 경계로 하면 모든 변수는 3가지 등급으로 구분할 수 있다. 즉, 경계 낮은 값보다 작으면 1, 경계값 사이이면 2 아니면 3과 같은 기준으로 해당 변수 값에 대한 각 항목의 등급을 매길 수 있다. 각 등급을 적용하는 데이터 유형도 다르다. 결측값 비율은 모두 적용되지만 범주형 변수에만 적용되는 경우와 숫자형 변수에만 적용되는 기준이 다르다.

데이터 품질을 포함한 데이터의 심각도는 높은 등급으로 올라갈수록 더 심각하다. 예를 들어 범주형 변수의 엔트로피 값이 크다는 것은 그만큼 해당 범주변수의 범주값이 다양하게 있다고 볼 수 있다. 더욱 심각한 것은 범주값이 많으면서 빈도가 매우 작은 경우가 많은 경우이다. 왜도와 첨도값이 0보다 차이가 있는 경우는 정규분포에서 벗어나 있다고 볼 수 있는데, 이 값은 특이점에 많은 영향을 주기 때문에 이를 보완한 로버스트 왜도와 첨도가 있다. 관련 식은 참고문헌의 [TWKIM]을 참조하며 간단히 다음과 같이 정의할 수 있다.

$$SK_3 = \frac{\mu - Q_2}{E|X - Q_2|}$$

$$KR_3 = \frac{(U_{0.05} - L_{0.05})}{(U_{0.5} - L_{0.5})} - 2.59$$

여기서 $X \sim F$, $\mu = E(X)$, $Q_2 = F^{-1}(0.5)$, $U_\alpha = \frac{1}{\alpha}\int_{1-\alpha}^{1} F^{-1}(y)dy$, $L_\alpha = \frac{1}{\alpha}\int_{0}^{\alpha} F^{-1}(y)dy$이다.

정의된 등급은 수치상으로 간단히 살펴보는 것이며 실제는 각 변수에 대해서 보다 더 면밀히 살펴보아야 한다.

데이터 탐색을 위해서는 dataSciencePilot 액션집합을 적재한다.

in
```
# 데이터 탐색
tbl.dataSciencePilot.exploreData(
    casout={'name':'explore_out', 'replace':True})
```

```
# 탐색 결과 확인
conn.CASTable('explore_out').head().T
```

out

Selected Rows from Table EXPLORE_OUT

| | 0 | 1 | 2 | 3 | 4 |
|---|---|---|---|---|---|
| Variable | BAD | REASON | JOB | LOAN | MORTDUE |
| VarType | character-nominal | character-nominal | character-nominal | numeric-nominal | interval |
| MissingRated | 1.0 | 1.0 | 1.0 | 1.0 | 2.0 |
| CardinalityRated | 1.0 | 1.0 | 1.0 | 3.0 | NaN |
| EntropyRated | 2.0 | 3.0 | 3.0 | NaN | NaN |
| IQVRated | NaN | NaN | 3.0 | NaN | NaN |
| CVRated | NaN | NaN | NaN | NaN | 3.0 |
| SkewnessRated | NaN | NaN | NaN | NaN | 1.0 |
| KurtosisRated | NaN | NaN | NaN | NaN | 2.0 |
| OutlierRated | NaN | NaN | NaN | NaN | 3.0 |
| N | 5960.0 | 5708.0 | 5681.0 | 5960.0 | 5442.0 |
| NMiss | 0.0 | 252.0 | 279.0 | 0.0 | 518.0 |
| MissRate | 0.0 | 4.228188 | 4.681208 | 0.0 | 8.691275 |
| Cardinality | 2.0 | 2.0 | 6.0 | 542.0 | 5005.0 |
| CardinalityRatio | 0.000336 | 0.00035 | 0.001056 | 0.09094 | 0.919699 |
| Shannon | 0.72092 | 0.895289 | 0.814633 | NaN | NaN |
| Gini | 0.638791 | 0.858388 | 0.870314 | NaN | NaN |
| VariationRatio | 0.199497 | 0.311843 | 0.579651 | NaN | NaN |
| Top1Top2FreqRatio | 4.012616 | 2.206742 | 1.871473 | NaN | NaN |
| Top1Bottom1FreqRatio | 4.012616 | 2.206742 | 21.908257 | NaN | NaN |
| Top1 | 4771.0 | 3928.0 | 2388.0 | NaN | NaN |
| Top2 | 1189.0 | 1780.0 | 1276.0 | NaN | NaN |
| Top3 | NaN | NaN | 948.0 | NaN | NaN |
| Bottom1 | 1189.0 | 1780.0 | 109.0 | NaN | NaN |
| Bottom2 | 4771.0 | 3928.0 | 193.0 | NaN | NaN |
| Bottom3 | NaN | NaN | 767.0 | NaN | NaN |
| Min | NaN | NaN | NaN | NaN | 2063.0 |
| Max | NaN | NaN | NaN | NaN | 399550.0 |
| Mean | NaN | NaN | NaN | NaN | 73760.8172 |
| Median | NaN | NaN | NaN | NaN | 65019.0 |
| Std | NaN | NaN | NaN | NaN | 44457.609458 |
| IQR | NaN | NaN | NaN | NaN | 45223.0 |
| MomentCVPer | NaN | NaN | NaN | NaN | 60.272664 |
| RobustCVPer | NaN | NaN | NaN | NaN | 69.553515 |
| MomentSkewness | NaN | NaN | NaN | NaN | 1.814481 |
| RobustSkewness | NaN | NaN | NaN | NaN | 0.844221 |
| MomentKurtosis | NaN | NaN | NaN | NaN | 6.481866 |
| RobustKurtosis | NaN | NaN | NaN | NaN | 0.370274 |

| | | | | | |
|---|---|---|---|---|---|
| LowerOutlierMomentPer | NaN | NaN | NaN | NaN | 0.0 |
| UpperOutlierMomentPer | NaN | NaN | NaN | NaN | 2.958471 |
| LowerOutlierRobustPer | NaN | NaN | NaN | NaN | 2.241823 |
| UpperOutlierRobustPer | NaN | NaN | NaN | NaN | 1.727306 |

결과 테이블은 결측값 등급, 유일값 건수(cardinality) 등급, 엔트로피 등급, 정성변동지수 등급, 왜도 등급, 첨도 등급, 특이점 등급을 계산하였다. 추가적으로 계산된 통계량들은 해당 등급을 판정하기 위한 필요한 통계량이다. 예를 들어, UpperOutlierMomentPer 값은 이상점을 Z-점수로 판정하며 판정기준보다 높은 값의 백분율이 높은 경계값인 2.5%보다 높기 때문에 3등급으로 판정한 것이다.

아래는 해당 값의 결과를 확인한 것이다.

in
```
# UpperOutlierMomentPer 값 확인
z = (tbl.MORTDUE - tbl.MORTDUE.mean())/tbl.MORTDUE.std(ddof=1)
(np.abs(z) > 2.5).sum() /(len(tbl)-tbl.MORTDUE.nmiss())
```

out
```
0.02958471150312385
```

결측값의 등급이 높은 경우에 해당 변수를 삭제하거나 또는 결측값을 대체하여 분석에 사용할 수 있다. 이런 경우에 결측값 자체가 의미가 있는지 간단한 검증해볼 필요가 있다.

in
```
# 결측값 영향도 분석
tbl.analyzeMissingPatterns(
    casout={'name':'missing_out', 'replace':True},
    target='BAD'
)

conn.CASTable('missing_out').head(999)
```

**out** Selected Rows from Table MISSING_OUT

| | FirstVariable | SecondVariable | Type | MI | NormMI | SU | EntropyPerChange |
|---|---|---|---|---|---|---|---|
| 0 | CLAGE | BAD | _mt_ | 0.000672 | 0.036636 | 0.001324 | 0.093150 |
| 1 | CLNO | BAD | _mt_ | 0.000258 | 0.022695 | 0.000542 | 0.035732 |
| 2 | DEBTINC | BAD | _mt_ | 0.184595 | 0.555613 | 0.251610 | 25.605476 |
| 3 | DELINQ | BAD | _mt_ | 0.003061 | 0.078129 | 0.005183 | 0.424657 |
| 4 | DEROG | BAD | _mt_ | 0.003954 | 0.088750 | 0.006342 | 0.548446 |
| 5 | LOAN | BAD | _mt_ | 0.000000 | 0.000000 | 0.000000 | 0.000000 |
| 6 | MORTDUE | BAD | _mt_ | 0.000011 | 0.004749 | 0.000020 | 0.001564 |
| 7 | NINQ | BAD | _mt_ | 0.001243 | 0.049837 | 0.002177 | 0.172475 |
| 8 | VALUE | BAD | _mt_ | 0.035911 | 0.263255 | 0.083951 | 4.981264 |
| 9 | YOJ | BAD | _mt_ | 0.002535 | 0.071110 | 0.004426 | 0.351600 |
| 10 | JOB | BAD | _mt_ | 0.003678 | 0.085615 | 0.007404 | 0.510240 |
| 11 | REASON | BAD | _mt_ | 0.000016 | 0.005728 | 0.000034 | 0.002276 |

결과를 해석해보면, 첫 번째 변수(First Variable)를 결측값이 있는 경우와 없는 경우로 나눈 후, 각각의 셀에서 두 번째 변수(Second Variable)의 결측값을 제거한 후의 값, 여기서는 1, 0으로 다시 셀을 나눈다. 이런 방식으로 생성된 교차표에서 상호정보(MI)와 표준상호정보(NormMI) 등을 구한다. 만약 상호정보 값이 크다면 결측값 셀 자체가 유의미하다고 볼 수 있다. 명목형이면 새로운 범주로 두거나 숫자형 변수이면 특정한 값으로 대체할 수 있다.

표를 보면 소득대비 부채비율을 나타내는 DETINC가 결측값 영향력이 매우 큼을 알 수 있다. 앞서 데이터 탐색을 보면 21% 이상의 매우 높은 결측률을 갖고 있는데, 실무에서는 이런 경우가 매우 흔하며 비즈니스 전문가와 많은 상의가 필요한 내용이다.

데이터 탐색 과정에서 살펴보아야 할 사항 중에는 목표변수와 설명변수 간의 상관 여부를 파악해보는 것이다. 목표변수가 범주형 변수이므로 이에 맞는 기준이 필요하지만, 설명변수가 연속이면 적절히 범주화 작업을 진행할 수 있기 때문에 상호정보(mutual information)를 보고 대략적으로 관계를 파악한다.

```
in      # 상관 분석
        tbl.exploreCorrelation(
            casout={'name':'corr_out', 'replace':True},
            target='BAD',
            event='1')
        # 결과 확인
        conn.CASTable('corr_out').head(999)
```

out

Selected Rows from Table CORR_OUT

| | FirstVariable | SecondVariable | Type | MI |
|---|---|---|---|---|
| 0 | CLAGE | BAD | _it_ | 0.036131 |
| 1 | CLNO | BAD | _it_ | 0.019029 |
| 2 | DEBTINC | BAD | _it_ | 0.078797 |
| 3 | DELINQ | BAD | _it_ | 0.081077 |
| 4 | DEROG | BAD | _it_ | 0.049265 |
| 5 | LOAN | BAD | _it_ | 0.055037 |
| 6 | MORTDUE | BAD | _it_ | 0.019585 |
| 7 | NINQ | BAD | _it_ | 0.021585 |
| 8 | VALUE | BAD | _it_ | 0.028514 |
| 9 | YOJ | BAD | _it_ | 0.026701 |
| 10 | JOB | BAD | _nt_ | 0.010523 |
| 11 | REASON | BAD | _nt_ | 0.001027 |

결과를 보면 유형(Type) 열이 있는데 _it_는 연속형 변수와 목표변수와의 상관관계를 나타내며 _nt_는 명목형 변수와 목표변수와의 상관관계를 표시한다. 상관분석을 통하여 목표변수와의 관련성을 파악하여 영향이 적은 경우는 추가적으로 비즈니스 관점의 판단을 한 후 제거한다.

### 6.3.7.2 변수 선별 정책

변수 선별(screening variable) 과정은 다음과 같은 경우를 점검하고 포함여부를 판단하는 것이다.

| 기준 | 내용 | 비고 |
|---|---|---|
| 상숫값 여부 | 모든 값이 일정한 상숫값 여부를 판단 | 조건 충족 변수 표시 |
| 희귀수준 여부 | 희귀 범주값을 갖고 있는지 여부 판단 | 조건 충족 변수 표시 |
| 데이터 누출 여부 | 누출변수 여부 판단 | 조건 충족 변수 표시 |
| 저(low) 변동계수 여부 | 낮은 변동계수 값을 갖고 있는지 판단 | 조건 충족 변수 표시 |
| 저 상호정보값 여부 | 목표변수에 대하여 낮은 상호정보값 수준을 갖고 있는지 판단 | 조건 충족 변수 표시, 기준값은 상호정보값 수준임 |
| 결측표시자 생성 비율 | 결측생성자 변수 생성여부를 판단하기 위한 비율 | 조건 충족 변수 표시 |
| 고(high) 결측비율 변수 여부 | 결측값 비율이 과도한지 여부 판단 | 조건 충족 변수 표시 |
| 중복(redundancy)변수 여부 | 대칭 불확실도(SU: Symmetric Uncertainty)를 이용하여 목표변수에 대한 중복변수 판단 | 조건 충족 변수 표시 |

여기서 데이터 누출(data leakage)은 행 누출과 열 누출이 있는데 여기서는 특정 변수가 목표변수에 대하여 과도한 설명력을 갖는 경우를 말한다. 예를 들어 클레임 여부를 예측하기 위하여 클레임 금액 변수를 사용하는 경우와 같다(클레임 금액이 있다는 것은 클레임을 제기한 것이기 때문에 거의 100%를 하나의 변수가 설명하는 것과 동일하다). 행 누출은 훈련 데이터에서 검증을 위한 데이터의 특성을 이미 사용하여 모델을 구성하는 경우를 의미한다. 이를 방지하기 위해서는 파이프라인 형식의 모델과 교차검증 등을 통하여 해결한다. 중복변수는 설명변수 간에 서로 상관관계가 높다는 것을 의미한다. 이를 파악하기 위한 기준으로 사용하는 것이 대칭 불확실도(symmetric uncertainty)이다.

$$SU(X,Y) = \frac{2I(X;Y)}{H(X)+H(Y)}$$

여기서 $I(X;Y)$는 상호정보, $H(X)$, $H(Y)$는 엔트로피이다.

만약 2개의 변수가 거의 일치하게 되면 $I(X;Y) \approx H(X) \approx H(Y)$이므로 1과 동일하다. 따라서 1보다 작은 어떤 값보다 큰 값이 되는 경우에 2개의 변수는 상관관계가 높다고 정의할 수 있다.

in

```
# 변수 선별: 디폴트 세팅
tbl.screenVariables(
    casout={'name':'scrn_out', 'replace':True},
    screenPolicy={
        "constant":True,
        "groupRareLevels":True,
        "leakagePercentThreshold":90,
        "lowCv":True,
        "lowMutualInformation":0.05,
        "missingIndicatorPercent":75,
        "missingPercentThreshold":90,
        "redundant":1
    },
    target='BAD')

# 결과 확인
conn.CASTable('scrn_out').head(999)
```

out

Selected Rows from Table SCRN_OUT

| | Variable | Recommendation | Reason |
|---|---|---|---|
| 0 | REASON | keep | passed all screening tests |
| 1 | JOB | keep | passed all screening tests |
| 2 | LOAN | keep | passed all screening tests |
| 3 | MORTDUE | keep | passed all screening tests |
| 4 | VALUE | keep | passed all screening tests |
| 5 | YOJ | keep | passed all screening tests |
| 6 | DEROG | keep | passed all screening tests |
| 7 | DELINQ | keep | passed all screening tests |
| 8 | CLAGE | keep | passed all screening tests |
| 9 | NINQ | keep | passed all screening tests |
| 10 | CLNO | keep | passed all screening tests |
| 11 | DEBTINC | keep | passed all screening tests |

디폴트 세팅에 의한 결과를 보면 모든 변수를 입력으로 사용될 수 있다고 표현된다. 이 중 몇 가지 기준값을 변경하여 수행해보자.

in

```
# 변수 선별: 기준값 변경
tbl.screenVariables(
    casout={'name':'scrn_out', 'replace':True},
    screenPolicy={
        "constant":True,
        "groupRareLevels":True,
        "leakagePercentThreshold":90,
        "lowCv":True,
        "lowMutualInformation":0.5,
        "missingIndicatorPercent":75,
        "missingPercentThreshold":10,
        "redundant":1
    },
    target='BAD')

# 결과 확인
conn.CASTable('scrn_out').head(999)
```

out

Selected Rows from Table SCRN_OUT

| | Variable | Recommendation | Reason |
|---|---|---|---|
| 0 | REASON | remove | low target mutual information |
| 1 | JOB | keep | passed all screening tests |
| 2 | LOAN | keep | passed all screening tests |
| 3 | MORTDUE | keep | passed all screening tests |
| 4 | VALUE | keep | passed all screening tests |
| 5 | YOJ | keep | passed all screening tests |
| 6 | DEROG | remove | very high missing percentage |
| 7 | DELINQ | keep | passed all screening tests |
| 8 | CLAGE | keep | passed all screening tests |
| 9 | NINQ | keep | passed all screening tests |
| 10 | CLNO | keep | passed all screening tests |
| 11 | DEBTINC | remove | very high missing percentage |

결과를 보면 조건을 충족하지만 문제의 여지가 있을 것 같은 변수들이 표시된 것을 알 수 있다. 이러한 변수들에 대해서는 이후 보다 더 심층적인 분석과 논의를 통하여 제거를 포함한 처리 여부를 판단해야 한다.

### 6.3.7.3 특징 변환 정책

특징 공학(feature engineering)은 반복적이고 파이프라인(pipeline)에 따라 진행되기 때문에 머신러닝 모델을 생성하기 위한 작업 중에서 가장 많은 시간이 사용된다.

이 과정은 앞서 정의된 데이터 탐색과 변수 선택 과정을 포함하여 최종적으로 변수 변환(feature transformation)까지도 포괄하여 진행된다. 이 절에서는 앞선 과정에서의 데이터탐색 정책, 변수 선별 정책을 이어받아 특징 변환 정책을 진행해보기로 하자. 아래의 표는 특징변환 정책의 몇 가지 시나리오이다.

| 정책 | 적용 대상 | 비고 및 접두사 |
|---|---|---|
| 결측값 표시자 | 결측값 변수 | 이항결측표시자(binary missing indicator) 생성 |
| 최빈값 결측값처리, 희귀범주처리 | 낮은 결측값 건수를 갖는 명목형 변수 | 최빈값 결측값 처리 후 희귀범주 처리 |
| 결측값 수준처리, 희귀범주처리 | 최빈값 결측값 처리에 부적격인 명목형 변수 | 결측값을 새로운 수준으로 생성 후 희귀범주 처리 |
| 중간값 결측값처리 | 결측값이 있는 모든 연속형 변수, 단, 결측표시자 변수 제외 | |
| 최빈값 결측값처리, 레이블 인코딩처리 | 낮은 결측값 건수를 갖는 명목형 변수 | 최빈값 결측값 처리 후 레이블인코딩 처리 |
| 결측값 수준처리, 레이블 인코딩처리 | 최빈값 결측값 처리에 부적격인 명목형 변수 | 결측값을 새로운 수준으로 생성 후 레이블인코딩 처리 |
| 여-존슨 변환, 중간값 결측값처리 | 첨도가 유의미한 모든 연속형 변수 | 여-존슨 변환 후 모든 결측값은 중간값으로 처리, 단 여-존슨 변환 시 모수는 -2, -1, 0, 1, 2 만 처리 |
| 박스-칵스 변환, 중간값 결측값 처리 | 왜도가 유의미한 모든 연속형 변수 | 박스-칵스 변환 후 모든 결측값은 중간값으로 처리, 단 박스-칵스 변환 시 모수는 -2, -1, 0, 1, 2 만 처리 |
| 분위수 범주화 (quantile binning) | 왜도, 첨도, 이상점 기준에 유의미한 모든 연속형 변수, 결측값도 하나의 범주 취급 | |

| 정책 | 적용 대상 | 비고 및 접두사 |
|---|---|---|
| 회귀나무 범주화 | 회귀문제이면서 왜도, 첨도, 이상점 기준에 유의미한 모든 연속형 변수, 집합크기가 유의미한 모든 명목형 변수 | |
| 분류나무 범주화 | 분류문제이면서 왜도, 첨도, 이상점 기준에 유의미한 모든 연속형 변수, 집합크기가 유의미한 모든 명목형 변수 | |
| 목표변수 부호화 | 회귀문제에서는 평균, 최솟값, 최댓값 부호화 가능<br>분류문제에서는 이벤트확률, 증거가중값(WOE: weight of evidence) 부호화 가능 | |
| 일자, 시간, 일시 변환 | 모든 일자, 시간, 일시 변수 | 각 변수에서 년, 월, 일, 주, 요일, 윤년여부, 주말여부 등을 추출 |

이러한 변환이 발생하게 되면 원래 변수와 구분되는 접두사가 필요하다. 이러한 접두사는 각각의 의미가 있다. 다음은 참고문헌 [V-ACTION]에 정의된 접두사의 의미이다. 원문 의미를 그대로 두어 따로 번역하지 않았다.

| 접두사 | 의미 |
|---|---|
| "miss_ind" | missing indicator |
| "grp_rare1" | mode imputation and group rare |
| "grp_rare2" | missing level and group rare |
| "cpy_int_med_imp" | median imputation |
| "cpy_nom_mode_imp_lab" | mode imputation and label encoding |
| "cpy_nom_miss_lev_lab" | missing level and label encoding |
| "time" | time extraction operators (minute and hour) |
| "date" | date extraction operators (day, month, year, leap year, and so on) |
| "datetime" | datetime extraction operators (union of the time and date operators) |
| "hc_tar_mean" | mean target encoding |

| 접두사 | 의미 |
|---|---|
| "hc_tar_min" | minimum target encoding |
| "hc_tar_max" | maximum target encoding |
| "hc_tar_frq_rat" | frequency ratio target encoding |
| "hc_tar_woe" | weight of evidence target encoding |
| "hc_tar_evt_prob" | event probability target encoding |
| "hc_lbl_cnt" | label count high-cardinality transformation |
| "hc_cnt" | count transformation |
| "hc_cnt_log" | count followed by log transformation |
| "lchehi_lab" | label encoding |
| "lcnhenhi_grp_rare" | group rare |
| "lcnhenhi_rtree5" | five-bin regression tree |
| "lcnhenhi_rtree10" | ten-bin regression tree |
| "lcnhenhi_dtree5" | five-bin decision tree |
| "lcnhenhi_dtee10" | ten-bin decision tree |
| "lcnhenhi_woe5" | five-bin weight of evidence binning |
| "lcnhenhi_woe10" | ten-bin weight of evidence binning |
| "ho_winsor" | outlier winsorization for variables that have significant outliers |
| "ho_quan_disct5" | five-bin quantile binning for variables that have significant outliers |
| "ho_quan_disct10" | ten-bin quantile binning for variables that have significant outliers |
| "ho_dtree_disct5" | five-bin decision tree binning for variables that have significant outliers |
| "ho_dtree_disct10" | ten-bin decision tree binning for variables that have significant outliers |
| "ho_rtree_disct5" | five-bin regression tree binning for variables that have significant outliers |
| "ho_rtree_disct10" | ten-bin regression tree binning for variables that have significant outliers |

| 접두사 | 의미 |
| --- | --- |
| "hk_yj_n2, hk_yj_n1, hk_yj_0, hk_yj_p1, hk_yj_p2" | Yeo-Johnson transformations with parameters −2, −1, 0, 1, 2 |
| "hk_dtree_disct5" | five-bin decision tree binning for variables that have significant kurtosis |
| "hk_dtree_disct10" | ten-bin decision tree binning for variables that have significant kurtosis |
| "hk_rtree_disct5" | five-bin regression tree binning for variables that have significant kurtosis |
| "hk_rtree_disct10" | ten-bin regression tree binning for variables that have significant kurtosis |
| "hs_bc_n2, hs_bc_n1, hs_bc_0, hs_bc_p1, hs_bc_p2" | Box-Cox transformations with parameters −2, −1, 0, 1, 2 |
| "hs_dtree_disct5" | five-bin decision tree binning for variables that have significant skewness |
| "hs_dtree_disct10" | ten-bin decision tree binning for variables that have significant skewness |
| "hs_rtree_disct5" | five-bin regression tree binning for variables that have significant skewness |
| "hs_rtree_disct10" | ten-bin regression tree binning for variables that have significant skewness |
| "nhoks_nloks_pow_n2, nhoks_nloks_pow_n1, nhoks_nloks_pow_n0_5, nhoks_nloks_log, nhoks_nloks_pow_p0_5, nhoks_nloks_pow_p1, nhoks_nloks_pow_p2" | Tukey's transformation ladder with parameters −2, −1, −0.5, 0, 0.5, 1, 2 |
| "nhoks_nloks_dtree5" | five-bin decision tree binning for variables that have low- or medium-rated values for outliers, kurtosis, and skewness. In addition, these variables cannot have low-rated values for all three statistics. |
| "nhoks_nloks_dtree10" | ten-bin decision tree binning for variables that have low- or medium-rated values for outliers, kurtosis, and skewness. In addition, these variables cannot have low-rated values for all three statistics. |
| "nhoks_nloks_rtree5" | five-bin regression tree binning for variables that have low- or medium-rated values for outliers, kurtosis, and skewness. In addition, these variables cannot have low-rated values for all three statistics. |

| 접두사 | 의미 |
|---|---|
| "nhoks_nloks_rtree10" | ten-bin regression tree binning for variables that have low- or medium-rated values for outliers, kurtosis, and skewness. In addition, these variables cannot have low-rated values for all three statistics. |
| "all_l_oks_dtree5" | five-bin decision tree binning for variables that have low-rated values for all three statistics—outliers, kurtosis, and skewness |
| "all_l_oks_dtree10" | ten-bin decision tree binning for variables that have low-rated values for all three statistics—outliers, kurtosis, and skewness |
| "all_l_oks_rtree5" | five-bin regression tree binning for variables that have low-rated values for all three statistics—outliers, kurtosis, and skewness |
| "all_l_oks_rtree10" | ten-bin regression tree binning for variables that have low-rated values for all three statistics—outliers, kurtosis, and skewness |
| "interact_rtree" | five-bin regression tree binning of an interacting pair of variables |
| "interact_dtree" | five-bin classification tree binning of an interacting pair of variables |
| "interact_mean" | mean target encoding of an interacting pair of variables |
| "interact_woe" | weight-of-evidence target encoding |
| "interact_evt_prob" | event probability target encoding |
| "poly" | polynomial interaction |

이러한 정책을 하나의 파이프라인으로 구체적으로 실행해보자.

in

```
# 파이프라인: 디폴트 세팅
tbl.dataSciencePilot.featureMachine(
    # 목표변수
    target='BAD',

    # 출력 데이터
```

```
casout={"caslib":"casuser",
         "name":"feature_out",
         "replace":True},

# 변환 규칙 데이터
transformationOut={"caslib":"casuser",
                   "name":"trans_info_out",
                   "replace":True},

# 출력변수(특징) 설명
featureOut={"caslib":"casuser",
            "name":"feature_info_out",
            "replace":True},

# 탐색 정책: 디폴트 세팅

# 변수 선별 정책: 디폴트 세팅
screenPolicy={
    "constant":True,
    "groupRareLevels":True,
    "leakagePercentThreshold":90,
    "lowCv":True,
    "lowMutualInformation":0.05,
    "missingIndicatorPercent":75,
    "missingPercentThreshold":90,
    "redundant":1
},

# 변환 정책: 디폴트
transformationPolicy={"cardinality":True,
                      "entropy":False,
                      "interaction":False,
                      "iqv":False,
                      "kurtosis":False,
                      "missing":True,
                      "outlier":False,
                      "polynomial":False,
                      "skewness":True}
)
```

디폴트 세팅으로 탐색에서부터 특징 변환까지 실행하였다. 특징 변환 부분의 디폴트 세팅을 보면 집합크기, 왜도, 결측값에 문제가 발생한 경우에는 관련된 변환을 실행한 것을 알 수 있다.

출력되는 테이블은 파이프라인의 순서와 규칙을 정의한 테이블, 각 출력변수의 의미를 설명하는 테이블과 실제 변환된 데이터 테이블이 있다.

각각의 의미를 살펴보기로 하자.

in

```
# 변환규칙 정보
conn.CASTable('trans_info_out').head(7).T
```

out

Selected Rows from Table TRANS_INFO_OUT

| | 0 | 1 | 2 | 3 | 4 | 5 | 6 |
|---|---|---|---|---|---|---|---|
| FTGPipelineId | 1.0 | 2.0 | 3.0 | 4.0 | 5.0 | 6.0 | 7.0 |
| Name | miss_ind | hc_tar_frq_rat | hc_lbl_cnt | hc_cnt | hc_cnt_log | nhoks_nloks_pow_n2 | nhoks_nloks_pow_n1 |
| NVariables | 5.0 | 1.0 | 1.0 | 1.0 | 1.0 | 2.0 | 2.0 |
| IsInteraction | | | | | | | |
| ImputeMethod | | | | | | Median | Median |
| OutlierMethod | | | | | | | |
| OutlierTreat | | | | | | | |
| OutlierArgs | NaN | NaN | NaN | NaN | NaN | NaN | NaN |
| FunctionMethod | | | | | Log | Power | Power |
| FunctionArgs | | | | | e | -2 | -1 |
| MapIntervalMethod | | Frequency Ratio | Label Count | Count Input | Count Input | | |
| MapIntervalArgs | NaN | 10.0 | 0.0 | 0.0 | 0.0 | NaN | NaN |
| HashMethod | MissIndicator | | | | | | |
| HashArgs | 2.0 | NaN | NaN | NaN | NaN | NaN | NaN |
| DateTimeMethod | | | | | | | |
| DiscretizeMethod | | | | | | | |
| DiscretizeArgs | NaN | NaN | NaN | NaN | NaN | NaN | NaN |
| CatTransMethod | | | | | | | |
| CatTransArgs | NaN | NaN | NaN | NaN | NaN | NaN | NaN |
| InteractionMethod | | | | | | | |
| InteractionSynthesizer | | | | | | | |

먼저 적용된 파이프라인 순서를 의미하는 FTGPipelineId가 있다. 이 순서에 따라 접

두사로 표현된 처리 방법인 Name이 있고 해당 처리를 몇 개의 변수에 적용했는지를 나타내는 NVariables이 있다. 이후의 컬럼들은 각 적용방식에 따라 사용된 전달인자값 등이 있다.

예를 들어 먼저 높은 결측값이 있는 변수에 대해서는 이항결측표시자 변수를 생성한다. 이어서 높은 집합크기를 나타내는 변수에 대하여 목표변수 부호화 방법 중의 하나인 빈도비율(frequency ratio) 방법을 적용한다. 이런 방법으로 계속 이어서 적용하게 된다.

이런 순서로 적용하여 생성된 변수 정보는 다음과 같이 확인할 수 있다.

in

```
# 출력변수 정보
conn.CASTable('feature_info_out').head().T
```

out

Selected Rows from Table FEATURE_INFO_OUT

| | 0 | 1 | 2 | 3 | 4 |
|---|---|---|---|---|---|
| FeatureId | 1.0 | 2.0 | 3.0 | 4.0 | 5.0 |
| Name | cpy_int_med_imp_CLAGE | miss_ind_CLAGE | nhoks_nloks_dtree_10_CLAGE | nhoks_nloks_dtree_5_CLAGE | nhoks_nloks_log_CLAGE |
| IsNominal | 0.0 | 1.0 | 1.0 | 1.0 | 0.0 |
| FTGPipelineId | 15.0 | 1.0 | 14.0 | 13.0 | 9.0 |
| NInputs | 1.0 | 1.0 | 1.0 | 1.0 | 1.0 |
| InputVar1 | CLAGE | CLAGE | CLAGE | CLAGE | CLAGE |
| InputVar2 | | | | | |
| InputVar3 | | | | | |
| Label | CLAGE: Low missing rate - median imputation | CLAGE: Significant missing - missing indicator | CLAGE: Not high (outlier, kurtosis, skewness) ... | CLAGE: Not high (outlier, kurtosis, skewness) ... | CLAGE: Not high (outlier, kurtosis, skewness) ... |

결과를 보면 첫 번째 변수로 cpy_int_med_imp_CLAGE가 생성되어 있다. 이 변수는 파이프라인 15번째 단계에서 생성되었고 입력변수(NInputs)는 CLAGE 1개이다. 해당 변수는 낮은 결측값 건수를 보여주고 있으며 연속형 변수이므로 중간값으로 대체되었다고 Label에서 설명해주고 있다.

두 번째 변수인 miss_ind_CLAGE는 CLAGE의 결측값 건수의 비율은 작지만 유의미한 결측값 비율이므로 결측값이 있는 행에 대해서 이항결측표시자 변수로 생성되었다.

이러한 방법으로 각 변수의 의미를 파악할 수 있다.

in

```
# 출력변수 컬럼 정보
conn.CASTable('feature_out').info()
```

```
CASTable('feature_out')
Data columns (total 46 columns):
```

out

| | N | Miss | Type |
|---|---|---|---|
| BAD | 5960 | False | varchar |
| LOAN | 5960 | False | double |
| cpy_int_med_imp_CLAGE | 5960 | False | double |
| miss_ind_CLAGE | 5960 | False | double |
| nhoks_nloks_dtree_10_CLAGE | 5960 | False | double |
| nhoks_nloks_dtree_5_CLAGE | 5960 | False | double |
| nhoks_nloks_log_CLAGE | 5960 | False | double |
| nhoks_nloks_pow_n0_5_CLAGE | 5960 | False | double |
| nhoks_nloks_pow_n1_CLAGE | 5960 | False | double |
| nhoks_nloks_pow_n2_CLAGE | 5960 | False | double |
| nhoks_nloks_pow_p0_5_CLAGE | 5960 | False | double |
| nhoks_nloks_pow_p1_CLAGE | 5960 | False | double |
| nhoks_nloks_pow_p2_CLAGE | 5960 | False | double |
| cpy_int_med_imp_MORTDUE | 5960 | False | double |
| miss_ind_MORTDUE | 5960 | False | double |
| nhoks_nloks_dtree_10_MORTDUE | 5960 | False | double |
| nhoks_nloks_dtree_5_MORTDUE | 5960 | False | double |
| nhoks_nloks_log_MORTDUE | 5960 | False | double |
| nhoks_nloks_pow_n0_5_MORTDUE | 5960 | False | double |
| nhoks_nloks_pow_n1_MORTDUE | 5960 | False | double |
| nhoks_nloks_pow_n2_MORTDUE | 5960 | False | double |
| nhoks_nloks_pow_p0_5_MORTDUE | 5960 | False | double |
| nhoks_nloks_pow_p1_MORTDUE | 5960 | False | double |
| nhoks_nloks_pow_p2_MORTDUE | 5960 | False | double |
| cpy_int_med_imp_VALUE | 5960 | False | double |
| cpy_int_med_imp_YOJ | 5960 | False | double |
| miss_ind_YOJ | 5960 | False | double |

| | | | |
|---|---|---|---|
| nhoks_nloks_dtree_10_YOJ | 5960 | False | double |
| nhoks_nloks_dtree_5_YOJ | 5960 | False | double |
| nhoks_nloks_log_YOJ | 5960 | False | double |
| nhoks_nloks_pow_n0_5_YOJ | 5960 | False | double |
| nhoks_nloks_pow_n1_YOJ | 5960 | False | double |
| nhoks_nloks_pow_n2_YOJ | 5960 | False | double |
| nhoks_nloks_pow_p0_5_YOJ | 5960 | False | double |
| nhoks_nloks_pow_p1_YOJ | 5960 | False | double |
| nhoks_nloks_pow_p2_YOJ | 5960 | False | double |
| cpy_nom_miss_lev_lab_CLNO | 5960 | False | double |
| miss_ind_CLNO | 5960 | False | double |
| hc_cnt_LOAN | 5960 | False | double |
| hc_cnt_log_LOAN | 5960 | False | double |
| hc_lbl_cnt_LOAN | 5960 | False | double |
| hc_tar_frq_rat_LOAN | 5960 | False | double |
| cpy_nom_miss_lev_lab_NINQ | 5960 | False | double |
| miss_ind_NINQ | 5960 | False | double |
| cpy_nom_miss_lev_lab_JOB | 5960 | False | double |
| miss_ind_JOB | 5960 | False | double |

결과를 보면 입력변수보다 많은 변수가 출력되어 있다. 이후 분석에서는 모든 변수를 사용하기보다는 이러한 변수들에 대한 추가적인 검토의 방법으로 거듭곱 변환(power transformation) 결과 중 실제 분포를 파악한 후 하나의 변환만을 선택하여 적용해야 한다. 또한, 변환정책 중 특별히 관심있는 정책만을 선별적으로 골라서 진행할 수 있다.

in
```
# 파이프라인: 결측값 처리 예
tbl.dataSciencePilot.featureMachine(
    target='BAD',
    copyvars =['BAD', 'LOAN'],

    # 출력 데이터
```

```
casout={"caslib":"casuser",
        "name":"feature_out",
        "replace":True},

# 변환 규칙 데이터
transformationOut={"caslib":"casuser",
                   "name":"trans_info_out",
                   "replace":True},

# 출력변수(특징) 설명
featureOut={"caslib":"casuser",
            "name":"feature_info_out",
            "replace":True},

# 변환 모델 저장
saveState={"caslib":"casuser",
           "name":"feature_astore",
           "replace":True},

# 탐색 정책 초모수 정의
explorationPolicy={
    "missing":{"lowMediumCutoff":3,
               "mediumHighCutoff":10},
},

# 변수 선별 정책 초모수 정의
screenPolicy={
    "lowMutualInformation":0.5,
    "missingPercentThreshold":10,
},

# 변환 정책 적용 여부 정의
transformationPolicy={"cardinality":False,
                      "entropy":False,
                      "interaction":False,
                      "iqv":False,
                      "kurtosis":False,
                      "missing":True,
```

```
                      "outlier":False,
                      "polynomial":False,
                      "skewness":False})
```

이러한 정책을 적용한 결과 출력된 결과 테이블의 컬럼 정보는 다음과 같다.

in

```
# 변환 컬럼 정보
conn.CASTable('feature_out').info()
```

out

```
CASTable('feature_out')
Data columns (total 15 columns):
                                  N    Miss     Type
BAD                            5960   False  varchar
LOAN                           5960   False   double
cpy_int_med_imp_CLAGE          5960   False   double
miss_ind_CLAGE                 5960   False   double
cpy_int_med_imp_MORTDUE        5960   False   double
miss_ind_MORTDUE               5960   False   double
cpy_int_med_imp_VALUE          5960   False   double
cpy_int_med_imp_YOJ            5960   False   double
miss_ind_YOJ                   5960   False   double
cpy_nom_miss_lev_lab_CLNO      5960   False   double
miss_ind_CLNO                  5960   False   double
cpy_nom_miss_lev_lab_NINQ      5960   False   double
miss_ind_NINQ                  5960   False   double
cpy_nom_miss_lev_lab_JOB       5960   False   double
miss_ind_JOB                   5960   False   double
```

결과는 결측값이 처리되었고 목표변수와의 관련성이 있는 변수만 요약해서 정리되었다.

in
```
# 결측값 건수 확인
conn.CASTable('feature_out').nmiss()
```

out
```
BAD                          0
LOAN                         0
cpy_int_med_imp_CLAGE        0
miss_ind_CLAGE               0
cpy_int_med_imp_MORTDUE      0
miss_ind_MORTDUE             0
cpy_int_med_imp_VALUE        0
cpy_int_med_imp_YOJ  0
miss_ind_YOJ                 0
cpy_nom_miss_lev_lab_CLNO    0
miss_ind_CLNO                0
cpy_nom_miss_lev_lab_NINQ    0
miss_ind_NINQ                0
cpy_nom_miss_lev_lab_JOB     0
miss_ind_JOB                 0
```

## 6.4 모델 학습

모델 학습을 위해서 데이터 전처리, 데이터 분할 등에 대하여 다음과 같이 처리한다고 가정한다.

주어진 데이터에 대하여 결측값 처리 후 훈련 데이터는 70%, 검증 데이터는 20%, 평가 데이터는 10%로 분할한다. 모델은 목표변수의 범주를 예측하는 것이기 때문에 분류(classification) 문제이며 이에 적합한 알고리즘을 적용한다.

### 6.4.1 기초 데이터 구성

기초 데이터는 모델 학습을 위한 초기에 구성되는 데이터를 의미한다. 이러한 기초 데이터는 다양한 데이터 품질 이슈가 있기 때문에 이후 데이터 전처리 작업 등을 통하여 모델 입력을 위한 훈련 데이터로 변환되어야 한다.

in
```
# 기초 데이터 구성
url = 'https://github.com/bong-ju-kang/data/raw/master/hmeq.csv'
tbl = conn.read_csv(url, casout={'name':'hmeq', 'caslib':'casuser', 'replace':True},
                    dtype={'BAD':'str'})
tbl.table.save(name='hmeq', replace=True)

# 데이터 메타정보 확인
tbl.info()
```

out
```
CASTable('HMEQ', caslib='CASUSER(v_user9)')
Data columns (total 13 columns):
              N    Miss     Type
BAD        5960   False  varchar
LOAN       5960   False   double
MORTDUE    5442    True   double
VALUE      5848    True   double
REASON     5708    True  varchar
JOB        5681    True  varchar
YOJ        5445    True   double
DEROG      5252    True   double
DELINQ     5380    True   double
CLAGE      5652    True   double
NINQ       5450    True   double
CLNO       5738    True   double
DEBTINC    4693    True   double
dtypes: double(10), varchar(3)
```

기초 데이터는 범주형 변수 3개, 연속형 변수 10개로 구성되어 있다.

### 6.4.2 데이터 분할

평가 데이터는 모든 분석 과정을 거친 후 모델의 일반화 성능(generalization performance)을 확인해보기 위한 데이터이다. 이를 위하여 주어진 데이터의 일부를 추출하여 분석 모델과는 무관하게 저장해둘 필요가 있다. 목표변수가 BAD이기 때문에 BAD의 분포와 동일하게 데이터를 분할해야 한다. 이런 경우를 층화추출(stratified random sampling)이라고 한다.

in
```
# 목표변수의 분포
len(tbl),  tbl.BAD.value_counts(normalize=True)
```

out
```
(5960,
 0      0.800503
 1      0.199497
 dtype:  float64)
```

목표변수의 건수는 5960개이며 이벤트 확률은 약 20% 정도이다. 이러한 비율로 표본이 추출되기를 원하는 것이다.

in
```
# 층화추출
r  =  tbl.sampling.stratified(
      seed=123,
      target='BAD',
      output={"casout":{"name":"hmeq_all",  "replace":True},  "copyvars":"all"},
      # 평가 데이터 백분율
      samppct=10,
      # 표시자 변수 출력여부: 대상 데이터의 표시자 값은 1
      partind=True)

# 층화추출 정보
r['STRAFreq']
```

out Frequencies

| | TargetName | TargetLevel | NObs | NSamp |
|---|---|---|---|---|
| 0 | BAD | 0 | 4771 | 477 |
| 1 | BAD | 1 | 1189 | 119 |

결과를 보면 대략적으로 목표변수의 각 범주별로 10%씩 표본으로 추출되었음을 알 수 있다.

결과 테이블의 구조를 간략히 살펴보자.

in
```
# 출력 테이블 확인
conn.CASTable('hmeq_all').info()
```

out
```
CASTable('hmeq_all')
Data columns (total 14 columns):
                N      Miss    Type
BAD          5960     False    varchar
LOAN         5960     False    double
MORTDUE      5442     True     double
VALUE        5848     True     double
REASON       5708     True     varchar
JOB          5681     True     varchar
YOJ          5445     True     double
DEROG        5252     True     double
DELINQ       5380     True     double
CLAGE        5652     True     double
NINQ         5450     True     double
CLNO         5738     True     double
DEBTINC      4693     True     double
_PartInd1  5960     False    double
dtypes: double(11), varchar(3)
```

출력 결과를 보면 _PartInd1_ 변수가 새로 생성되었다. 이 변수가 데이터를 구분하는 표시자 역할을 해준다. 값이 1인 경우가 대상이 되는 평가 데이터가 되는 것이다.

해당 데이터만을 추출한 후 사용하기 위하여 물리적으로 저장하고 필요한 경우에 해당 데이터를 호출할 수 있다.

in

```
# 평가 데이터 저장
conn.CASTable(name='hmeq_all', where='_PartInd1_=1')\
    .drop(labels=['_PartInd1_'], axis=1)\
    .save(name='hmeq_holdout', caslib='casuser', replace=True)

# 저장된 파일 가져오기
hmeq_holdout = conn.load_path(path='hmeq_holdout.sashdat',
                              casout={'name':'hmeq_holdout', 'replace':True})
hmeq_holdout.info()
```

out

```
CASTable('HMEQ_HOLDOUT', caslib='CASUSER(v_user9)')
Data columns (total 13 columns):
            N    Miss     Type
BAD       596   False  varchar
LOAN      596   False   double
MORTDUE   542    True   double
VALUE     585    True   double
REASON    565    True  varchar
JOB       571    True  varchar
YOJ       546    True   double
DEROG     511    True   double
DELINQ    530    True   double
CLAGE     560    True   double
NINQ      540    True   double
CLNO      570    True   double
DEBTINC   470    True   double
dtypes: double(10), varchar(3)
```

평가 데이터를 구성한 후 나머지 데이터를 이용하여 훈련 데이터, 검증 데이터를 구성해보기로 하자. 미리 데이터를 분할한 후 훈련 데이터에 대하여 데이터 전처리 과정을 거치게 되고 실제 분석에서 입력으로 사용되는 훈련 데이터를 구성하게 된다. 이 과정에서 발생한 각종 전처리 과정은 전처리 모델로 저장한 후 이후 모든 데이터에 적용하게 된다.

in

```
# 훈련/검증 데이터 구성 및 저장
hmeq_tmp = conn.CASTable('hmeq_all', where='_PartInd1_=0').drop('_PartInd1_', axis=1)
hmeq_tmp.save(name='hmeq_tmp', replace=True)

# 저장된 파일 호출
hmeq_tmp = conn.load_path(
    path='hmeq_tmp.sashdat',
    casout={'name':'hmeq_tmp', 'replace':True})

# 층화추출: 훈련과 검증 분리
r = hmeq_tmp.sampling.stratified(
    seed=123,
    target='BAD',
    output={"casout":{"name":"hmeq_part", "replace":True}, "copyvars":'all'},
    # 훈련 데이터 비율
    samppct=70,
    partind=True)

# 결과 확인
r['STRAFreq']
```

out

Frequencies

| | TargetName | TargetLevel | NObs | NSamp |
|---|---|---|---|---|
| 0 | BAD | 0 | 4294 | 3006 |
| 1 | BAD | 1 | 1070 | 749 |

### 6.4.3 결측값 처리

데이터 전처리 과정은 “데이터 전처리” 절에서 상세하게 다루었고 이 절에서는 데이터 분할 후 결측값만을 간단히 처리하는 과정을 다루기로 하자. 데이터 분할 과정을 간단히 하기 위해서 평가 데이터는 따로 저장되어 있다고 가정하고 원 데이터의 70%

를 훈련 데이터로, 나머지 30%를 검증 데이터로 사용하기로 하자.

in
```
# 훈련/검증 데이터 분할
r = tbl.sampling.stratified(
    seed=123,
    target='BAD',
    output={"casout":{"name":"hmeq_part", "replace":True}, "copyvars":"all"},
    # 훈련 데이터 비율 지정
    samppct=70,
    partind=True
)

# 훈련 데이터
trn_data = conn.CASTable('hmeq_part', where='_partind1_=1').drop('_PartInd1_', axis=1)

# 검증 데이터
val_data = conn.CASTable('hmeq_part', where='_partind1_=0').drop('_PartInd1_', axis=1)

# 확인
trn_data.shape, val_data.shape, tbl.shape
```

out
```
((4172, 13), (1788, 13), (5960, 13))
```

먼저 결측값 변수를 확인해보도록 하자.

in
```
# 결측값 비율 확인
trn_data.nmiss()/len(tbl)
```

out
```
BAD        0.000000
LOAN       0.000000
MORTDUE    0.060235
VALUE      0.013758
REASON     0.029698
JOB        0.032550
YOJ        0.060906
```

```
DEROG       0.085906
DELINQ      0.069631
CLAGE       0.036913
NINQ        0.060235
CLNO        0.026174
DEBTINC     0.145973
```

BAD, LOAN 변수를 제외하면 모든 변수가 결측값을 가지고 있으며 특히 DEBTINC 변수의 결측 비율이 높다. BAD는 목표변수이고 향후 예측해야 할 변수이기 때문에 결측값을 이후에도 처리할 필요는 없지만 LOAN 변수는 다르다. LOAN 변수가 앞으로도 절대 결측값을 발생하지 않는다면 해당 변수는 결측값 처리를 하지 말아야 하므로 복사하는 것만으로 충분하다. 만약 이후에 결측값이 발생한다고 가정한다면 결측값을 대체할 정보를 가지고 있어야 하며 이를 처리하는 과정이 필요하다. 결측값을 처리하기 위해서 featureMachine 액션을 이용하자.

in

```
# 훈련 데이터를 이용한 결측값 처리
trn_data.dataSciencePilot.featureMachine(
    target='BAD',

    # 결측값 없는 변수 복사하기
    copyvars =['BAD', 'LOAN'],

    # 출력 데이터
    casout={"caslib":"casuser",
            "name":"trn_out",
            "replace":True},

    # 변환 규칙 데이터
    transformationOut={"caslib":"casuser",
                       "name":"trn_info_out",
                       "replace":True},
```

```
    # 출력변수(특징) 설명
    featureOut={"caslib":"casuser",
                "name":"feature_info_out",
                "replace":True},

    # 변환 모델 저장
    saveState={"caslib":"casuser",
               "name":"trn_missing_model_astore",
               "replace":True},

    # 변환 정책 적용 여부 정의
    transformationPolicy={"cardinality":False,
                          "entropy":False,
                          "interaction":False,
                          "iqv":False,
                          "kurtosis":False,
                          "missing":True,
                          "outlier":False,
                          "polynomial":False,
                          "skewness":False}
)

# 결측값 처리 결과
conn.CASTable('trn_out').info()
```

**out**

```
CASTable('trn_out')
Data columns (total 16 columns):
                              N     Miss    Type
BAD                          4172  False  varchar
LOAN                         4172  False  double
cpy_int_med_imp_CLAGE        4172  False  double
miss_ind_CLAGE               4172  False  double
cpy_int_med_imp_DEBTINC      4172  False  double
miss_ind_DEBTINC             4172  False  double
cpy_int_med_imp_MORTDUE      4172  False  double
miss_ind_MORTDUE             4172  False  double
cpy_int_med_imp_VALUE        4172  False  double
```

```
cpy_int_med_imp_YOJ            4172   False   double
miss_ind_YOJ                   4172   False   double
cpy_nom_miss_lev_lab_CLNO      4172   False   double
cpy_nom_miss_lev_lab_NINQ      4172   False   double
miss_ind_NINQ                  4172   False   double
cpy_nom_miss_lev_lab_JOB       4172   False   double
cpy_nom_miss_lev_lab_REASON    4172   False   double
dtypes: double(15), varchar(1)
```

결측값을 가지는 모든 변수 중 경계값인 작은 중간값보다 큰 결측값 비율이 5% 이상인 변수는 miss_ind라는 접두사가 붙어 있다. 이 의미는 일종의 가변수(dummy variable)로 결측값을 갖는 경우는 0 아니면 1 값을 갖는 명목변수라는 뜻이다. 결측값의 발생을 직접적으로 대체하는 경우, 연속형 변수는 중간값, 범주형 변수는 결측값을 포함한 레이블 부호화(label encoding)를 한다. 레이블 부호화는 문자값을 단순히 숫자값으로 일대일 변환하는 것을 의미한다. 결측값은 0 값으로 대체한다.

여기서 cpy_nom_miss_lev_lab_REASON 변수가 어떻게 생성되는지 간단히 살펴보자.

in

```
# 원 데이터 값
trn_data['REASON'].value_counts(dropna=False)
```

out

```
DebtCon     2744
HomeImp     1251
             177
dtype: int64
```

in

```
# 변환된 값
conn.CASTable('trn_out')['cpy_nom_miss_lev_lab_REASON'].value_counts()
```

out

```
1.0    2744
2.0    1251
0.0     177
dtype: int64
```

결과를 보면 결측값이 새로운 범주인 0으로 생성되어 있음을 확인할 수 있다. 훈련 데이터를 통하여 만들어진 결측값 처리 모델은 분석가게(analytic store) 모델로 저장되어 있다. 이후 사용을 하고자 한다면 물리적으로 저장해야 한다.

in
```
# 결측값 처리 모델 저장하기
conn.CASTable('trn_missing_model_astore').save(
    name='trn_missing_model_astore', replace=True
)

# 저장 모델 가져오기
conn.load_path(
    path='trn_missing_model_astore.sashdat',
    casout={'name':'trn_missing_model_astore', 'replace':True}
)
```

결측값 처리 모델을 이용하여 전체 데이터의 결측값을 처리해보자.

in
```
# 결측값 처리 대상
hmeq_part = conn.CASTable('hmeq_part')
# 결측값 처리
hmeq_part.astore.score(
    # 출력 테이블
    casout={'name':'hmeq_part_out', 'caslib':'casuser', 'replace':True},
    # 분석가게 모델
    rstore={'name':'trn_missing_model_astore', 'caslib':'casuser'},
    # 미처리 변수 복사
    copyvars=['BAD', 'LOAN', '_PartInd1_' ]
)

# 처리 결과 확인
conn.CASTable('hmeq_part_out').nmiss()
```

out
```
cpy_int_med_imp_CLAGE          0
```

```
miss_ind_CLAGE                 0
cpy_int_med_imp_DEBTINC        0
miss_ind_DEBTINC               0
cpy_int_med_imp_MORTDUE        0
miss_ind_MORTDUE               0
cpy_int_med_imp_VALUE          0
cpy_int_med_imp_YOJ            0
miss_ind_YOJ                   0
cpy_nom_miss_lev_lab_CLNO      0
cpy_nom_miss_lev_lab_NINQ      0
miss_ind_NINQ                  0
cpy_nom_miss_lev_lab_JOB       0
cpy_nom_miss_lev_lab_REASON    0
BAD                            0
LOAN                           0
_PartInd1_ 0
```

### 6.4.4 매크로 변수 정의

주어진 훈련 데이터에 대하여 다양한 머신러닝 모델을 적용할 수 있다. 이때 사용되는 모든 변수는 마치 매크로 변수처럼 사전에 정의하는 것이다.

in

```
# 매크로 변수 정의
# 사용 데이터
hmeq_part_out = conn.CASTable('hmeq_part_out')

# 전체 변수
allvars = hmeq_part_out.drop('_PartInd1_', axis=1).columns.values.tolist()

# 목표변수
target = 'BAD'

# 이벤트값
```

```
event = '1'
nonevent ='0'

# 입력변수
xvars =list(set(allvars) - set([target]))

# 범주 변수 정의
classvars = ["BAD",
            "miss_ind_CLAGE",
            "miss_ind_DEBTINC",
            "miss_ind_MORTDUE",
            "miss_ind_YOJ",
            "miss_ind_NINQ",
            "cpy_nom_miss_lev_lab_JOB",
            "cpy_nom_miss_lev_lab_REASON"]
```

매크로 변수를 정의할 때 특히 범주형 변수를 정의하는 부분은 매우 중요하므로 각별한 주의가 필요하다.

### 6.4.5 로지스틱 회귀

로지스틱 회귀는 이항(binary) 종속변수의 값을 예측하기 위하여 로지스틱 함수를 이용한 통계 모델이다. 즉, $y_i \in \{0,\ 1\},\ i=1,\ \cdots,\ n$인 목표변수에 대하여 $p=\Pr(y_i=1)$를 예측하는 모델이다. 즉, 가설함수는 $h_i=\Pr(y_i=1)=\dfrac{1}{1+\exp(-\theta^T x_i)}$이다. 이 식을 다르게 표현하면 $\log\dfrac{h_i}{1-h_i}=\theta^T x_i$가 되므로 로지스틱 단위(logistic unit)로 표현되며 이를 줄여서 로짓(logit) 모델이라고 한다. 사용되는 비용함수는 다음과 같이 정의된다.

$$J(\theta)= \frac{1}{n}\sum_{i=1}^{n} - \{y_i \log h_i + (1-y_i)\log(1-h_i)\}$$

이와 같은 비용함수를 이항 교차엔트로피(binary cross entropy)라고 한다. 즉, 모수 추정을 비용함수를 가장 최소화하는 방향으로 정한다. 자세한 이론적인 배경은 [KANG-AUTOML], [KANG-ML]을 참조한다. 로지스틱 회귀 모델을 적합을 위한 액션집합은 regression이다.

```
in      # 필요한 액션집합: regression
        conn.loadactionset('regression')
```

### 6.4.5.1 모델 적합

로지스틱 회귀 모델을 적합해 보자.

```
in      # 로지스틱 회귀 적합

        r = conn.regression.logistic(
            # 입력 데이터
            table={'name':'hmeq_part_out', 'caslib':'casuser'},
            partByVar={"name":"_PartInd1_",
                       "train":"1",
                       "validate":"0"},

            # 변수 역할 정의
            classVars=classvars,

            # 모델식 정의
            model={'depvar': [{'name': target, 'options': {'event': event}}],
                   'link':'LOGIT',
                   'effects': [{'vars': xvars}]},

            # 변수 선택
            selection={'method':'FORWARD', 'select':"SBC", 'stop':"SBC"},

            # 저장
            store={'name':'logistic_model_astore', 'caslib':'casuser', 'replace': True})
```

```
# 모델 적합결과 테이블
r.keys()
```

out

```
odict_keys(['ModelInfo', 'NObs', 'ResponseProfile', 'ClassInfo', 'SelectionInfo', 'Summary.ConvergenceStatus', 'Summary.SelectionSummary', 'Summary.StopReason', 'Summary.SelectionReason', 'Summary.SelectedEffects', 'SelectedModel.Dimensions', 'SelectedModel.GlobalTest', 'SelectedModel.FitStatistics', 'SelectedModel.ParameterEstimates', 'Timing', 'OutputCasTables'])
```

모델 적합을 위한 전달인자 가운데에서 중요한 것은 범주형 변수를 선언하는 classVars이다. 여기에 선언된 변수는 원핫인코딩 과정을 거치게 된다. 출력된 결과 테이블은 중 몇 가지를 살펴보기로 하자.

in

```
# 모델 정보
r['ModelInfo']
```

out

Model Information

| | RowId | Description | Value |
|---|---|---|---|
| 0 | DATA | Data Source | HMEQ_PART_OUT |
| 1 | RESPONSEVAR | Response Variable | BAD |
| 2 | DIST | Distribution | Binary |
| 3 | LINK | Link Function | Logit |
| 4 | TECH | Optimization Technique | Newton-Raphson with Ridging |

위의 결과는 모델정보에 대한 표이다. 여기서 연결함수(Link Function)는 Logit으로 정의되어 있다. 연결함수는 적절한 평균의 함수로서 $g(\mu)=\theta^t x$을 만족한다. 로지스틱 회귀에서는 $p=\mu$이고 따라서 $g(\mu)=\log\frac{\mu}{1-\mu}$이다. 즉 로짓 함수이다.

in

```
# 변수 선택 정보
r['Summary.SelectionSummary']
```

out

Selection Summary

| | Control | Step | EffectEntered | nEffectsIn | SBC | OptSBC |
|---|---|---|---|---|---|---|
| 0 | | 0 | Intercept | 1 | 4177.031125 | 0 |
| 1 | | 1 | miss_ind_DEBTINC | 2 | 2923.189730 | 0 |
| 2 | | 2 | cpy_int_med_imp_DEBTINC | 3 | 2985.589847 | 0 |
| 3 | | 3 | cpy_int_med_imp_CLAGE | 4 | 2908.232812 | 0 |
| 4 | | 4 | cpy_nom_miss_lev_lab_NINQ | 5 | 2885.603538 | 0 |
| 5 | | 5 | miss_ind_CLAGE | 6 | 2883.203034 | 1 |
| 6 | | 6 | cpy_nom_miss_lev_lab_JOB | 7 | 2884.554686 | 0 |
| 7 | | 7 | miss_ind_YOJ | 8 | 2884.956008 | 0 |
| 8 | | 8 | miss_ind_MORTDUE | 9 | 2889.357699 | 0 |

로지스틱 회귀 모델에서는 스스로 유의미한 변수를 선택할 수 있다. 전진선택(forward selection) 방법과 선택 기준인 슈바르츠 정보기준(SBC: Schwarz information criterion)을 사용하여 변수 선택과정을 진행할 수 있다. 슈바르츠 정보기준은 모델의 적합도와 사용되는 변수 개수의 적절한 균형점에서 가장 작을수록 좋다. 결과를 보면 최적 슈바르츠 정보기준(OptSBC)값이 1까지의 상위 모든 변수를 선택하였다. 따라서 절편(Intercept)에서부터 miss_ind_CLAGE 변수까지 선택되었다.

in

```
# 적합 결과
r['SelectedModel.FitStatistics']
```

out

Fit Statistics

| | RowId | Description | Training | Validation |
|---|---|---|---|---|
| 0 | M2LL | -2 Log Likelihood | 2833.744498 | 1256.389484 |
| 1 | AIC | AIC (smaller is better) | 2845.744498 | 1268.389484 |
| 2 | AICC | AICC (smaller is better) | 2845.764666 | 1268.436648 |
| 3 | SBC | SBC (smaller is better) | 2883.761403 | 1301.322602 |
| 4 | ASE | Average Square Error | 0.099552 | 0.104898 |
| 5 | M2LLNULL | -2 Log L (Intercept-only) | 4168.694974 | 1787.774254 |
| 6 | RSQUARE | R-Square | 0.273835 | 0.257101 |
| 7 | ADJRSQ | Max-rescaled R-Square | 0.433401 | 0.406758 |
| 8 | MCFADDEN | McFadden's R-Square | 0.320232 | 0.297233 |
| 9 | MISCLASS | Misclassification Rate | 0.135187 | 0.146532 |
| 10 | DIFFMEAN | Difference of Means | 0.366321 | 0.356491 |

적합 기준을 나타내는 각종 통계량은 훈련 데이터와 검증 데이터를 구분하여 표시해 주고 있다. 예를 들어, 오분류율(Misclassification Rate)인 경우에 훈련 데이터는 13.5%, 검증 데이터는 14.7%이다. 결과적으로 적합된 모델은 이후 사용을 위하여 저장한다.

in
```
# 모델 저장
conn.table.save(
    # 저장할 모델
    table={'name': 'logistic_model_astore', 'caslib':'casuser'},
    # 저장 이름
    name='bnn_logistic_model_astore',
    # 저장 라이브러리
    caslib='casuser',
    # 존재 시 대체 여부
    replace=True)
```

### 6.4.5.2 모델 평가

모델을 평가하는 일반적인 방법은 훈련 데이터와 검증 데이터를 통하여 모델을 구성하고 최종적으로 평가 데이터인 홀드아웃(holdout) 데이터를 통하여 일반화 성능을 평가하는 것이다.

이 절에서는 훈련 데이터를 통하여 구성된 모델을 이용해 검증 데이터를 어떻게 평가하는지 살펴보기로 하자. 모델 테이블은 분석가게 모델로 저장되어 있기 때문에 이를 이용하여 검증 데이터의 예측점수를 산출해보자.

in
```
# 모델 호출(적재)
conn.load_path(
    # 물리 모델 명
    path='bnn_logistic_model_astore.sashdat',
```

```
    # 적재 모델 명
    casout={'name': 'logistic_model_astore', 'caslib':'casuser', 'replace':True},
)

# 점수 산출: ASTRE 모델 이용
conn.astore.score(
    # 점수 산출 대상 파일 지정
    table={'name':'hmeq_part_out', 'caslib':'casuser', 'where':'_PartInd1_=0'},

    # ATORE 모델 지정
    rstore='logistic_model_astore',

    # 복제할 변수 지정
    copyvars=[target],

    # 점수 산출 저장 테이블 지정
    casout={'name': 'logistic_score_out', 'replace': True}
)

# 점수 산출 결과 확인
conn.CASTable('logistic_score_out').tail()
```

**out** Selected Rows from Table LOGISTIC_SCORE_OUT

| | P_BAD1 | P_BAD0 | I_BAD | BAD |
|---|---|---|---|---|
| 1783 | 0.043630 | 0.956370 | 0 | 0 |
| 1784 | 0.038478 | 0.961522 | 0 | 0 |
| 1785 | 0.857801 | 0.142199 | 1 | 1 |
| 1786 | 0.060735 | 0.939265 | 0 | 0 |
| 1787 | 0.064000 | 0.936000 | 0 | 0 |

산출된 모델의 변수명을 보면 P_+변수명+이벤트값(또는 비이벤트값)으로 정의되어 있고 각각의 확률이 정의되어 있다. 즉, $P_BAD1 = \Pr(BAD_i = '1')$임을 나타낸다. 이렇게 산출된 점수를 이용하여 이항분류에서 많이 사용되는 ROC 곡선을 생성해보자. ROC 곡선을 생성하기 위해서는 민감도(sensitivity, TPR: True Positive Rate)와 오경보율(FPR: False Positive Rate)을 구해야 한다. 이를 계산하기 위해서 percentile 액션집합을 사용한다.

in

```
# percentile 액션집합 적재
conn.loadactionset('percentile')

# 모델 평가를 위한 통계량 계산
r = conn.percentile.assess(
    # 평가를 위한 데이터 지정
    table='logistic_score_out',

    # 실제 목표변수 지정
    response=target,

    # 예측 변수 지정
    inputs=[{"name": 'P_' + target + event}],

    # 이벤트값 지정
    event=event,

    # 이벤트 범주를 제외한 계산된 범주들을 목록화 하여 표시
    pVar=['P_' + target + nonevent],
    pEvent=[nonevent]
)

# ROC 테이블 보기
r['ROCInfo'].head().T
```

out

ROC Information for LOGISTIC_SCORE_OUT

| | 0 | 1 | 2 | 3 | 4 |
|---|---|---|---|---|---|
| Variable | P_BAD1 | P_BAD1 | P_BAD1 | P_BAD1 | P_BAD1 |
| Event | 1 | 1 | 1 | 1 | 1 |
| CutOff | 0.0 | 0.01 | 0.02 | 0.03 | 0.04 |
| TP | 357.0 | 355.0 | 349.0 | 343.0 | 336.0 |
| FP | 1431.0 | 1401.0 | 1306.0 | 1176.0 | 1065.0 |
| FN | 0.0 | 2.0 | 8.0 | 14.0 | 21.0 |
| TN | 0.0 | 30.0 | 125.0 | 255.0 | 366.0 |
| Sensitivity | 1.0 | 0.994398 | 0.977591 | 0.960784 | 0.941176 |
| Specificity | 0.0 | 0.020964 | 0.087352 | 0.178197 | 0.255765 |
| KS | 0.0 | 0.0 | 0.0 | 0.0 | 0.0 |
| KS2 | 0.0 | 0.015362 | 0.064943 | 0.138981 | 0.196942 |
| F_HALF | 0.237715 | 0.240482 | 0.250107 | 0.266594 | 0.281832 |
| FPR | 1.0 | 0.979036 | 0.912648 | 0.821803 | 0.744235 |
| ACC | 0.199664 | 0.215324 | 0.265101 | 0.334452 | 0.392617 |
| FDR | 0.800336 | 0.797836 | 0.789124 | 0.774194 | 0.760171 |

| | | | | | |
|---|---|---|---|---|---|
| F1 | 0.332867 | 0.336015 | 0.346918 | 0.365672 | 0.382253 |
| C | 0.844851 | 0.844851 | 0.844851 | 0.844851 | 0.844851 |
| Gini | 0.689702 | 0.689702 | 0.689702 | 0.689702 | 0.689702 |
| Gamma | 0.699604 | 0.699604 | 0.699604 | 0.699604 | 0.699604 |
| Tau | 0.22055 | 0.22055 | 0.22055 | 0.22055 | 0.22055 |
| MISCEVENT | 0.800336 | 0.784676 | 0.734899 | 0.665548 | 0.607383 |

TPR, FPR를 계산하기 위하여 점수를 오름차순으로 정리한 후 100등분하여 이벤트 확률을 구한다. 이때 누적등분의 각 구간별로 TPR, FPR를 계산한다.

in

```
# 결과 테이블을 이용한 ROC 그래프
fig, ax = plt.subplots(dpi=300)

# 랜덤 기준선 그리기
ax.plot([0, 1], [0, 1], "k--")

auc = r["ROCInfo"]["C"][0].round(3)
ax.plot(r['ROCInfo']['FPR'], r['ROCInfo']['Sensitivity'],
        label=f'Logistic Model\n AUC: {auc}')
# 레이블 주기
ax.set_xlabel("False Positive Rate")
ax.set_ylabel("True Positive Rate")

# 제목 주기
ax.set_title("ROC Curve")

# 범례 주기
plt.legend(loc="best")

# 그림 출력
plt.show()
```

out

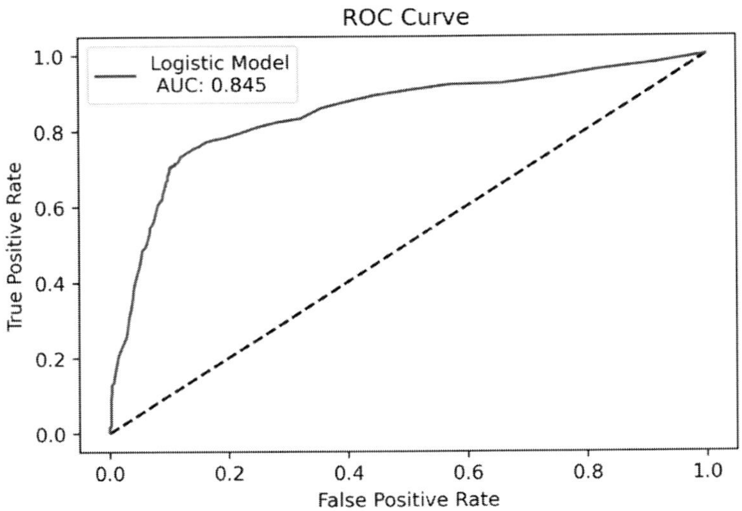


그림 6.6 ROC 그래프(로지스틱 회귀)

### 6.4.6 결정나무

결정나무는 앙상블(ensemble) 모델로 불리는 랜덤 포레스트, 그래디언트 부스팅 모델의 원소 역할을 하는 모델이다. 이런 의미에서 하나의 결정나무를 잘 이해하는 것은 매우 중요하다. 모델의 기본적인 이해는 참고문헌 [KANG-AUTOML], [KANG-ML]을 참조한다.

결정나무는 나무 생성(growing) 과정과 과적합을 방지하기 위하여 적절한 나무 잎을 갖는 결정나무를 구성하는 가지치기(pruning) 과정이 있다. 이러한 과정을 처리하기 위해서 사전에 정의해야 하는 초모수(hyper parameter)가 있다. 예를 들어 결정나무의 최대 깊이(max level), 분기기준 통계량 등이다. 결정나무 모델을 적합을 위한 액션집합은 decsionTree이다.

in
```
# 필요한 액션집합: decsionTree
conn.loadactionset('decisionTree')
```

### 6.4.6.1 모델 적합

결정나무 모델을 적합해 보자.

in

```
# 결정나무 적합

r = conn.decisionTree.dtreeTrain(
    # 입력 데이터
    table={'name':'hmeq_part_out', 'caslib':'casuser', 'where':'_PartInd1_=1'},

    # 변수 역할 정의
    target=target,
    inputs=xvars,
    nominals=classvars,

    # 결정나무 모델: 테이블 형식
    casOut={'name':'dtree_model_out', 'caslib':'casuser', 'replace': True},

    # 분기 옵션
    crit='GINI',
    maxLevel=10,

    # 가지치기 옵션
    prune=True,

    # 출력 옵션
    varimp=True
)

r['ModelInfo']
```

out

Decision Tree for HMEQ_PART_OUT

| | Descr | Value |
|---|---|---|
| 0 | Number of Tree Nodes | 149.000000 |
| 1 | Max Number of Branches | 2.000000 |
| 2 | Number of Levels | 10.000000 |
| 3 | Number of Leaves | 75.000000 |
| 4 | Number of Bins | 50.000000 |
| 5 | Minimum Size of Leaves | 5.000000 |

```
 6          Maximum Size of Leaves   1055.000000
 7             Number of Variables     15.000000
 8    Confidence Level for Pruning      0.250000
 9    Number of Observations Used   4172.000000
10        Misclassification Error (%)   8.245446
```

분기와 가지치기 옵션 중 일부분만을 기본값으로 사용하지 않고 적합하였으며 결과 테이블 중에서 훈련 데이터의 오분류율을 포함한 모델 정보를 출력하였다. 만약 적합한 모델이 최종 모델이라면 모델 자체를 저장하고 이후의 입력 데이터에 대한 점수 산출, 즉 예측 모델로 사용되어야 한다. 결정나무 모델은 이항 파일로 저장되지 않고 테이블 형식으로만 저장된다. 테이블의 구조는 다음과 같다.

in

```
# 모델 테이블 확인
conn.CASTable('dtree_model_out').info()
```

out

```
CASTable('dtree_model_out')
Data columns (total 35 columns):
                     N     Miss    Type
_Target_           149    False    char
_NumTargetLevel    149    False  double
_TargetValL_       149    False  double
_TargetVal0_       149    False    char
_TargetVal1_       149    False    char
_CI0_              149    False  double
_CI1_              149    False  double
_NodeID_           149    False  double
_TreeLevel_        149    False  double
_NodeName_         149    False    char
_Parent_           149    False  double
_ParentName_       148     True    char
_NodeType_         149    False  double
_Gain_             149    False  double
_NumObs_           149    False  double
```

```
_TargetValue_      149    False      char
_NumChild_         149    False    double
_ChildID0_          74     True    double
_ChildID1_          74     True    double
_PBranches_        149    False    double
_PBNameL0_          26     True    double
_PBNameL1_          15     True    double
_PBNameL2_           9     True    double
_PBNameL3_           6     True    double
_PBNameL4_           2     True    double
_PBNameL5_           1     True    double
_PBName0_           26     True      char
_PBName1_           15     True      char
_PBName2_            9     True      char
_PBName3_            6     True      char
_PBName4_            2     True      char
_PBName5_            1     True      char
_PBLower0_         122     True    double
_PBUpper0_         122     True    double
_MissingOnNode_    149    False    double
dtypes: char(12), double(23)
```

모델의 구조를 보면 결정나무의 규칙을 그대로 데이터화 한 것을 알 수 있다.

결과 테이블 중에는 변수 중요도를 파악할 수 있는 테이블도 있다. 결정나무에서는 나무 성장을 위하여 사용되는 분기 기준(예를 들어 지니 엔트로피)에 따라 어떤 변수가 분기에 사용되었는지 그리고 분기 전과 후의 기준 통계량의 값을 얼마만큼 감소시켰는지를 파악하여 변수 중요도를 파악한다.

in
```
# 변수 중요도
r['DTreeVarImpInfo']
```

```
out        Decision Tree for HMEQ_PART_OUT
```

| | Variable | Importance | Std | Count |
|---|---|---|---|---|
| 0 | miss_ind_DEBTINC | 403.024684 | 0.000000 | 1.0 |
| 1 | cpy_int_med_imp_DEBTINC | 93.521618 | 36.818798 | 4.0 |
| 2 | cpy_int_med_imp_CLAGE | 60.462103 | 7.440836 | 10.0 |
| 3 | cpy_int_med_imp_MORTDUE | 46.882540 | 3.187346 | 11.0 |
| 4 | LOAN | 42.395546 | 1.903454 | 12.0 |
| 5 | cpy_int_med_imp_VALUE | 35.195259 | 1.607582 | 11.0 |
| 6 | cpy_nom_miss_lev_lab_JOB | 31.567164 | 1.902448 | 9.0 |
| 7 | cpy_nom_miss_lev_lab_NINQ | 22.182489 | 1.457542 | 5.0 |
| 8 | cpy_int_med_imp_YOJ | 10.476048 | 1.033155 | 3.0 |
| 9 | miss_ind_NINQ | 9.112086 | 1.277290 | 2.0 |
| 10 | cpy_nom_miss_lev_lab_CLNO | 7.838890 | 0.736912 | 5.0 |
| 11 | cpy_nom_miss_lev_lab_REASON | 3.156668 | 0.000000 | 1.0 |

예를 들어 cpy_int_med_imp_DEBTINC 변수는 분기를 위하여 총 4번 선택되었으며 선택된 전후 엔트로피 변화의 모든 합이 중요도가 되는 것이다.

### 6.4.6.2 모델 조율

결정나무는 특정 초모수 값들에 의하여 결정된다. 그러나 다양한 초모수 값들의 조합 값으로 적합할 경우 그중에서 일반화 오류가 가장 작은 초모수 조합이 무엇일까? 이런 조합을 찾은 것을 모델 조율(model tunning)이라 하고 특히 이러한 과정을 자동으로 처리하는 경우를 자동조율(auto tuning)이라고 한다. 자동조율을 위하여 필요한 액션집합은 autoTune이다.

```
in         # 필요한 액션집합: autoTune
           conn.loadactionset('autoTune')

           r = conn.autotune.tuneDecisionTree(

               # 훈련 옵션
               trainOptions={
```

```
        'table':{'name':'hmeq_part_out', 'caslib':'casuser', 'where':'_PartInd1_=1'},
        'target':target,
        'inputs':xvars,
        'nominals':classvars
    },

    # 조율기 옵션
    tunerOptions={
        'seed':123,
        "searchMethod":"GA",
        "nCrossValFolds":2,
        "targetEvent":"1",
        "objective":"MCE",

        # 반복 수마다 모델최대조합수
        "popSize":10,
        # 반복 수

        "maxIters":7
    },

    # 자동조율 대상 초모수 및 범위
    tuningParameters=[{'name':'maxlevel', "initValue":5, 'lowerBound':5, "upperBound":15},
                      {'name':'nBins', "initValue":5, 'lowerBound':5, "upperBound":50},
                      {'name':'crit', "initValue":'GINI', "valueList":["GINI", "CHISQUARE"]}]
)
```

자동조율을 위한 프로그램 구조를 보면 크게 3가지로 구분할 수 있다. 훈련 옵션은 사용하는 테이블과 변수 역할을 정의한다. 조율기 옵션은 조율을 하기 위한 조건을 정의한다. 예를 들어 조합의 경우의 수를 언제까지 적합할 것인지, 조합 수를 어떻게 정의할 것인지 등을 결정한다. 여기서 조합 수를 정의할 때 일반적으로 가능한 모든 조합의 수를 사용하는 격자 방식을 쓰는 경우가 많은데 이런 경우에 아주 많은 조합의 수가 발생할 수 있다. 이를 해결하는 방법 중에 유전자 알고리즘(GA: Genetic Algorithm)과 같은 조합의 수는 적지만 마치 모든 조합의 수를 경험하는 것과 같은 방법을 사용하는 것이다. 관련 자세한 사항은 [KANG-AUTOML]을 참고한다.

in
```
# 결과 테이블 목록
r.keys()
```

out
```
odict_keys(['ModelInfo', 'ScoreInfo', 'EncodedName', 'EncodedTargetName', 'ROCInfo', 'FitStat', 'TunerInfo', 'TunerResults', 'IterationHistory', 'EvaluationHistory', 'BestConfiguration', 'TunerSummary', 'TunerTiming', 'HyperparameterImportance'])
```

출력 테이블 중 몇 가지를 살펴보기로 하자.

in
```
# 최적의 초모수 조합
r['BestConfiguration']
```

out

Best Configuration

| | Parameter | Name | Value |
|---|---|---|---|
| 0 | Evaluation | Evaluation | 40 |
| 1 | Maximum Tree Levels | MAXLEVEL | 6 |
| 2 | Maximum Bins | NBINS | 46 |
| 3 | Criterion | CRIT | CHISQUARE |
| 4 | Misclassification | Objective | 0.1263183126 |

표는 최적의 조합을 보여주고 있다. 최대 깊이는 6, 숫자 변수의 구간화 개수는 46개, 분기를 위한 통계량 기준은 CHISQUARE임을 알 수 있다.

in
```
# 최적 조합에 의한 모델 성능
r['FitStat']
```

out

Fit Statistics for _AUTOTUNE_DEFAULT_SCORE_TABLE_

| | NOBS | ASE | DIV | RASE | MCE | MCLL |
|---|---|---|---|---|---|---|
| 0 | 4172.0 | 0.086366 | 4172.0 | 0.293881 | 0.112176 | 0.296434 |

사용된 전체 데이터에 대한 모델 적합 결과이다.

in
```
# 최적 조합에 의한 모델 성능: ROC
r['ROCInfo'].info()
```

out
```
<class 'swat.dataframe.SASDataFrame'>
RangeIndex: 100 entries, 0 to 99
Data columns (total 21 columns):
 #       Column  Non-Null Count   Dtype
---  ------------  --------------------  ---------
 0     Variable     100 non-null    object
 1        Event     100 non-null    object
 2       CutOff     100 non-null   float64
 3           TP     100 non-null   float64
 4           FP     100 non-null   float64
 5           FN     100 non-null   float64
 6           TN     100 non-null   float64
 7  Sensitivity     100 non-null   float64
 8  Specificity     100 non-null   float64
 9           KS     100 non-null   float64
10          KS2     100 non-null   float64
11       F_HALF     100 non-null   float64
12          FPR     100 non-null   float64
13          ACC     100 non-null   float64
14          FDR     100 non-null   float64
15           F1     100 non-null   float64
16            C     100 non-null   float64
17         Gini     100 non-null   float64
18        Gamma     100 non-null   float64
19          Tau     100 non-null   float64
20    MISCEVENT     100 non-null   float64

dtypes: float64(19), object(2)
```

### 6.4.6.3 모델 평가

모델 자동조율의 결과를 이용하여 검증 데이터를 평가해보자.

```
in      # 결정나무 적합 (자동조율 초모수 반영)
        r = conn.decisionTree.dtreeTrain(
            # 입력 데이터
            table={'name':'hmeq_part_out', 'caslib':'casuser', 'where':'_PartInd1_=1'},

            # 변수 역할 정의
            target=target,
            inputs=xvars,
            nominals=classvars,

            # 결정나무 모델: 테이블 형식
            casOut={'name':'dtree_model_out', 'caslib':'casuser', 'replace': True},

            # 분기 옵션
            crit='CHISQUARE',
            maxLevel=6,
            nBins=46,

            # 가지치기 옵션
            prune=True,

            # 출력 옵션
            varimp=True
        )
```

이러한 모델은 이후의 과정에서 지속적으로 사용될 수 있으므로 물리적으로 저장한다.

```
in      # 모델 저장
        conn.table.save(
            # 저장할 데이터
            table={'name': 'dtree_model_out', 'caslib':'casuser'},
            # 저장 이름 등
            name='bnn_dtree_model',
            caslib='casuser',
```

```
        replace=True,
        # 모델 저장 시 필요한 옵션
        saveAttrs=True
)
# 저장된 모델 확인
conn.table.fileinfo(caslib='casuser')['FileInfo']['Name'].sort_values()
```

out
```
7                        bank.csv
6                    bank.sashdat
9   bnn_dtree_model.ATTRS.sashdat
1         bnn_dtree_model.sashdat
5     forest_model_astore.sashdat
0                    hmeq.sashdat
8            hmeq_holdout.sashdat
2   logistic_model_astore.sashdat
4    tree_model_tbl.ATTRS.sashdat
3          tree_model_tbl.sashdat
Name: FileInfo, dtype: object
```

결과를 보면 bnn_dtree_model.sashdat뿐만 아니라 자동적으로 bnn_dtree_model.ATTRS.sashdat와 같은 속성 데이터도 저장되어 있는 것을 알 수 있다. 물리적으로 저장된 파일을 호출해보기로 하자.

in
```
# 모델 불러오기
conn.table.loadtable(
    path='bnn_dtree_model.sashdat',
    # 속성 데이터 포함
    loadAttrs=True,
    caslib='casuser',
    casout={'name': 'dtree_model_out', 'caslib':'casuser', 'replace':True}
)
```

이러한 모델을 이용하여 점수를 산출해보자. 모델 정보가 테이블로 지정된 경우에는 각 액션집합의 점수산출 액션을 이용한다.

in

```
# 검증 데이터 점수 산출

r = conn.decisionTree.dtreeScore(
    # 점수 산출 대상 테이블 지정
    table={'name':'hmeq_part_out', 'caslib':'casuser', 'where':'_PartInd1_=0'},

    # 모델 테이블 지정
    modelTable={"name": "dtree_model_out"},

    # 모든 범주에 대한 확률값 출력 여부
    assessonerow=True,

    # 점수 산출 저장 테이블 지정
    casOut={"name": "tree_score_validation", "replace": True},

    # 복제 변수 지정
    copyVars={target, "_PartInd1_"}
)

r['ScoreInfo']
```

out

| | Descr | Value |
|---|---|---|
| 0 | Number of Observations Read | 1788 |
| 1 | Number of Observations Used | 1788 |
| 2 | Misclassification Error (%) | 14.261744966 |

검증 데이터를 이용하여 점수를 산출한 결과를 이용한 모델 성능 결과이다. 산출된 점수 테이블의 구조를 살펴보자.

in

```
# 점수 테이블 구조
conn.CASTable('tree_score_validation').head().T
```

out

Selected Rows from Table TREE_SCORE_VALIDATION

| | 0 | 1 | 2 | 3 | 4 |
|---|---|---|---|---|---|
| _PartInd1_ | 0.0 | 0.0 | 0.0 | 0.0 | 0.0 |
| BAD | 1 | 1 | 1 | 1 | 1 |
| _DT_PredName_ | 1 | 1 | 1 | 1 | 1 |
| _DT_PredP_ | 0.787535 | 0.691667 | 0.787535 | 0.787535 | 0.577778 |
| _DT_PredLevel_ | 1.0 | 1.0 | 1.0 | 1.0 | 1.0 |
| _LeafID_ | 10.0 | 18.0 | 10.0 | 10.0 | 28.0 |
| _MissIt_ | 0.0 | 0.0 | 0.0 | 0.0 | 0.0 |
| _NumNodes_ | 4.0 | 5.0 | 4.0 | 4.0 | 6.0 |
| _NodeList0_ | 0.0 | 0.0 | 0.0 | 0.0 | 0.0 |
| _NodeList1_ | 1.0 | 1.0 | 1.0 | 1.0 | 1.0 |
| _NodeList2_ | 4.0 | 4.0 | 4.0 | 4.0 | 4.0 |
| _NodeList3_ | 10.0 | 9.0 | 10.0 | 10.0 | 9.0 |
| _NodeList4_ | NaN | 18.0 | NaN | NaN | 17.0 |
| _NodeList5_ | NaN | NaN | NaN | NaN | 28.0 |
| _DT_P_0 | 0.212465 | 0.308333 | 0.212465 | 0.212465 | 0.422222 |
| _DT_P_1 | 0.787535 | 0.691667 | 0.787535 | 0.787535 | 0.577778 |

목표변수의 모든 값에 대한 예측 확률(_DT_P_0, _DT_P_1)이 계산된 것을 알 수 있다.

모델 성능을 평가하는 방법 중의 하나는 ROC 곡선을 그리고 곡선 밑 면적(AUC)을 구하는 방법이 있다. 이를 계산하기 위해서는 예측 확률(점수)기준을 오름차순으로 정렬하고 100등분으로 나눈 후 각 등분에 대하여 위의 결과에 나타난 통계량을 구하는 것이다. ROC 곡선은 (FPR, TPR(Sensitivity)) 점을 연결한 곡선이므로 위의 결과를 이용하여 그릴 수 있다(참고로 C는 곡선 및 면적 값이다).

in

```
# 모델 평가를 위한 ROC 데이터 구성
r = conn.percentile.assess(
    # 평가 테이블 지정
    table="tree_score_out",

    # 목표변수 지정
    response=target,

    # 예측 변수 지정
```

```
    inputs=[{"name": "_DT_P_" + event}],

    # 이벤트값 지정
    event=event,

    # 이벤트 외 범주 변수 지정
    pVar={"_DT_P_" + nonevent},

    # 비 이벤트 범주 지정
    pEvent={nonevent}
)

# 결과 테이블을 이용한 ROC 그래프

fig, ax = plt.subplots(dpi=300)

# 랜덤 기준선 그리기
ax.plot([0, 1], [0, 1], "k--")

auc = r["ROCInfo"]["C"][0].round(3)
ax.plot(r['ROCInfo']['FPR'], r['ROCInfo']['Sensitivity'],
        label=f'Decision Tree Model\n AUC: {auc}')

# 레이블 주기
ax.set_xlabel("False Positive Rate")
ax.set_ylabel("True Positive Rate")

# 제목 주기
ax.set_title("ROC Curve")

# 범례 주기
plt.legend(loc="best")

# 그림 출력
plt.show()
```

**out**

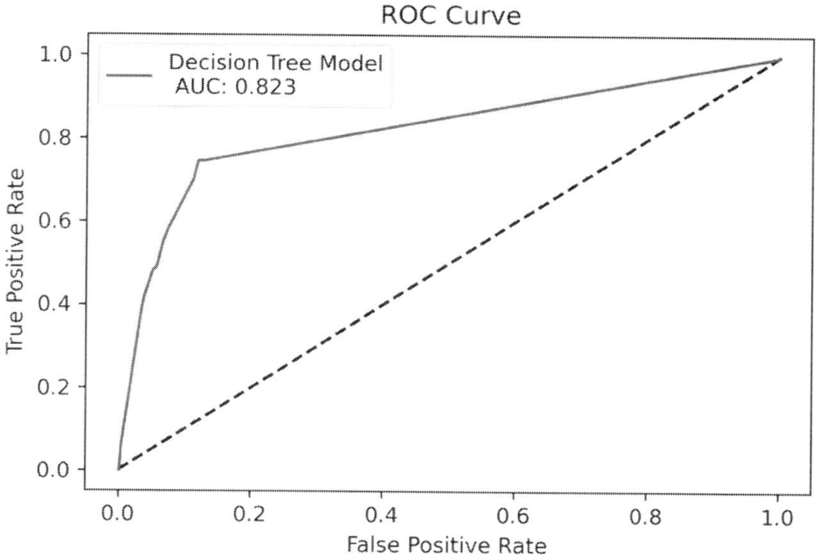


그림 6.7 ROC 곡선(결정나무)

### 6.4.7 랜덤 포레스트

결정나무는 데이터가 추가되는 경우에 모델 자체의 분산이 매우 커지기 때문에 이러한 불안정성을 해결하는 방법 중의 하나로 등장한 모델이 랜덤 포레스트 모델이다. 포레스트는 결정나무를 많이 사용한다는 의미이며 랜덤은 각 결정나무의 분기 조건을 결정할 때마다 랜덤으로 변수를 선택한다는 의미이다. 자세한 이론적 배경은 참고문헌 [KANG-ML], [KANG-AUTOML]을 참조한다.

#### 6.4.7.1 모델 적합

in

```
#
# 랜덤 포레스트 모델 적합
#
r = conn.decisionTree.forestTrain(
```

```
# 결정나무와 동일한 공통옵션
# 훈련 데이터 지정
 table={'name':'hmeq_part_out', 'caslib':'casuser', 'where':'_PartInd1_=1'},

# 입력변수 지정
inputs=xvars,

# 목표변수 지정
target=target,

# 범주변수 지정
nominals=classvars,

# 연속변수의 범주 개수 지정
nBins=20,

# 최소 나무의 크기
leafSize=5,

# 나무의 최대 깊이
maxLevel=10,

# 가지 분기 기준
crit="GAIN",

# 가지치기 여부
prune=True,

# 변수 중요도 출력 여부
varImp=True,

#
# 랜덤 포레스트 초모수
#

# 씨앗값
seed = 123,

# 붓스트랩 표본 비율
bootstrap=0.6,
```

```
        # 결정나무의 개수
        nTree=200,

        # 분기 시에 사용하는 변수의 개수: 기본값은 변수 개수의 제곱근
        m=4,

        # 각 노드(잎)에서 예측되는 값: 확률
        vote="PROB",

        # 가방 밖 오차 출력 여부
        OOB=True,

        # 결과 저장: ASTORE
        savestate={"name": "forest_model_astore", "replace": True}
    )
```

프로그램 구조를 보면 하나의 결정나무에 적용되는 옵션과 랜덤 포레스트 모델에만 적용되는 옵션이 있다. 이 중 대표적인 것이 하나의 결정나무에 적합할 때 중복을 허락한 붓스트랩(bootstrap) 표본 비율과 결정나무 각 노드의 분기 시에 사용하는 변수의 개수(m)이다. 이때 m개의 변수를 랜덤으로 고르기 때문에 랜덤 포레스트 모델인 것이다.

in
```
# 모델 정보
r['ModelInfo']
```

out

Forest for HMEQ_PART_OUT

| | Descr | Value |
|---|---|---|
| 0 | Number of Trees | 200.000000 |
| 1 | Number of Selected Variables (M) | 4.000000 |
| 2 | Random Number Seed | 123.000000 |
| 3 | Bootstrap Percentage (%) | 60.000000 |
| 4 | Number of Bins | 20.000000 |
| 5 | Number of Variables | 15.000000 |
| 6 | Confidence Level for Pruning | 0.250000 |
| 7 | Max Number of Tree Nodes | 171.000000 |
| 8 | Min Number of Tree Nodes | 71.000000 |
| 9 | Max Number of Branches | 2.000000 |
| 10 | Min Number of Branches | 2.000000 |

| | | |
|---|---|---|
| 11 | Max Number of Levels | 10.000000 |
| 12 | Min Number of Levels | 9.000000 |
| 13 | Max Number of Leaves | 86.000000 |
| 14 | Min Number of Leaves | 36.000000 |
| 15 | Maximum Size of Leaves | 1642.000000 |
| 16 | Minimum Size of Leaves | 5.000000 |
| 17 | Out-of-Bag MCR (%) | 12.823586 |
| 18 | Average number of Leaves | 60.425000 |

적합하기 위한 초모수 정보와 적합 결과를 볼 수 있다. 여기서 가방 밖 오분류율(Out-of-Bag MCR(%))은 랜덤 포레스트 모델에만 국한된 통계량이다. 각 관측값이 모델 적합에 관여하지 않은 모든 결정나무에 적용하여 산출된 결과를 이용해 출력한 것이다. 검증 데이터의 성능 통계량처럼 생각해도 무방하다.

모델은 나무의 개수에 따라 모델 성능 통계량의 값이 변하게 된다. 이때 나무의 개수 때문에 모델 성능이 안정화되지 않는다면 결과를 신뢰할 수 없게 된다. 이를 그래프를 통해 확인해보자.

in

```
# 모델 적합 안정성 평가

fig, ax = plt.subplots(dpi=300)

# 결정나무 개수 대 성능 통계량
ax.plot(r['ErrorMetricInfo']['Trees'], r['ErrorMetricInfo']['MCR'])

# 레이블 주기
ax.set_xlabel("# of Trees")
ax.set_ylabel("Performance Statistics")

# 제목 주기
ax.set_title("Model Stability Check")

# 그림 출력
plt.show()
```

**out**

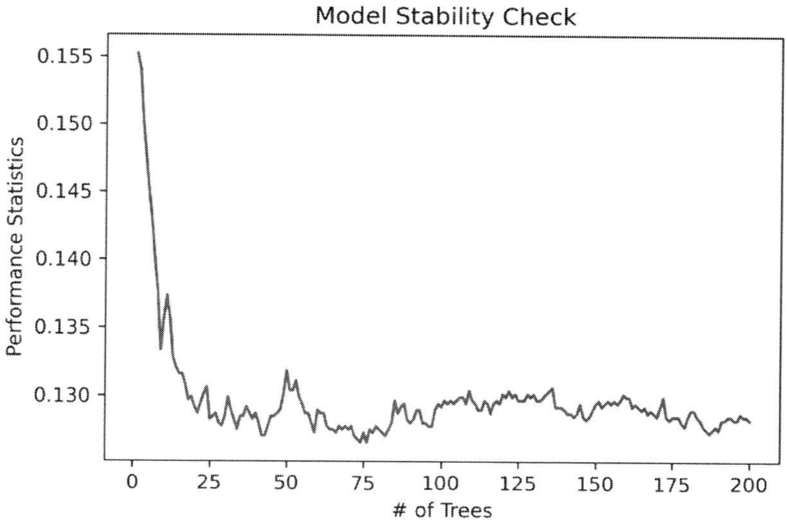


그림 6.8 모델 안정성 평가

일반적으로 결정나무의 개수가 많으면 많을수록 오분류율은 낮아지게 된다. 그럼에도 불구하고 어느 정도 개수를 초과하게 되면 일정한 값을 갖는 것이 정상이다. 그림에서는 어느 일정한 값으로 수렴은 하고 있지만 약간은 불안정한 모습을 보인다. 나무의 개수를 보다 더 증가하면서 끝에서 안정화되는 모습을 확인해야 한다.

### 6.4.7.2 모델 조율

랜덤 포레스트 모델 또한 초모수 값을 조율하는 자동조율 과정을 거칠 수 있다.

```
in    # 모델 자동조율: tuneForest

      r = conn.autotune.tuneForest(

          # 훈련 옵션
          trainOptions={
              'table':{'name':'hmeq_part_out', 'caslib':'casuser', 'where':'_PartInd1_=1'},
```

```
        'target':target,
        'inputs':xvars,
        'nominals':classvars
    },
    # 조율기 옵션
    tunerOptions={
        'seed':123,
        "searchMethod":"GA",
        "nCrossValFolds":2,
        "targetEvent":"1",
        "objective":"MCE",
        # 반복 수마다 모델최대조합수
        "popSize":10,
        # 반복 수
        "maxIters":7,
        # 병렬처리 스레드
        "nParallel":4},
    # 자동조율 대상 초모수 및 범위
    tuningParameters=[{'name':'nTree', "initValue":100, "valueList":[100, 200, 300]},
                      {'name':'m', "initValue":3, "valueList":[3, 4, 5]}]
)
```

자동조율의 대상을 나무의 개수와 분기를 위한 변수의 개수로 하였다. 자동조율 결과 최적의 초모수 조합을 살펴보자.

in

```
# 최적 초모수 조합
r['BestConfiguration']
```

out

Best Configuration

| | Parameter | Name | Value |
|---|---|---|---|
| 0 | Evaluation | Evaluation | 9 |
| 1 | Number of Trees | NTREE | 100 |
| 2 | Number of Variables to Try | M | 4 |
| 3 | Bootstrap | BOOTSTRAP | 0.72222222 |

| 4 | Maximum Tree Levels | MAXLEVEL | 21 |
|---|---|---|---|
| 5 | Number of Bins | NBINS | 47 |
| 6 | Misclassification | Objective | 0.1198465964 |

결정나무 개수, 표본추출 비율, 분기 시 변수 개수 등의 최적 조합을 알 수 있으며 그때 오분류율이 표시되어 있다.

### 6.4.7.3 모델 평가

모델 자동조율의 결과를 이용하여 검증 데이터를 평가해보자.

in

```
# 랜덤 포레스트 모델 적합 (자동조율 초모수 반영)

r = conn.decisionTree.forestTrain(

    # 결정나무와 동일한 공통 옵션
    # 훈련 데이터 지정
     table={'name':'hmeq_part_out', 'caslib':'casuser', 'where':'_PartInd1_=1'},

    # 입력변수 지정
    inputs=xvars,

    # 목표변수 지정
    target=target,

    # 범주 변수 지정
    nominals=classvars,

    # 연속 변수의 범주 개수 지정
    nBins=20,

    # 최소 나무의 크기
    leafSize=5,

    # 나무의 최대 깊이
```

```
    maxLevel=20,

    # 가지 분기 기준
    crit="GAIN",

    # 가지치기 여부
    prune=True,

    # 변수 중요도 출력 여부
    varImp=True,

    #
    # 랜덤 포레스트 초모수
    #
    # 씨앗값
    seed = 123,

    # 붓스트랩 표본 비율
    bootstrap=0.7,

    # 결정나무의 개수
    nTree=100,

    # 분기 시에 사용하는 변수의 개수: 기본값은 변수 개수의 제곱근
    m=4,
    # 각 노드(잎)에서 예측되는 값: 확률
    vote="PROB",

    # 가방 밖 오차 출력 여부
    OOB=True,

    # 결과 저장:    ASTORE
    savestate={"name": "forest_model_astore", "replace": True}
)
```

결과 테이블 중에서 DTreeVarImpInfo 테이블은 변수 중요도(variable importance)를 계산한 테이블이다.

in

```
# 변수 중요도
r['DTreeVarImpInfo']
```

out

Forest for HMEQ_PART_OUT

| | Variable | Importance | Std |
|---|---|---|---|
| 0 | miss_ind_DEBTINC | 194.744840 | 84.284191 |
| 1 | cpy_int_med_imp_DEBTINC | 103.616298 | 22.594499 |
| 2 | cpy_int_med_imp_CLAGE | 56.756558 | 5.216700 |
| 3 | LOAN | 39.855327 | 4.079523 |
| 4 | cpy_nom_miss_lev_lab_CLNO | 36.016995 | 2.134700 |
| 5 | cpy_nom_miss_lev_lab_JOB | 35.002351 | 3.129714 |
| 6 | cpy_int_med_imp_VALUE | 34.081667 | 2.010441 |
| 7 | cpy_int_med_imp_YOJ | 32.672025 | 1.979747 |
| 8 | cpy_int_med_imp_MORTDUE | 30.738209 | 2.160478 |
| 9 | cpy_nom_miss_lev_lab_NINQ | 23.622292 | 3.504443 |
| 10 | cpy_nom_miss_lev_lab_REASON | 9.927359 | 1.957519 |
| 11 | miss_ind_NINQ | 2.474860 | 1.944367 |
| 12 | miss_ind_YOJ | 2.468899 | 1.829680 |
| 13 | miss_ind_MORTDUE | 2.231765 | 1.722642 |
| 14 | miss_ind_CLAGE | 1.388249 | 2.042873 |

변수 중요도는 각 변수가 관여한 모든 결정나무에서 불순도(impurity)를 측정하는 통계량, 예를 들어 지니(Gini) 통계량 값의 분기 전후의 차를 이용하여 가장 많은 개선을 해주는 변수를 1위로 두는 방식이다.

in

```
# 변수 중요도 그래프
fig, ax = plt.subplots(dpi=300)

# 그래프 구성요소 정의
x = np.arange(len(r['DTreeVarImpInfo']))
variable = r['DTreeVarImpInfo']['Variable']
importance = r['DTreeVarImpInfo']['Importance']
std = r['DTreeVarImpInfo']['Std']
width = 0.35

# 그래프
ax.bar(x, importance, width, yerr=std)
```

```
ax.set_xlabel('Variable')
ax.set_ylabel('Importance')
ax.set_xticks(x)
ax.set_title('Variable  Importance  Plot')
ax.set_xticklabels(labels=variable,  fontsize=4,  rotation=45)
plt.show()
```

out

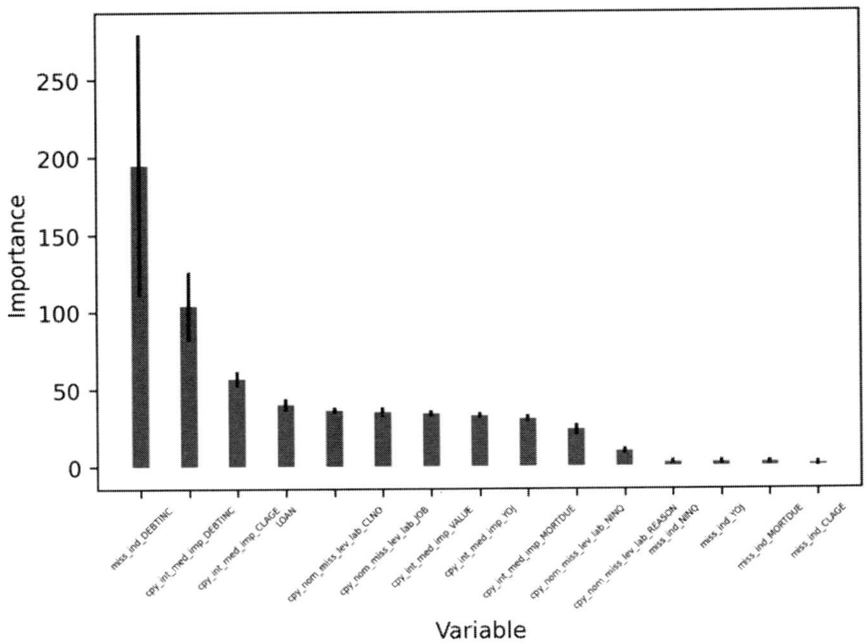


그림 6.9  변수 중요도

저장된 모델 정보는 분석가게(analytic store)에 이항 파일로 저장되어 있으며 이를 이용하여 점수를 산출할 수 있다.

in

```
# 모델 불러오기
conn.load_path(
    path='bnn_forest_model_astore.sashdat',
    caslib='casuser',
    casout={'name': 'forest_model_astore', 'caslib':'casuser', 'replace':True}
)

# 검증 데이터 점수 산출(분석가게 이용)
conn.astore.score(
    # 점수 산출 대상 파일 지정
    table={'name':'hmeq_part_out', 'caslib':'casuser', 'where':'_PartInd1_=0'},

    # 분석가게 모델 지정
    rstore='forest_model_astore',

    # 복제할 변수 지정
    copyvars=[target],

    # 점수 산출 저장 테이블 지정
    casout={'name': 'forest_score_out', 'replace': True}
)

# 점수 확인
conn.CASTable('forest_score_out').head()
```

out

Selected Rows from Table FOREST_SCORE_OUT

| | P_BAD0 | P_BAD1 | I_BAD | _WARN_ | BAD |
|---|---|---|---|---|---|
| 0 | 0.276155 | 0.723845 | 1 | | 1 |
| 1 | 0.360356 | 0.639644 | 1 | | 1 |
| 2 | 0.256169 | 0.743831 | 1 | | 1 |
| 3 | 0.137987 | 0.862013 | 1 | | 1 |
| 4 | 0.312872 | 0.687128 | 1 | | 1 |

결과 테이블을 보면 예측된 확률값이 P_ 접두사와 0 또는 1과 같이 접미사가 붙어 있음을 알 수 있다. 즉, "P_"+목표변수명+이벤트값(또는 비이벤트값)으로 구성되어 있다. 결과 테이블을 이용하여 간단히 모델 평가를 해보자.

```
in      # 오분류율 계산
        outtbl = conn.CASTable("forest_score_out")
        MCR = (outtbl['I_BAD'] != outtbl['BAD'] ).sum() / len(outtbl)
        MCR.round(3))
```

```
out     0.133
```

분석가게의 저장 형식은 스스로 모델 평가를 하지 않기 때문에 보다 세분화된 모델 평가를 위해서는 추가적인 작업이 필요하다. 이때 percentile 액션집합을 사용한다.

```
in      # 액션집합 적재: percentile
        conn.loadactionset("percentile")

        #
        # 스코어 데이터를 이용한 평가: assess
        #

        r = conn.percentile.assess(
            # 점수 테이블 지정
            table="rf_score_validation",

            # 목표변수 지정
            response=target,

            # 목표변수의 이벤트값 지정
            event=event,

            # 입력변수 지정
            inputs=[{"name": "P_" +target+event}]
        )
```

프로그램에서는 목표변수, 목표변수의 이벤트, 입력변수 등을 지정해주어야 한다.

in
```
# 결과 테이블
r.keys()
```

out
```
odict_keys(['LIFTInfo', 'ROCInfo'])
```

결과는 20개 등분으로 구성된 리프트 정보와 100개 등분으로 구성된 ROC 정보 테이블로 구성되어 있다. 이 중에서 ROCInfo 구조는 이전과 동일한 구조이며 이를 이용하여 ROC 그래프를 그릴 수 있다.

in
```
# 결과 테이블을 이용한 ROC 그래프

fig, ax = plt.subplots(dpi=300)

# 랜덤 기준선 그리기
ax.plot([0, 1], [0, 1], "k--")

auc = r["ROCInfo"]["C"][0].round(3)
ax.plot(r['ROCInfo']['FPR'], r['ROCInfo']['Sensitivity'],
        label=f'Random Forest Model\n AUC: {auc}')

# 레이블 주기
ax.set_xlabel("False Positive Rate")
ax.set_ylabel("True Positive Rate")

# 제목 주기
ax.set_title("ROC Curve")

# 범례 주기
plt.legend(loc="best")

# 그림 출력
plt.show()
```

out

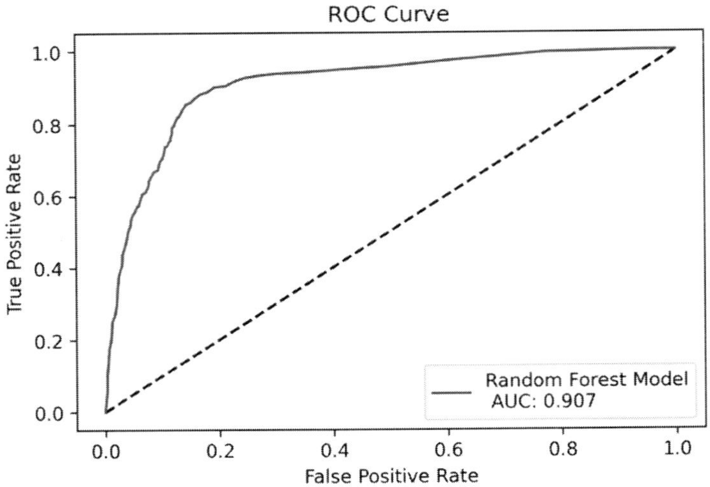


그림 6.10 ROC 그래프(랜덤 포레스트)

## 6.4.8 그래디언트 부스팅

결정나무가 갖는 불안정성의 또 다른 대안 중 하나는 그래디언트 부스팅(gradient boosting) 모델이다. 이 모델은 하나의 약한 학습기(weak learner)를 적합시키고 난 나머지 오차를 또 하나의 약한 학습기로 적합시키는 연속적인 과정을 거치게 된다. 이러한 과정을 거치면서 점차 오차는 작아지게 된다. 이때 사용된 모든 약한 학습기의 합으로 모델을 구성한 것이 그래디언트 부스팅 모델이다. 그래디언트는 일종의 기울기이며 원래 목적함수를 함수에 대하여 미분한다는 의미이며 부스팅은 연속적인 모델의 합으로 강화한다는 의미이다. 자세한 이론적 배경은 참고문헌 [KANG-ML], [KANG-AUTOML]을 참조한다.

### 6.4.8.1 모델 적합

```
in          r = conn.decisionTree.gbtreeTrain(
                #
```

```
# 결정나무와 동일한 공통옵션
#

# 훈련 데이터 지정
  table={'name':'hmeq_part_out', 'caslib':'casuser', 'where':'_PartInd1_=1'},

# 입력변수 지정
inputs=xvars,

# 목표변수 지정
target=target,

# 범주 변수 지정
nominals=classvars,

# 연속 변수의 범주 개수 지정
nBins=40,
quantileBin=True,

# 최소 나무의 크기
leafSize=5,

# 변수 중요도 출력 여부
varImp=True,

#
# 그래디언트 부스팅 초모수
#

# 씨앗값 정의
seed=123,

# 목표변수 분포 정의
distribution='BINARY',

# 학습률
learningRate=0.05,

# 결정나무 생성시 표본 추출 비율
subSampleRate=0.6,
```

```
        # 분기 시 변수의 개수
        m=4,

        # 나무의 최대 깊이: 약 분류기
        maxLevel=2,

        # 결정나무의 개수
        nTree=200,

        # 결과 저장: 분석가게 모델
        savestate={"name": "gb_model_astore", "replace": True},
    )
```

프로그램은 기본 학습기인 결정나무에 대한 옵션과 그래디언트 부스팅 옵션으로 구성되어 있다. 그래디언트 옵션으로는 결정나무의 개수, 약한 학습기의 구조, 결정나무 하나를 구성할 때 표본추출 비율 등을 지정한다. 여기서 특별히 추가된 부분으로 학습률(learning rate)이 있다. 학습률은 약 학습기의 기여도를 할인하는 효과를 주기 위한 것으로 특별히 많이 기여한다 하더라도 일정 정도의 비율인 학습률을 곱한 만큼만 기여하는 것으로 제한하는 것이다. 경사도는 그래디언트 관점에서는 적게 많이 움직이는 것이 일반적으로 실수할 확률이 낮기 때문이다.

in
```
# 모델 정보
r['ModelInfo']
```

out

Gradient Boosting Tree for HMEQ_PART_OUT

| | Descr | Value |
|---|---|---|
| 0 | Number of Trees | 200.00 |
| 1 | Distribution | 2.00 |
| 2 | Learning Rate | 0.05 |
| 3 | Subsampling Rate | 0.60 |
| 4 | Number of Selected Variables (M) | 4.00 |
| 5 | Number of Bins | 40.00 |
| 6 | Number of Variables | 15.00 |
| 7 | Max Number of Tree Nodes | 3.00 |
| 8 | Min Number of Tree Nodes | 3.00 |

| | | |
|---|---|---|
| 9 | Max Number of Branches | 2.00 |
| 10 | Min Number of Branches | 2.00 |
| 11 | Max Number of Levels | 2.00 |
| 12 | Min Number of Levels | 2.00 |
| 13 | Max Number of Leaves | 2.00 |
| 14 | Min Number of Leaves | 2.00 |
| 15 | Maximum Size of Leaves | 2453.00 |
| 16 | Minimum Size of Leaves | 50.00 |
| 17 | Random Number Seed | 123.00 |
| 18 | Lasso (L1) penalty | 0.00 |
| 19 | Ridge (L2) penalty | 1.00 |
| 20 | Actual Number of Trees | 200.00 |
| 21 | Average number of Leaves | 2.00 |

결정나무 기반은 추가적으로 변수 중요도를 결과 테이블로 제공하고 있다. 일반적으로 여러가지 모델을 적합하고 난 후 각 변수의 중요도를 종합적으로 판단한다.

in

```
# 변수 중요도 그래프
fig, ax = plt.subplots(dpi=300)

# 그래프 구성요소 정의
x = np.arange(len(r['DTreeVarImpInfo']))
variable = r['DTreeVarImpInfo']['Variable']
importance = r['DTreeVarImpInfo']['Importance']
std = r['DTreeVarImpInfo']['Std']
width = 0.35

# 그래프
ax.bar(x, importance, width, yerr=std)
ax.set_xlabel('Variable')
ax.set_ylabel('Importance')
ax.set_xticks(x)
ax.set_title('Variable Importance Plot(GB)')
ax.set_xticklabels(labels=variable, fontsize=4, rotation=45)
plt.show()
```

out

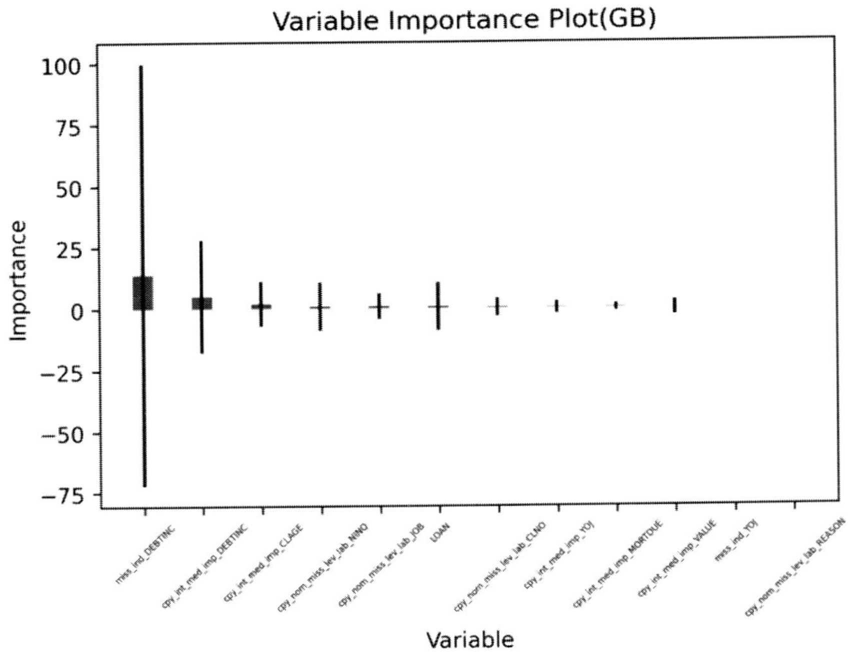


그림 6.11 변수 중요도(그래디언트 부스팅)

변수 중요도를 보면 편차가 매우 심하다는 것을 알 수 있다.

### 6.4.8.2 모델 조율

그래디언트 부스팅 모델 또한 자동조율 과정을 거칠 수 있다. 즉, 그래디언트 부스팅 모델만의 초모수 값을 조율할 수 있다.

in

```
# 모델 자동조율: tuneGradientBoostTree

r = conn.autotune.tuneGradientBoostTree(

    # 훈련 옵션
    trainOptions={
```

```
        'table':{'name':'hmeq_part_out', 'caslib':'casuser', 'where':'_PartInd1_=1'},
        'target':target,
        'inputs':xvars,
        'nominals':classvars
    },
        # 조율기 옵션
    tunerOptions={
        'seed':123,
        "searchMethod":"GA",
        "nCrossValFolds":2,
        "targetEvent":"1",
        "objective":"MCE",
        # 반복 수마다 모델최대조합수
        "popSize":10,
        # 반복 수
        "maxIters":5,
        # 병렬처리 스레드
        "nParallel":4,
        # 목표이벤트 정의
        "targetEvent": event
    },

    # 자동조율 대상 초모수 및 범위
    earlyStop=False,
    tuningParameters=[{'name':'nTree', "initValue":100, "valueList":[100, 200, 300]},
                      {'name':'m', "initValue":3, "valueList":[3, 4, 5]},
                      {'name':'learningrate', "initvalue":0.05, "lowerBound":0.05, "upper
                      Bound":0.1}]
)
```

자동조율 대상 초모수 중에서 결정나무 개수, 분기 시 변수 개수, 학습률을 정하였다. 결과적으로 선정된 초모수 값을 살펴보자.

in
```
# 최적 조합
r["BestConfiguration"]
```

out

Best Configuration

| | Parameter | Name | Value |
|---|---|---|---|
| 0 | Evaluation | Evaluation | 101 |
| 1 | Number of Trees | NTREE | 300 |
| 2 | Number of Variables to Try | M | 3 |
| 3 | Learning Rate | LEARNINGRATE | 0.09582308 |
| 4 | Sampling Rate | SUBSAMPLERATE | 0.8958641 |
| 5 | Lasso | LASSO | 0 |
| 6 | Ridge | RIDGE | 0.7434755 |
| 7 | Number of Bins | NBINS | 94 |
| 8 | Maximum Tree Levels | MAXLEVEL | 6 |
| 9 | Misclassification | Objective | 0.1023489933 |

결정나무 개수, 학습률, 변수 개수 등이 표처럼 선정되었다.

in
```
# 모델 안정성
r["ErrorMetricInfo"].tail()
```

out

| | TreeID | Trees | NLeaves | MCR | LogLoss | ASE | RASE | MAXAE |
|---|---|---|---|---|---|---|---|---|
| 295 | 295.0 | 296.0 | 7205.0 | 0.011505 | 0.075827 | 0.016021 | 0.126574 | 0.948403 |
| 296 | 296.0 | 297.0 | 7231.0 | 0.011505 | 0.075587 | 0.015965 | 0.126354 | 0.948914 |
| 297 | 297.0 | 298.0 | 7250.0 | 0.011505 | 0.075384 | 0.015886 | 0.126040 | 0.948772 |
| 298 | 298.0 | 299.0 | 7272.0 | 0.011505 | 0.075041 | 0.015788 | 0.125651 | 0.947947 |
| 299 | 299.0 | 300.0 | 7300.0 | 0.011505 | 0.074719 | 0.015687 | 0.125249 | 0.946380 |

표를 보면 나무의 개수(Trees)가 많아져도 오분류율(MCR)의 변화가 거의 없음을 알 수 있으므로 모델 자체는 안정화되어 있음을 알 수 있다.

### 6.4.8.3 모델 평가

모델 조율의 결과로 이용하여 모델을 재적합하고 분석가게 모델을 생성하자.

in

```
# 모델 재적합
r = conn.decisionTree.gbtreeTrain(
    #
    # 결정나무와 동일한 공통옵션
    #

    # 훈련 데이터 지정
     table={'name':'hmeq_part_out', 'caslib':'casuser', 'where':'_PartInd1_=1'},

    # 입력변수 지정
    inputs=xvars,

    # 목표변수 지정
    target=target,

    # 범주 변수 지정
    nominals=classvars,

    # 연속 변수의 범주 개수 지정
    nBins=94,
    quantileBin=True,

    # 최소 나무의 크기
    leafSize=5,

    # 변수 중요도 출력 여부
    varImp=True,

    # 그래디언트 부스팅 초모수

    # 씨앗값 정의
    seed=123,

    # 목표변수 분포 정의
    distribution='BINARY',

    # 학습률
    learningRate=0.095,

    # 결정나무 생성시 표본 추출 비율
```

```
        subSampleRate=0.9,

        # 분기 시 변수의 개수
        m=3,

        # 나무의 최대 깊이: 약 분류기
        maxLevel=6,

        # 결정나무의 개수
        nTree=300,

        # 결과 저장: 분석가게 모델
        savestate={"name": "gb_model_astore", "replace": True},
)
```

분석가게에 저장된 모델을 이용하여 검증 데이터를 평가해보자.

in

```
# 검증 데이터 점수 산출(분석가게 이용)
conn.astore.score(
    # 점수 산출 대상 파일 지정
    table={'name':'hmeq_part_out', 'caslib':'casuser', 'where':'_PartInd1_=0'},

    # ATORE 모델 지정
    rstore='gb_model_astore',

    # 복제할 변수 지정
    copyvars=[target],

    # 점수 산출 저장 테이블 지정
    casout={'name': 'gb_score_out', 'replace': True}
)

# 점수 확인
conn.CASTable('gb_score_out').head()
```

out

```
Selected Rows from Table GB_SCORE_OUT
```

|  | P_BAD0 | P_BAD1 | I_BAD | _WARN_ | BAD |
|---|---|---|---|---|---|
| 0 | 0.135750 | 0.864250 | 1 |  | 1 |
| 1 | 0.169032 | 0.830968 | 1 |  | 1 |
| 2 | 0.204665 | 0.795335 | 1 |  | 1 |
| 3 | 0.033451 | 0.966549 | 1 |  | 1 |
| 4 | 0.134996 | 0.865004 | 1 |  | 1 |

결과 테이블을 보면 랜덤 포레스트 모델과 동일하게 예측된 확률값이 P_ 접두사와 0 또는 1과 같이 접미사가 붙어 있음을 알 수 있다. 즉, "P_"+목표변수명+이벤트값(비이벤트값)으로 구성되어 있다. 결과 테이블을 이용하여 간단히 모델 평가를 해보자.

in
```
# 오분류율 계산
outtbl = conn.CASTable("gb_score_out")
MCR = (outtbl['I_BAD'] != outtbl['BAD'] ).sum() / len(outtbl)
MCR.round(3)
```

out
```
0.099
```

분석가게의 저장 형식은 스스로 모델 평가를 하지 않기 때문에 보다 세분화된 모델 평가를 위해서는 추가적인 작업이 필요하다.

in
```
# ROC 데이터 생성
r = conn.percentile.assess(
    # 평가를 위한 데이터 지정
    table='gb_score_out',

    # 실제 목표변수 지정
    response=target,

    # 예측 변수 지정
    inputs=[{"name": 'P_' + target + event}],

    # 이벤트값 지정
```

```
        event=event,

        # 이벤트 범주를 제외한 계산된 범주들을 목록화 하여 표시
        pVar=['P_' + target + nonevent],
        pEvent=[nonevent]
)

# 결과 테이블을 이용한 ROC 그래프
fig, ax = plt.subplots(dpi=300)

# 랜덤 기준선 그리기
ax.plot([0, 1], [0, 1], "k--")

auc = r["ROCInfo"]["C"][0].round(3)
ax.plot(r['ROCInfo']['FPR'], r['ROCInfo']['Sensitivity'],
        label=f'Gradient Boosting Model\n AUC: {auc}')

# 레이블 주기
ax.set_xlabel("False Positive Rate")
ax.set_ylabel("True Positive Rate")

# 제목 주기
ax.set_title("ROC Curve")

# 범례 주기
plt.legend(loc="best")

# 그림 출력
plt.show()
```

**out**

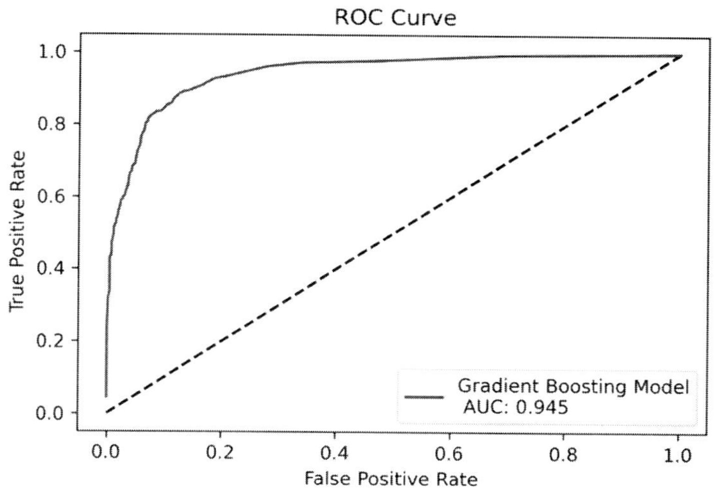


그림 6.12 ROC 그래프(그래디언트 부스팅)

### 6.4.9 신경망

신경망(neural network) 모델은 생물학적인 신경망을 인공적으로 구현하고 관련된 모수(paramteter) 또는 가중값(weight)을 데이터로부터 추정한다.

신경망의 구조는 은닉층(hidden layer), 은닉노드(hidden unit), 각 은닉층에서의 활성함수(activation function), 비용함수 등으로 구성되어 있다. 신경망에 대한 이론적인 이해는 [KANG-ML], [KANG-AUTOML]을 참조한다. 신경망을 적용하기 위해서 필요한 액션집합은 neuralNet이다.

in
```
# 액션집합 적재: neuralNet
conn.loadactionset('neuralNet')

# 액션집합 적재: neuralNet
conn.loadactionset('neuralNet')
```

### 6.4.9.1 모델 적합

in

```
#
# 신경망
#

nn = conn.neuralNet.annTrain(

    # 입력 데이터
    table = {'name':'hmeq_part_out', 'caslib':'casuser', 'where':'_PartInd1_=1'},

    # 검증 데이터
    validTable = {'name':'hmeq_part_out', 'caslib':'casuser', 'where':'_PartInd1_=0'},

    # 변수 정의
    inputs=xvars,
    nominals=classvars,
    target=target,

    # 아키텍처 정의
    arch='MLP',
    # 은닉층 개수와 각 층의 노드 수 지정
    hiddens=[8, 4],

    # 각 층의 입력, 활성함수 지정
    combs=["LINEAR", "LINEAR"],
    acts=['RECTIFIER', 'TANH'],

    # 각 층의 드롭아웃 비율 지정
    dropOut=0.2,

    # 출력층의 입력, 활성함수 지정
    targetComb="LINEAR",
    targetAct="LOGISTIC",

    # 출력층의 비용 함수 지정
    errorFunc="ENTROPY",

    # 구간 변수에 대한 표준화 방법 지정
```

```
        std="MIDRANGE",

        # 가중값 초기화값 주는 방법
        randDist="XAVIER",
        scaleInit=1,
        seed=123,

        # 최적화 옵션
        nloOpts={
            # 반복 수
            "optmlOpt": {"maxIters": 500, "fConv": 1e-10},
            "algorithm":"LBFGS",
            "lbfgsOpt": {"numCorrections": 6},
            "printOpt": {"printLevel": "printDetail"},
            # 검증은 반복 후 1번
            "validate": {"frequency": 1}
        },
        # 모델 저장: 모델 테이블 방식
        casOut={"name": "nnet_model_tbl", "replace": True}
)
```

**out**

신경망의 구조를 보면 아키텍처, 아키텍처 내의 은닉층과 은닉노드의 개수, 은닉층의 입력함수, 활성함수, 목표변수의 입력함수, 활성함수, 최적화 알고리즘에 대한 정보 등으로 구성되어 있다.

은닉층의 개수를 [8, 4]로 정한다는 것은 배열의 크기가 2이므로 은닉층이 2개이며 각 은닉층의 은닉노드의 수가 각각 8, 4이라는 것을 정의하는 것이다. 은닉층이 2개이므로 관련된 입력함수와 활성함수도 각각 크기가 2인 배열로 정의해야 한다.

신경망은 모든 가중값에 대하여 초깃값을 주고 시작한다. 이때 초깃값을 어떻게 생성하는가에 따라 손실함수의 수렴과 속도에 영향을 준다. 이론적인 배경은 참고문헌을 참조한다. 신경망은 모든 데이터의 척도(scale)가 같기를 원하므로 모든 연속형 데이터는 적절한 구간 내에 값으로 변환되어야 한다. 입력변수에 대하여 명목변수라고 선언하는 것은 내부적으로 원핫인코딩(one hot encoding) 과정을 통과한 후 입력된다는 것을 의미한다.

in

```
# 모델 정보
nn['ModelInfo']
```

out

Neural Net Model Info for HMEQ_PART_OUT

| | Descr | Value |
|---|---|---|
| 0 | Model | Neural Net |
| 1 | Number of Observations Used | 4172 |
| 2 | Number of Observations Read | 4172 |
| 3 | Target/Response Variable | BAD |
| 4 | Number of Nodes | 42 |
| 5 | Number of Input Nodes | 28 |
| 6 | Number of Output Nodes | 2 |
| 7 | Number of Hidden Nodes | 12 |
| 8 | Number of Hidden Layers | 2 |
| 9 | Number of Weight Parameters | 264 |
| 10 | Number of Bias Parameters | 14 |
| 11 | Architecture | MLP |
| 12 | Number of Neural Nets | 1 |
| 13 | Objective Value | 0.9594087925 |
| 14 | Misclassification Error for Validation (%) | 14.429530201 |

모델 정보를 보면 입력 노드의 개수가 28개로 되어 있다. 이는 연속형 변수가 8개, 2개의 값을 갖는 가변수가 5개(각 2개의 범주), 범주형 변수가 2개(각 7개, 3개의 범주)이므로 8+5×2+(7+3)이 되어 총 28개의 입력노드가 되는 것이다.

in

```
# 모델 적합 이력
nn['OptIterHistory']
```

out

| | Progress | Objective | Loss | ValidError | FitError | StepSize | L1Norm |
|---|---|---|---|---|---|---|---|
| 495 | 496.0 | 0.960138 | 0.960138 | 0.141499 | 0.090844 | 1.0 | 333.856833 |
| 496 | 497.0 | 0.959844 | 0.959844 | 0.142058 | 0.090844 | 1.0 | 333.798530 |
| 497 | 498.0 | 0.959721 | 0.959721 | 0.143736 | 0.090604 | 1.0 | 333.648604 |
| 498 | 499.0 | 0.959607 | 0.959607 | 0.143736 | 0.090604 | 1.0 | 333.767468 |
| 499 | 500.0 | 0.959409 | 0.959409 | 0.144295 | 0.090604 | 1.0 | 334.377937 |

| | L2Norm | MaxNorm | NormGrad |
|---|---|---|---|
| 495 | 29.223990 | 8.073656 | 0.096850 |
| 496 | 29.219210 | 8.072903 | 0.041271 |
| 497 | 29.206617 | 8.071702 | 0.043018 |
| 498 | 29.216302 | 8.072013 | 0.062146 |
| 499 | 29.266468 | 8.074722 | 0.069118 |

적합 이력을 보면 각 반복 수(Progress)마다 손실함수값(Loss)과 검증 데이터의 오분류율(ValidError) 값이 계산되어 있다. 결과를 보면 손실은 계속 감소하지만 오분류율은 오히려 증가하고 있는 것으로 보아서 일종의 과적합(overfitting)이 발생하는 것이다. 모델 안정성에 대하여 그래프를 통하여 확인해보자.

in
```
# 모델 안정성 평가
fig, ax = plt.subplots(dpi=300)

# 손실
ax.plot(nn['OptIterHistory']['Progress'], nn['OptIterHistory']['Loss'],
        color='steelblue', label='Loss')

# x축 공유
ax2 = ax.twinx()

# 검증 데이터 오분류율
ax2.plot(nn['OptIterHistory']['Progress'], nn['OptIterHistory']['ValidError'],
         color='orange', ls=':', label='ValidError')

# 레이블 주기
ax.set_xlabel("Progress")
ax.set_ylabel("Loss",   color='steelblue')
for label in ax.get_yticklabels():
   label.set_color("steelblue")

ax2.set_ylabel("ValidError", color='orange')
for label in ax2.get_yticklabels():
   label.set_color("orange")
```

```
# 제목 주기
ax.set_title("Model Stability Check(Neural Network)")

# 범례 주기
ax.legend(loc=2)
ax2.legend(loc=1)

# 그림 출력
plt.show()
```

out

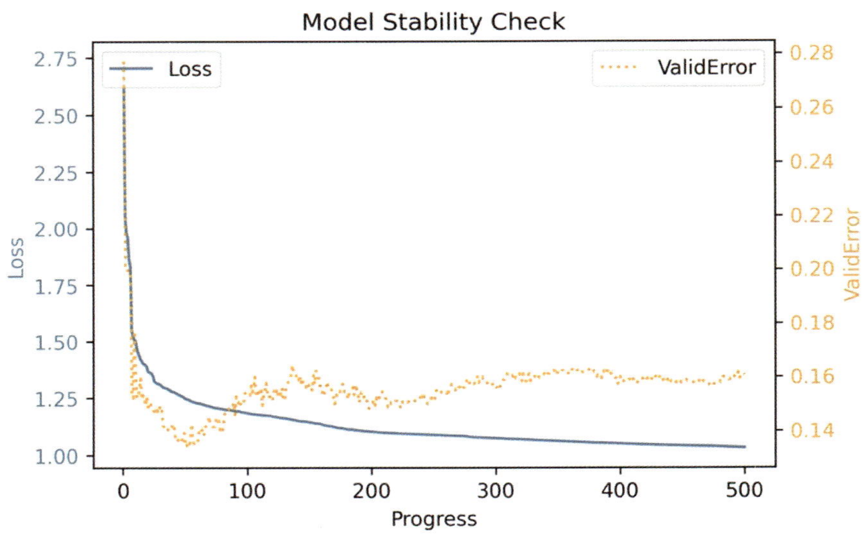


그림 6.13 모델 안정성(신경망)

### 6.4.9.2 모델 조율

신경망인 경우에 가능한 조율 초모수 중 대표적인 것은 은닉층의 개수, 각 은닉층마다 은닉노드의 개수, 정칙화(regularization) 상숫값 등이 있다.

in
```
# 모델 자동조율: tuneNeuralNet

r = conn.autotune.tuneNeuralNet(

    # 훈련 옵션
    trainOptions={
        'table':{'name':'hmeq_part_out', 'caslib':'casuser', 'where':'_PartInd1_=1'},
        'target':target,
        'inputs':xvars,
        'nominals':classvars,
        # 신경망
        'arch':"MLP",
        'targetComb':"LINEAR",
        'targetAct':"LOGISTIC",
        'errorFunc':"ENTROPY",
    },

    # 조율기 옵션
    tunerOptions={
        'seed':123,
        "searchMethod":"GA",
        "nCrossValFolds":2,
        "targetEvent":"1",
        "objective":"MCE",
        # 반복 수마다 모델 최대조합 수
        "popSize":10,
        # 반복 수
        "maxIters":5,
        # 병렬처리 스레드
        "nParallel":4,
        # 목표이벤트 정의
        "targetEvent": event
    },

    # 자동조율 대상 초모수 및 범위
    earlyStop=False,
    tuningParameters=[{'name':'NHIDDEN', "initValue":1, "valueList":[1, 2, 3]}
```

```
                    ]
)
# 결과 테이블
r.keys()
```

out
```
odict_keys(['OptIterHistory', 'ConvergenceStatus', 'ModelInfo', 'ScoreInfo', 'EncodedName', 'EncodedTargetName', 'ROCInfo', 'FitStat', 'TunerInfo', 'TunerResults', 'IterationHistory', 'EvaluationHistory', 'BestConfiguration', 'TunerSummary', 'TunerTiming', 'HyperparameterImportance'])
```

결과 테이블 중 몇 가지를 살펴보기로 하자.

in
```
# 최적 조합
r["BestConfiguration"]
```

out

Best Configuration

| | Parameter | Name | Value |
|---|---|---|---|
| 0 | Evaluation | Evaluation | 54 |
| 1 | Hidden Layers | NHIDDEN | 2 |
| 2 | Neurons in Hidden Layer 1 | NUNITS1 | 45 |
| 3 | Neurons in Hidden Layer 2 | NUNITS2 | 12 |
| 4 | Neurons in Hidden Layer 3 | NUNITS3 | 0 |
| 5 | L1 Regularization | REGL1 | 0.0009999 |
| 6 | L2 Regularization | REGL2 | 0.0009999 |
| 7 | Misclassification | Objective | 0.1253595398 |

최적의 초모수 조합값을 확인할 수 있다. 표를 보면 REG1, REG2와 같이 정칙화 상숫값도 최적의 값의 범위를 줄 수 있다. 결과를 보면 명시된 평가번호(Evaluation)에서 최적의 값이 생성되었다고 표시되어 있다. 은닉층의 개수와 각 층의 은닉노드의 개수도 표시되어 있다.

### 6.4.9.3 모델 평가

모델 조율의 결과를 이용하여 검증 데이터를 평가해보자.

```
in    # 모델 재적합: 신경망
      r = conn.neuralNet.annTrain(

          # 입력 데이터
          table = {'name':'hmeq_part_out', 'caslib':'casuser', 'where':'_PartInd1_=1'},

          # 검증 데이터
          validTable = {'name':'hmeq_part_out', 'caslib':'casuser', 'where':'_PartInd1_=0'},

          # 변수 정의
          inputs=xvars,
          nominals=classvars,
          target=target,

          # 아키텍처 정의
          arch='MLP',

          # 은닉층 개수와 각 층의 노드 수 지정
          hiddens=[45, 12],

          # 각 층의 입력, 활성함수 지정
          combs=["LINEAR", "LINEAR"],
          acts=['RECTIFIER', 'TANH'],

          # 각 층의 드롭아웃 비율 지정
          dropOut=0.2,

          # 출력층의 입력, 활성함수 지정
          targetComb="LINEAR",
          targetAct="LOGISTIC",

          # 출력층의 비용 함수 지정
          errorFunc="ENTROPY",

          # 구간 변수에 대한 표준화 방법 지정
          std="MIDRANGE",

          # 가중값, 초기화값 주는 방법
          randDist="XAVIER",
```

```
    scaleInit=1,
    seed=123,

    # 최적화 옵션
    nloOpts={
         # 반복 수
        "optmlOpt": {"maxIters": 500, "fConv": 1e-10, "regL1":0.00099, "regL2":0.00099},
        "algorithm":"LBFGS",
        "lbfgsOpt": {"numCorrections": 6},
        "printOpt": {"printLevel": "printDetail"},
        # 검증은 반복 후 1번
        "validate": {"frequency": 1}
    },

    # 모델 저장: 모델 테이블 방식
    casOut={"name": "nnet_model_tbl", "replace": True}
)

# 모델 정보
r['ModelInfo']
```

**out**

Neural Net Model Info for HMEQ_PART_OUT

| | Descr | Value |
|---|---|---|
| 0 | Model | Neural Net |
| 1 | Number of Observations Used | 4172 |
| 2 | Number of Observations Read | 4172 |
| 3 | Target/Response Variable | BAD |
| 4 | Number of Nodes | 87 |
| 5 | Number of Input Nodes | 28 |
| 6 | Number of Output Nodes | 2 |
| 7 | Number of Hidden Nodes | 57 |
| 8 | Number of Hidden Layers | 2 |
| 9 | Number of Weight Parameters | 1824 |
| 10 | Number of Bias Parameters | 59 |
| 11 | Architecture | MLP |
| 12 | Number of Neural Nets | 1 |
| 13 | Objective Value | 1.546335247 |
| 14 | Misclassification Error for Validation (%) | 14.149888143 |

검증 데이터에 대한 오분류율 결과(Misclassification Error for Validation(%))를 확인

한다. 신경망은 분석가게 모델이 아니므로 자체 제공하는 액션으로 점수를 산출할 수 있다.

in

```
# 점수 산출: 신경망(neuralNet)

r = conn.neuralNet.annScore(
    # 점수 산출 대상 테이블 지정
    table={'name':'hmeq_part_out', 'caslib':'casuser', 'where':'_PartInd1_=0'},

    # 모델 테이블 지정
    modelTable={"name": "nnet_model_tbl"},

    # 모든 범주에 대한 확률값 출력 여부
    assessonerow=True,

    # 점수 산출 저장 테이블 지정
    casOut={"name": "nn_score_out", "replace": True},

    # 복제변수 지정
    copyVars={target, "_PartInd1_"}
)

# 점수 테이블
conn.CASTable('nn_score_out').head()
```

out

Selected Rows from Table NN_SCORE_OUT

| | _PartInd1_ | BAD | _NN_PredName_ | _NN_PredP_ | _NN_P_0 | _NN_P_1 |
|---|---|---|---|---|---|---|
| 0 | 0.0 | 1 | 1 | 0.563373 | 0.436627 | 0.563373 |
| 1 | 0.0 | 1 | 1 | 0.595021 | 0.404979 | 0.595021 |
| 2 | 0.0 | 1 | 1 | 0.559567 | 0.440433 | 0.559567 |
| 3 | 0.0 | 1 | 1 | 0.584457 | 0.415543 | 0.584457 |
| 4 | 0.0 | 1 | 0 | 0.540675 | 0.540675 | 0.459325 |

목표변수의 수준별로 예측확률을 계산하였으며 _NN_P_ 접두사가 붙어있다. 점수 테이블을 이용하여 ROC 데이터를 생성하고 ROC 그래프를 생성해보자.

in

```
# 모델 평가: ROC 데이터 생성
r = conn.percentile.assess(
    # 평가 테이블 지정
    table="nn_score_out",

    # 목표변수 지정
    response=target,

    # 예측변수 지정
    inputs=[{"name": "_NN_P_" + event}],

    # 이벤트값 지정
    event=event,

    # 이벤트 외 범주 변수 지정
    pVar={"_NN_P_" + nonevent},

    # 비 이벤트 범주 지정
    pEvent={nonevent}
)

# 결과 테이블을 이용한 ROC 그래프

fig, ax = plt.subplots(dpi=300)

# 랜덤 기준선 그리기
ax.plot([0, 1], [0, 1], "k--")

auc = r["ROCInfo"]["C"][0].round(3)
ax.plot(r['ROCInfo']['FPR'], r['ROCInfo']['Sensitivity'],
        label=f'Neural Net Model\n AUC: {auc}')

# 레이블 주기
ax.set_xlabel("False Positive Rate")
ax.set_ylabel("True Positive Rate")
# 제목 주기
ax.set_title("ROC Curve")

# 범례 주기
```

```
plt.legend(loc="best")

# 그림 출력
plt.show()
```

out

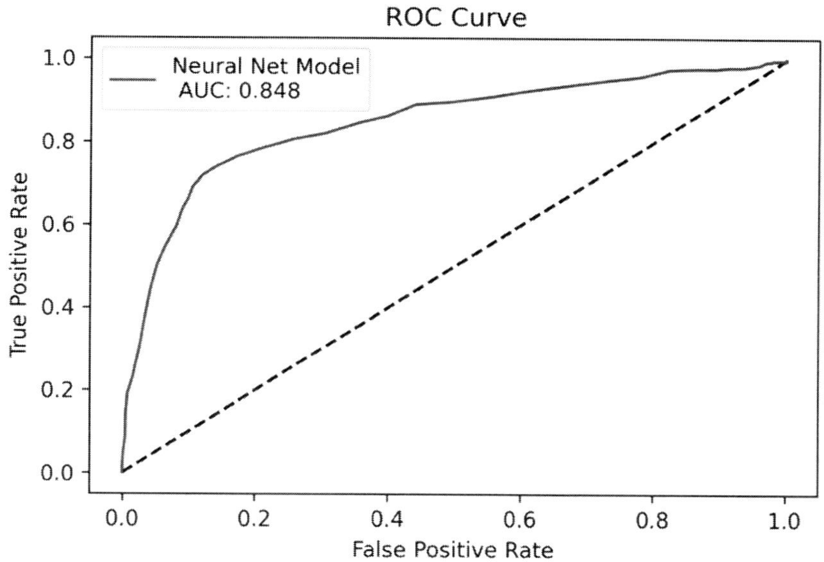


그림 6.14 ROC 그래프(신경망)

### 6.4.10 베이즈 네트워크

베이즈 네트워크(Bayesian Network)는 확률 그래프 모델이다. 유향 비순환 그래프(DAG: Directed Acyclic Graph)를 이용하여 노드(node)는 변수, 모서리(edge)는 조건부 의존성을 나타낸다.

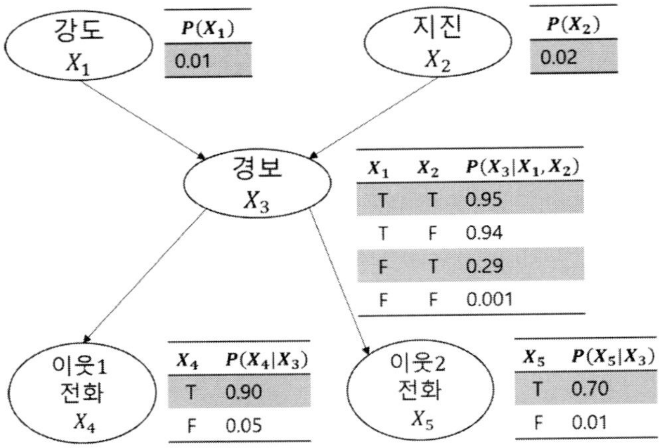


그림 6.15 베이즈 네트워크 예시

### 6.4.10.1 개요

베이즈 네트워크에 대하여 간단히 정의해보기로 하자. 어떤 유방향 비순환 그래프 $G=(V, E)$와 확률변수 집합 $X=(X_v)$, $v \in V$에 대하여 $X$가 $G$에 대한 베이즈 네트워크라는 것은 아래의 조건

$$p(x)=\prod_{v \in V} p(x_v | x_{parent(v)})$$

을 만족해야 한다. 즉, 모든 부모 조건부 확률은 서로 독립이라는 것이다. 이를 결합확률로 정리해보면 다음과 같은 의미이다.

$$P(X_1 = x_1, \cdots, X_n = x_n)=\prod_{v=1}^{n} P(X_v = x_v | X_j = x_j, \quad \text{for } j \in parent(v))$$

만약 그림 6.16과 같은 베이즈 네트워크가 있다고 가정하자.
이런 경우에 결합확률은 다음과 같이 표현할 수 있다.

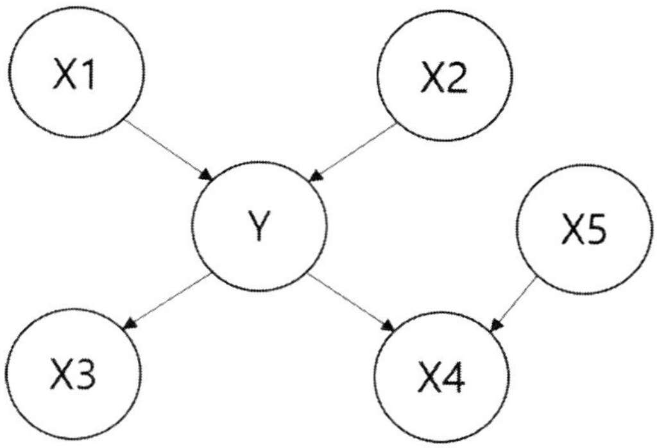

그림 6.16 베이즈 네트워크: 마코브 담요(MB: Markov Blanket)

$$P(X_1 = x_1, \cdots, X_5 = x_5) =$$
$$P(X_1)P(X_2)P(Y|X_1, X_2)P(X_3|Y)P(X_4|Y, X_5)P(X_5)P(Y|X_1, X_2)$$

분류 문제는 설명변수가 주어진 경우에 목표변수의 각 수준별 확률을 계산한 후 최대 확률을 주는 수준은 선택하는 것이다.

$$\underset{k}{\operatorname{argmax}} \Pr(Y=k|x_1, x_2, \ldots, x_p)$$
$$\Pr(Y=k|x_1, x_2, \cdots, x_p) \propto \Pr(x_1, x_2, \cdots, x_p|Y=k) \propto \Pi_i \Pr(x_i|\pi(X_i)) = \Pi_i p(X_i)$$

여기서 $\pi(X_i)$: $X_i$의 부모 노드들이다. 결국 분류 문제는 각 설명변수 또는 입력변수의 조건부 확률을 구하는 문제가 되는 것이다. 그런데 조건부 확률을 구하는 과정을 특정 네트워크 구조에 대한 가정을 하지 않으면 그 계산을 해야 하는 경우의 수가 너무 많기 때문에 특정한 연결구조(topology)를 갖는 네트워크를 가정한다. 몇 가지 네트워크 연결구조를 살펴보자.

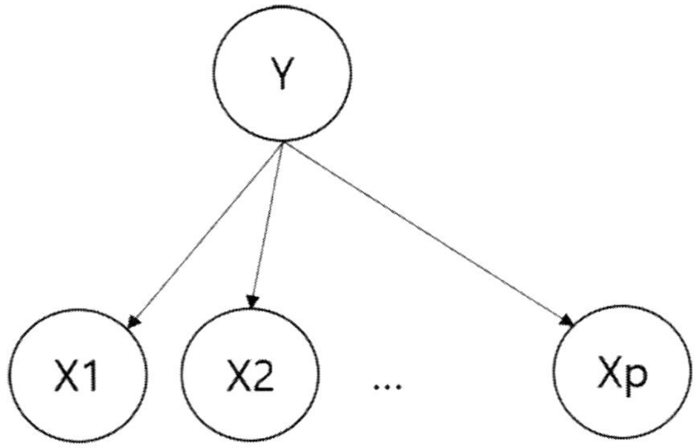

그림 6.17 나이브 베이즈 네트워크(NB: Naïve Bayesian Network)

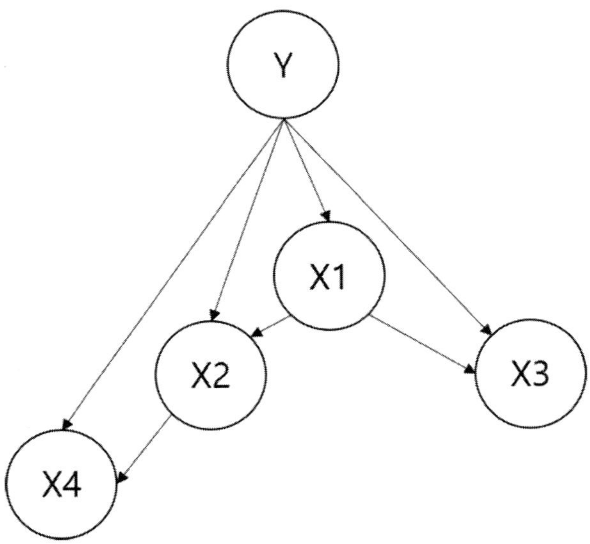

그림 6.18 나무-덧붙임 나이브 베이즈 네트워크(TAN: Tree-Augmented Naïve Bayesian Network)

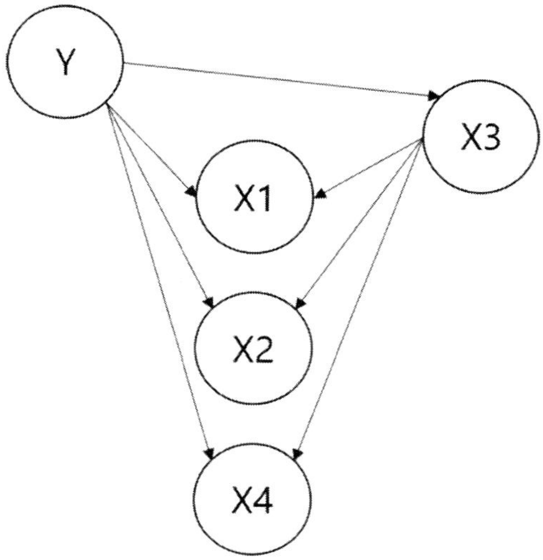


그림 6.19 베이즈 네트워크-덧붙임 나이브 베이즈 네트워크(BAN: Bayesian Network-Augmented Naïve Bayesian Network)

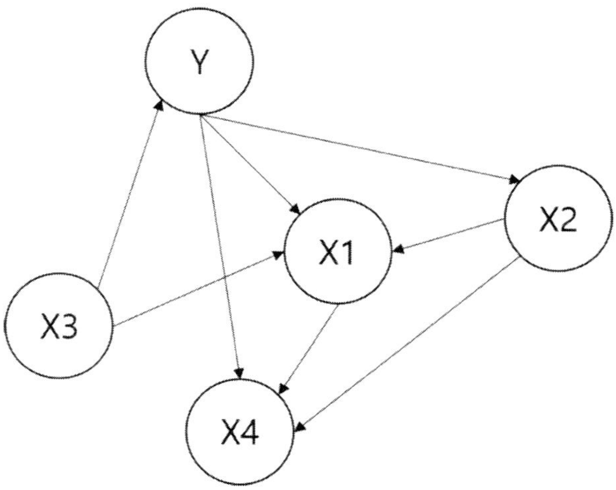


그림 6.20 부모-자식 베이즈 네트워크(PC: Parent-Child Bayesian Network)

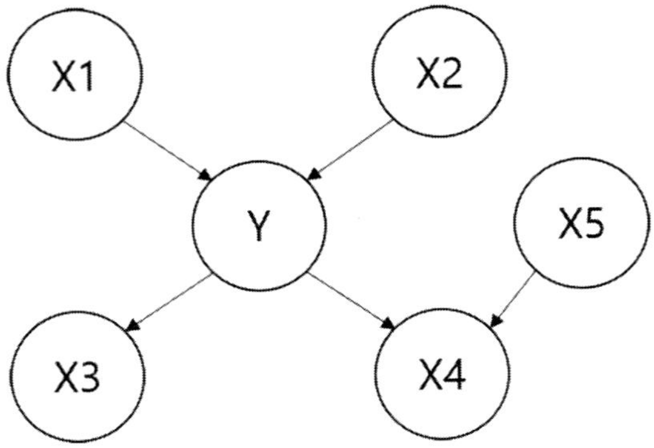


그림 6.21 마코브 담요(MB: Markov Blanket)

네트워크 연결구조, 즉 그래프의 모서리(edge)를 정의하기 위해서는 무엇보다도 변수 간의 독립성을 검증해야 한다. 연속형 변수를 적절하게 이산화 작업을 하여 범주형 변수로 구성하면 범주형 변수 간의 독립성 검증을 실시하게 된다.

| 구분 | 검정 통계량 | 방법 |
|---|---|---|
| 카이제곱 통계량 | $\chi^2 = \sum_i^r \sum_j^c \frac{(O_{ij} - E_{ij})^2}{E_{ij}}$ | 검증 통계량은 자유도는 $(r-1)(c-1)$인 카이제곱 분포를 따르며 유의확률 값이 유의수준보다 크면 변수들은 독립 |
| G-제곱 통계량 | $G^2 = \sum_i^r \sum_j^c O_{ij} \ln \frac{O_{ij}}{E_{ij}}$ | 근사적으로 카이제곱 통계량의 분포에 수렴. 검증 통계량의 유의확률 값이 유의수준보다 크면 변수들은 독립 |
| 표준화 상호정보 | $I(X;Y) = \sum_{x,y} p(x,\ y) \log \frac{p(x,y)}{p(x)p(y)}$<br>$NI(X;Y) = \sqrt{1 - e^{-2I(X;Y)}}$ | 검증 통계량의 값이 유의수준보다 작으면 2 변수들은 독립 |

표는 독립성 검증에서 많이 사용되는 통계량이다. 이러한 통계적 검증을 위해서는 사전에 유의수준(significance level)이 정의되어야 한다.

독립성이 검증되고 난 후 그림 6.22와 같은 연결구조를 갖고 있다고 하자.

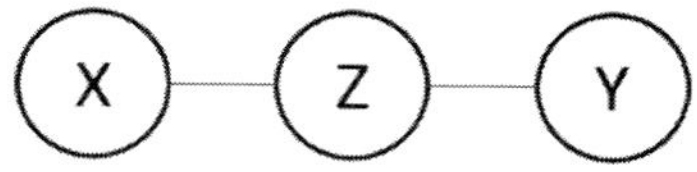

그림 6.22 무방향 연결구조

그림 6.22는 방향이 없는 연결구조이며 이를 유방향으로 전환하고자 하는 경우에 발생할 수 있는 경우를 살펴보자.

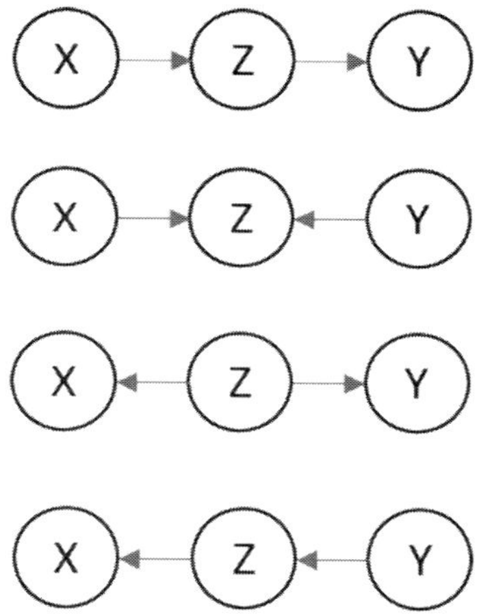

그림 6.23 유방향 연결구조

그림 6.23은 위에서부터 사슬형(chain), 충돌형(collider), 분기형(fork), 사슬형(chain)이라고 부른다.

만약 X|Z, Y|Z가 서로 독립이 아니면 연결구조는 충돌형이어야 한다. 왜냐하면 독립이 아니므로 일단 분기형은 아니고 만약 사슬형이라고 한다면,

$$P(X,Y,Z)=P(X)P(Z|X)P(Y|Z)=$$

$$P(X)\frac{P(X|Z)P(Z)}{P(X)}P(Y|Z)=P(Z)P(X|Z)P(Y|Z)$$

이므로 X|Z, Y|Z가 서로 독립이 되는 모순이 발생된다. 이와 유사하게 X|Z, Y|Z가 서로

독립이라면 충돌형은 아니지만 나머지는 연결구조에 대한 검증을 할 수 없게 된다.

이러한 조건부 의존성에 의해 베이즈 정보기준(BIC: Bayesian Information Criterion) 점수는 방향성을 결정하는 검증 통계량으로 사용된다.

$$BIC(G,\ D) = N\sum_{i}^{n}\sum_{j}^{q_i}\sum_{k}^{r_i} Pr(\pi_{ij})Pr(X_i = v_{ik}|\pi_{ij})\ln Pr(X_i = v_{ik}|\pi_{ij}) - M\frac{\ln N}{2}$$

$G$: 네트워크, $D$: 훈련 데이터

$N$: 훈련 데이터 개수, $n$: 변수의 개수, $X_i$: 확률변수, $r_i$: $X_i$의 수준의 개수

$v_{ik}$: $X_i$의 $k$번째 값, $q_i$: $X_i$의 부모들의 값 조합의 수

$\pi_{ij}$: $X_i$의 부모들의 값 조합의 $j$번째 값

$M = \Sigma_i^n (r_i - 1)q_i$: 확률분포 모수의 개수

베이즈 정보기준은 로그 결합확률밀도함수라고 해석할 수 있기 때문에 값이 큰 네트워크 연결구조를 선택하게 된다. 이러한 방식은 변수가 많아지면 계산과정이 복잡하고 시간이 많이 걸리기 때문에 목표변수에 대한 마코브 담요 연결구조를 상정한 후 유의미한 변수를 먼저 선택하고 작업하는 것이 효율적이다. 베이즈 네트워크를 적용하기 위해서는 bayesianNetClassifier 액션집합이 필요하다.

in
```
# 액션집합 적재: bayesianNetClassifier
conn.loadactionset('bayesianNetClassifier')
```

### 6.4.10.2 모델 적합

in
```
#
# 베이즈 네트워크
#

bn = conn.bayesianNetClassifier.bnet(
```

```
    # 입력 데이터
    table = {'name':'hmeq_part_out', 'caslib':'casuser'},

    # 검증 데이터
    partByVar={'name':'_PartInd1_', "train":"1", "validate":"0"},

    # 변수 정의
    inputs=xvars,
    nominals=classvars,
    target=target,

    # 모델 초모수

    # 유의수준
    alpha=0.05,
    miAlpha=0.05,

    # 독립성검증
    indepTest='MI',

    # 구간계수
    numBin=10,

    # 망 연결구조
    structure={"NAIVE", "TAN", "PC", "MB"},

    # 변수 선택: 디폴트(ONE)
    varSelect=['ONE'],

    # 모델 선택
    bestmodel=True,

    # 출력 테이블
    outnetwork={"name":"network", "replace":True},

    # 모델 저장
    savestate={"name": "bnet_model_astore", "replace": True}
)
```

모델 초모수 영역 중에 몇 가지 살펴보도록 하자.

독립성 검증은 모든 통계량 "CHIGSQUARE" | "CHISQUARE" | "GSQUARE" | "MI"을 사용한다. MI를 제외한 유의확률 값이 주어진 유의수준보다 큰 값이면 독립임을 검증하는 것이고 MI는 유의수준보다 작으면 독립임을 검증하는 것이다.

in
```
# 독립성 검증 및 변수 선택
bn["VarSelect"].drop(["ChiSq", "GSq", "DF"], axis=1)
```

out

Variable Selection

| | VarName | Selected | ProbChiSq | ProbGSq |
|---|---|---|---|---|
| 0 | cpy_nom_miss_lev_lab_JOB | Yes | 9.052653e-17 | 8.618412e-18 |
| 1 | cpy_nom_miss_lev_lab_REASON | No | 6.650654e-02 | 6.918379e-02 |
| 2 | miss_ind_CLAGE | No | 1.135978e-01 | 1.218981e-01 |
| 3 | miss_ind_DEBTINC | Yes | 1.873529e-276 | 1.379308e-235 |
| 4 | miss_ind_MORTDUE | No | 6.195441e-01 | 6.175025e-01 |
| 5 | miss_ind_NINQ | No | 2.345415e-01 | 2.055873e-01 |
| 6 | miss_ind_YOJ | No | 6.396064e-01 | 6.549806e-01 |
| 7 | cpy_int_med_imp_CLAGE | Yes | 2.363429e-21 | 9.851200e-23 |
| 8 | cpy_int_med_imp_DEBTINC | Yes | 2.440414e-15 | 6.408719e-13 |
| 9 | cpy_int_med_imp_MORTDUE | Yes | 1.254406e-06 | 4.884970e-06 |
| 10 | cpy_int_med_imp_VALUE | Yes | 1.038824e-07 | 1.545935e-07 |
| 11 | cpy_int_med_imp_YOJ | Yes | 4.408123e-06 | 5.008322e-06 |
| 12 | cpy_nom_miss_lev_lab_CLNO | Yes | 5.277701e-11 | 3.644938e-09 |
| 13 | cpy_nom_miss_lev_lab_NINQ | Yes | 2.374202e-24 | 3.952744e-21 |
| 14 | LOAN | Yes | 5.660585e-11 | 4.246498e-11 |

| | MI | CondVarName |
|---|---|---|
| 0 | 0.148180 | |
| 1 | 0.035772 | |
| 2 | 0.023945 | |
| 3 | 0.476435 | |
| 4 | 0.007732 | |
| 5 | 0.048216 | cpy_nom_miss_lev_lab_JOB |
| 6 | 0.043031 | cpy_int_med_imp_YOJ |
| 7 | 0.165789 | |
| 8 | 0.128118 | |
| 9 | 0.098958 | |
| 10 | 0.100534 | |
| 11 | 0.098887 | |
| 12 | 0.117238 | |
| 13 | 0.166784 | |
| 14 | 0.126894 | |

결과 표에서 cpy_nom_miss_lev_lab_JOB 변수가 선택된 이유는 ProbChiSq, ProbGSq 관점에서는 유의확률이 0.05보다 작기 때문에 목표변수와 독립이 아니고 MI에서는 해당 값보다 크기 때문에 역시 독립이 아니므로 선택되었다. cpy_nom_miss_lev_lab_REASON 변수가 선택되지 않은 이유는 ProbChiSq, ProbGSq 관점에서는 독립이 아니지만 MI 관점에서는 유의수준보다 작아서 독립이므로 선택되지 않았다. 즉, 하나라도 저촉된다면 선택되지 않는다.

프로그램에서 varSelect=['ONE'] 옵션은 특정 변수와 목표변수 간의 조건부 독립을 검증할 때 조건부 변수가 1개임을 나타낸다.

$$P(X_k|X_v) \perp P(Y|X_v)$$

모든 입력변수 $X_k$에 대하여 $X_k|X_v$와 $Y|X_v$의 독립 여부를 결정하는 것이다. 특정 $X_v$에 대하여 독립이면 해당 입력변수는 선택이 되지 않는 것이다. 조건부 변수를 2개까지 허용하고자 한다면 “TWO” 값을 전달해주어야 하며 마코브 담요를 구성하는 변수만 선택하고자 하면 “THREE” 값을 전달해준다.

네트워크 연결구조 중 선택된 모델은 다음과 같이 확인한다.

in
```
# 선택된 네트워크
bn["ModelInfo"]
```

out

Model Information

| | RowId | Description | Value | nValue |
|---|---|---|---|---|
| 0 | ALPHA | Significance Threshold | 0.05 | 0.05 |
| 1 | PRESCREENING | Prescreening | 1 | 1.00 |
| 2 | VARSELECT | Variable Selection | 1 | 1.00 |
| 3 | STRUCTURE | Structure | PC | NaN |
| 4 | PARENTING | Parenting Method | BestSet | NaN |
| 5 | MAXPARENTS | Maximum Number of Parents | 2 | 2.00 |
| 6 | MISSINGINT | Missing Interval Variable Handling | Ignore | NaN |
| 7 | MISSINGNOM | Missing Nominal Variable Handling | Ignore | NaN |
| 8 | NBIN | Number of Bins | 10 | 10.00 |
| 9 | INDEPTEST | Independence Test | All | NaN |

STRUCTURE의 값을 확인해본 결과 PC, 즉 부모자식 네트워크가 선택되어 있음을 알 수 있다.

모델 적합정보를 살펴보자.

in
```
# 모델 적합 정보
bn["FitStatistics"]
```

out

Fit Statistics

| | RowId | Description | Value |
|---|---|---|---|
| 0 | NUMNODES | Number of Nodes | 11.000000 |
| 1 | NUMLINKS | Number of Links | 13.000000 |
| 2 | AVGDEGREE | Average Degree | 2.363636 |
| 3 | MAXNUMPARENTS | Maximum Number of Parents in Network | 2.000000 |
| 4 | NUMPARMS | Number of Parameters | 435.000000 |
| 5 | SCORE | Score | -51401.660423 |
| 6 | VALIDERRORSRATE | Validation Misclassification Rate | 0.131991 |
| 7 | TESTERRORSRATE | Test Misclassification Rate | NaN |

검증 데이터에 대한 오분류율을 확인할 수 있다.

네트워크 구조를 시각화하여 살펴보자.

in
```
#
# 네트워크 구조 확인
#

import networkx as nx

# 데이터프레임 전환
df = conn.CASTable('network').query('_PARENTNODE_ ne ""').to_frame()

# 네트워크 그래프 생성
G = nx.from_pandas_edgelist(df, '_PARENTNODE_', '_CHILDNODE_', create_using=nx.DiGraph)
plt.figure(figsize=(10, 10), dpi=500)
pos = nx.spring_layout(G, k=2.0, iterations=30 )
nx.draw_networkx(G, pos, font_size=16, with_labels=False, arrowsize=10, arrowstyle='->')
```

```
for p in pos:
    pos[p][1] += 0.09
nx.draw_networkx_labels(G, pos)
plt.show()
```

out

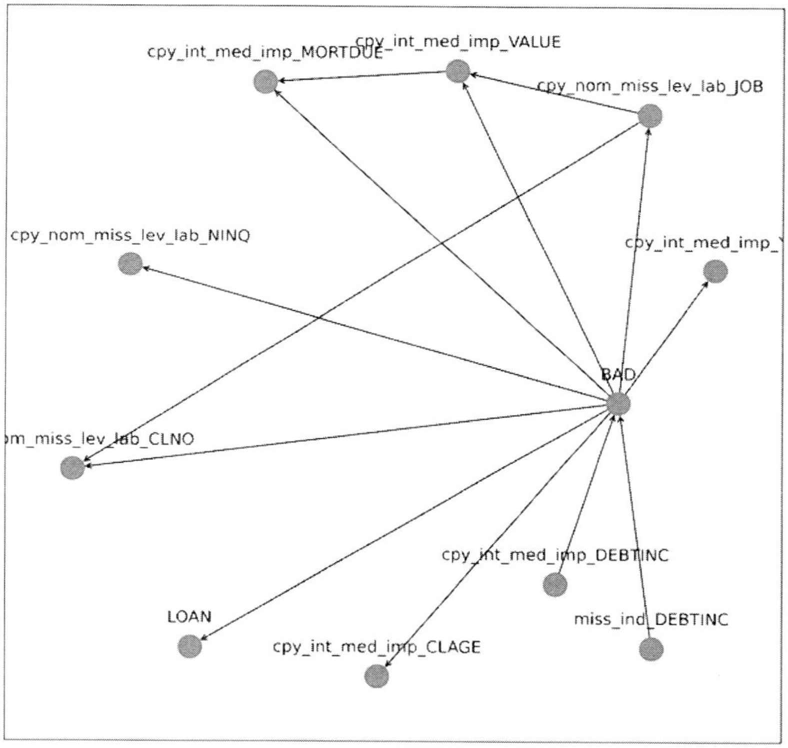


그림 6.24 베이즈 네트워크 연결구조

그림 6.24는 선택된 변수에 한하여 네트워크 연결구조를 시각화한 것이다. 베이즈 네트워크는 내부적으로 다양한 옵션을 주고 모델 조율 자체를 수행하고 있다. 예를 들어 네트워크 연결구조를 스스로 학습하여 최적의 구조를 보여주고 있다.

### 6.4.10.3 모델 평가

적합된 모델을 이용하여 검증 데이터를 평가해보자.

in

```
# 점수 산출: 분석가게 모델 이용
conn.astore.score(
    # 점수 산출 대상 파일 지정
    table={'name':'hmeq_part_out', 'caslib':'casuser', 'where':'_PartInd1_=0'},

    # ATORE 모델 지정
    rstore='bnet_model_astore',

    # 복제할 변수 지정
    copyvars=[target],

    # 점수 산출 저장 테이블 지정
    casout={'name': 'bnet_score_out', 'replace': True}
)

# 점수 산출 결과 확인
conn.CASTable('bnet_score_out').head()
```

out

Selected Rows from Table BNET_SCORE_OUT

| | P_BAD1 | P_BAD0 | I_BAD | _WARN_ | BAD |
|---|---|---|---|---|---|
| 0 | 0.582304 | 0.417696 | 1 | | 1 |
| 1 | 0.806576 | 0.193424 | 1 | | 1 |
| 2 | 0.636648 | 0.363352 | 1 | | 1 |
| 3 | 0.865116 | 0.134884 | 1 | | 1 |
| 4 | 0.880660 | 0.119340 | 1 | | 1 |

결과 테이블을 보면 예측된 확률값이 P_ 접두사와 0 또는 1과 같이 접미사가 붙어 있는 "P_"+목표변수명+이벤트값(비이벤트값)으로 구성되어 있다.

분석가게의 저장 형식은 스스로 모델 평가를 하지 않기 때문에 보다 세분화된 모델 평가를 위해서는 추가적인 작업이 필요하다.

in

```
# 평가 데이터 구성
r = conn.percentile.assess(
    # 평가를 위한 데이터 지정
    table='bnet_score_out',

    # 실제 목표변수 지정
    response=target,

    # 예측변수 지정
    inputs=[{"name": 'P_' + target + event}],

    # 이벤트값 지정
    event=event,

    # 이벤트 범주를 제외한 계산된 범주들을 목록화하여 표시
    pVar=['P_' + target + nonevent],
    pEvent=[nonevent]
)

# 결과 테이블을 이용한 ROC 그래프

fig, ax = plt.subplots(dpi=300)

# 랜덤 기준선 그리기
ax.plot([0, 1], [0, 1], "k--")

auc = r["ROCInfo"]["C"][0].round(3)
ax.plot(r['ROCInfo']['FPR'], r['ROCInfo']['Sensitivity'],
        label=f'Bayes Net Classifier\n AUC: {auc}')

# 레이블 주기
ax.set_xlabel("False Positive Rate")
ax.set_ylabel("True Positive Rate")

# 제목 주기
ax.set_title("ROC Curve")

# 범례 주기
plt.legend(loc="best")
```

```
# 그림 출력
plt.show()
```

out

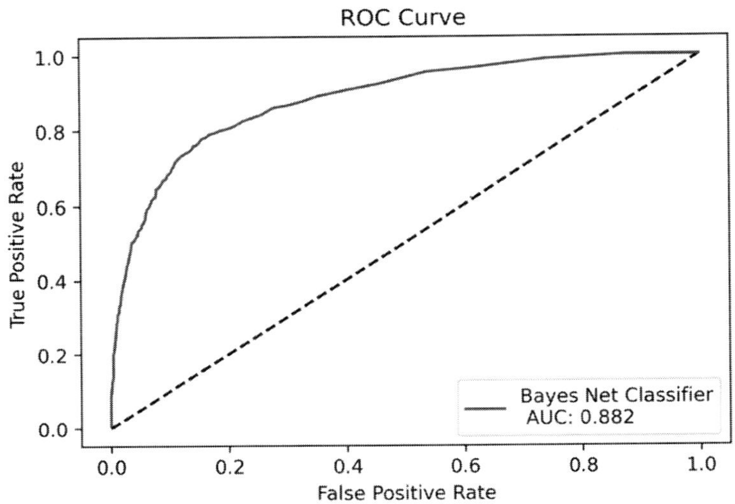


그림 6.25 ROC 그래프(베이즈 네트워크)

## 6.4.11 지지벡터 머신

### 6.4.11.1 개요

지지벡터(support vector) 머신은 지도학습 중의 하나이며 분류 및 회귀 문제에 적용하는 알고리즘이다. 분류 문제인 경우에는 선형(linear) 분류기와 커널 속임수(kernel trick)를 이용한 비선형 분류기가 있다.

그림 6.26과 6.27을 보면 2개의 군집을 분류하는 여러 가지 초평면(hyperplane)을 생각할 수 있다. 이때 2개의 군집을 가장 잘 분류하는 초평면은 실선이라고 할 수 있는데, 2개의 군집의 모든 데이터로부터 거리가 가장 멀리 있기 때문이다. 이때 데이터와 초평면까지의 거리를 기하 마진(margin)이라 부르며 이를 가장 크게 하도록 적절한

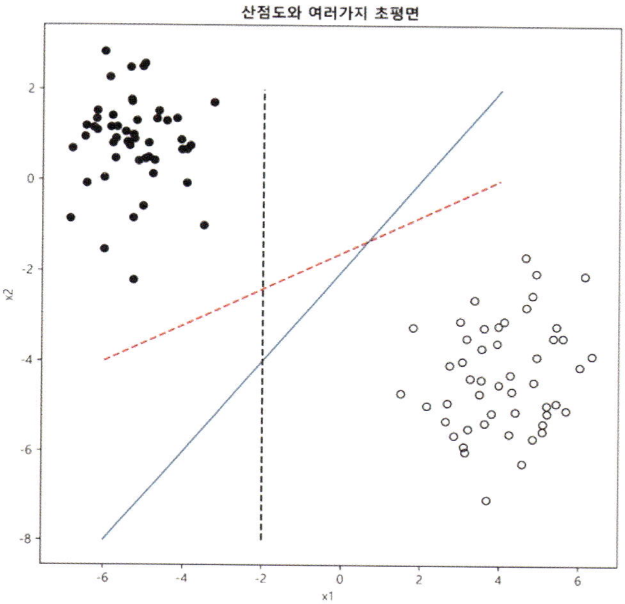


그림 6.26 산점도와 초평면

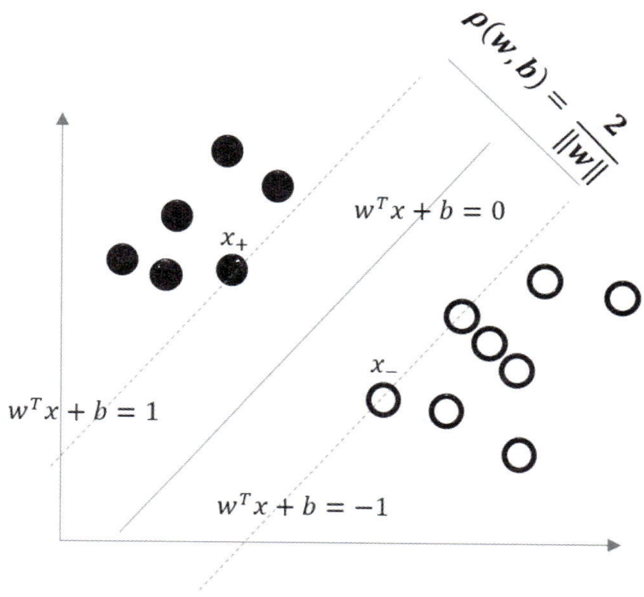


그림 6.27 초평면과 마진

초평면(기울기와 절편)을 선택해야 한다. 초평면은 일반적으로 다음과 같이 정의할 수 있다.

$$w^T x + b = 0$$

여기서 $w$는 법선 벡터(normal vector)이고 $b$는 절편이다.

만약 목표변수가 $y_i = \{1,\ -1\}$과 같이 구성되어 있다면 적절한 분류기는 모든 데이터에 대하여 다음과 같은 조건을 만족해야 한다.

$$w^T x + b \geq 1,\ \text{if}\ \ y_i = 1$$
$$w^T x + b \leq -1,\ \text{if}\ \ y_i = -1$$

이때 두 점선으로 구성된 직선 사이의 거리를 마진(margin)으로 부른다.

$$\rho(w,b) = \min_{\{y_i = 1\}} \frac{x^T w + b}{\|w\|} - \max_{\{y_i = -1\}} \frac{x^T w + b}{\|w\|} = \frac{2}{\|w\|}$$

좋은 분류기는 마진이 최대가 되도록 $(w,\ b)$를 정해야 한다. 단, 2개의 군집이 선형으로 분류된다는 가정을 해야 한다.

$$\min_{w,\ b} \frac{1}{2}\|w\|^2$$
$$y_i\left(w^T x_i + b\right) \geq 1,\ \forall\, i = 1,\ \cdots, n$$

이 문제는 적절한 조건 하에서 라그랑지 승수(Lagrange multiplier) $\alpha_i$를 도입하여 다음의 문제로 변환된다.

$$\max_{\alpha_i \geq 0, \sum_{i=1}^{n} \alpha_i y_i = 0} \left( \sum_{i=1}^{n} \alpha_i - \frac{1}{2} \sum_{i=1}^{n} \sum_{j=1}^{n} \alpha_i \alpha_j y_i y_j x_i^T x_j \right)$$

또한 위 식을 만족하는 $\alpha_i$는 다음의 조건도 만족한다.

$$\alpha_i \left( y_i \left( w^T x_i + b \right) - 1 \right) = 0, \quad \forall i = 1, \ \ldots, \ n$$

만약 $a_i > 0$이면 $y_i \left( w^T x_i + b \right) - 1 = 0$이어야 하며, 이때 $\{x_i | \alpha_i > 0\}$를 지지벡터라고 하며 초평면을 구할 때 관여하는 데이터들을 의미한다.

결과적으로 만약 $\alpha_i$값들을 구하고 그 값을 $\alpha_i^*$라고 하면 $(w, \ b)$는 다음과 같이 계산할 수 있다.

$$w^* = \sum_{i=1}^{n} \alpha_i^* y_i x_i$$

$$b^* = -\frac{\min_{y_i = 1} w^{*T} x_i + \max_{y_i = -1} w^{*T} x_i}{2}$$

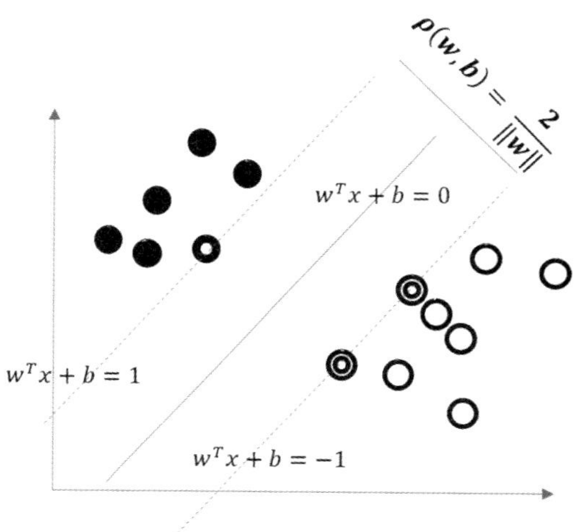


그림 6.28 지지벡터

그림 6.28에서 점선위에 있는 3개의 점만이 지지벡터가 된다.

이렇게 구한 분류기에 대하여 어떤 데이터 $x$가 있다면 $\Sigma_{i=1}^{n} \alpha_i^* y_i x_i^T x + b^*$를 구하고 이 값이 0보다 크면 1, 아니면 -1로 분류하게 되는 것이다. 분류기는 $w^T x + b = 0 \rightarrow \Sigma_{i=1}^{n} \alpha_i^* y_i x_i^T x = -b^* = constant$ 이다. 만약 $K(x_i, x) = x_i^T x$가 $x$에 대한 일차식이 아니면 $\Sigma_{i=1}^{n} \alpha_i^* y_i K(x_i, x) = constant$ 는 곡선이 된다.

| 커널 구분 | python | SAS | 비고 |
|---|---|---|---|
| linear | $x_i^T x_j$ | $x_i^T x_j$ | |
| polynomial | $(\gamma x_i^T x_j + r)^d$ | $(x_i^T x_j + 1)^p$ | gamma, coeff0, degree |
| rbf, Gaussian | $\exp(-\gamma \|x_i - x_j\|^2)$ | $\exp\left(-\frac{\|x_i - x_j\|^2}{2\sigma^2}\right)$ | |
| tanh | $\tanh(\gamma x_i^T x_j + r)$ | $\tanh(p_1 x_i^T x_j + p_2)$, $p_1 > 0$, $p_2 < 0$ | |

위의 표는 사용할 수 있는 다양한 커널이 정의되어 있다. 선형 커널이 아닌 경우는 분류기 자체는 비선형 형식으로 표현된다.

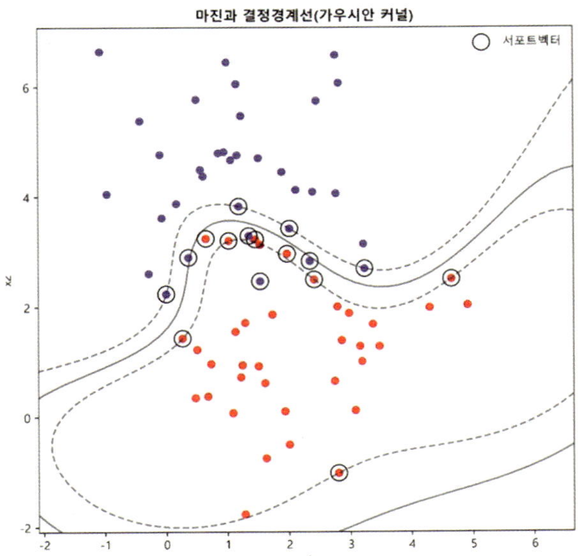


그림 6.29 비선형 커널(가우시안)

이러한 비선형 커널을 사용하는 이유를 살펴보자. 분석을 할 때, 때로는 주어진 데이터에 대한 선형 또는 비선형 변환을 하는 경우가 있다. 대표적으로 다항 변환 $(x_1, x_2) \rightarrow (x_1x_1, x_1x_2, x_2x_1, x_2x_2)$이 있다. 이렇게 데이터를 변환한 후 최종적으로 지지벡터머신을 적합하는 경우 변환된 벡터의 점적(dot product)만을 계산하면 된다. 그런데 변환 후 점적을 구하는 것이 아니라 원 데이터 공간에서 적절한 커널을 정의하면 굳이 변환 후 점적을 구할 필요가 없게 되는 것이다. 이것을 커널 속임수(kernel trick)라고 한다. 가우시안 커널에 대하여 커널의 의미를 살펴보자.

$$K(x_i, x_j) = \exp\left(-\frac{\|x_i - x_j\|^2}{2\sigma^2}\right) = \exp\left(-\frac{\|x_i - x_j\|^2}{2}\right), \text{ if } \sigma^2 = 1$$

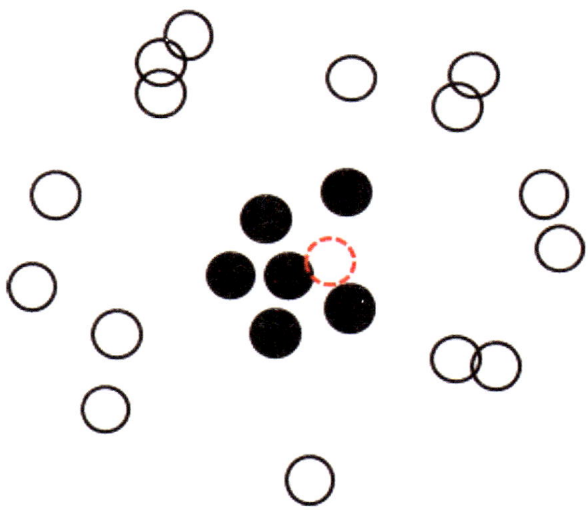

**그림 6.30** 커널 의미

그림 6.30을 보면 $K(black, dotted) \gg K(white, dotted)$이다. 즉, 커널은 일종의 가까움(closeness)을 표현하는 측도라고 할 수 있다. 다음과 같은 문제를 고려해보자.

그림 6.31의 왼편은 이미 존재하는 분류기가 있다. 만약 새로운 데이터가 추가되게 되면 오른쪽 실선과 같은 분류기가 새롭게 만들어질 것이다. 그런데 새롭게 만들어진

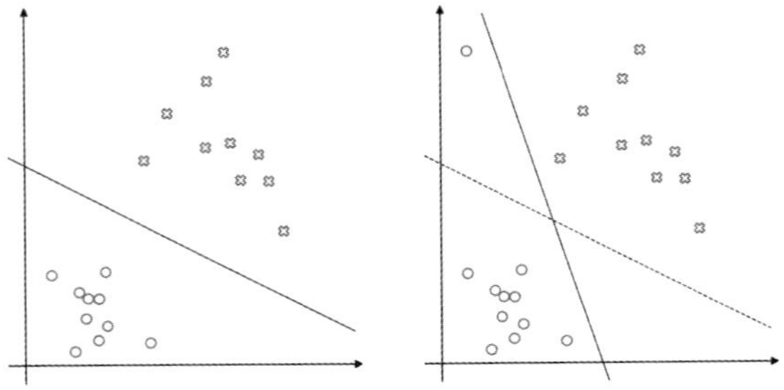

그림 6.31 소프트마진

분류기는 마진이 매우 박하다. 오히려 과거의 분류기인 점선이 보다 더 일반화 오류가 적을 것처럼 보인다. 즉, 적절한 오분류를 허용할 필요가 있는데, 이런 경우를 소프트 마진(soft margin)이라고 하며 수식으로 정리하면 다음과 같다.

$$\min_{w,\ b}\left\{\frac{1}{2}\|w\|^2 + C\sum_{i=1}^{n}\xi_i\right\}$$

$$y_i\left(w^T x_i + b\right) \geq 1 - \xi_i,\ \forall i = 1,\ \cdots,\ n,\ \xi_i \geq 0,\ \forall i = 1,\ \cdots,\ n$$

식을 보면 위반을 하는 데이터, 즉 $y_i\left(w^T x_i + b\right) \geq 1 - \xi_i,\ \xi_i \rangle 0$인 경우에는 벌점을 $C\xi_i$를 주는 것이다. 이때 $\xi$를 여유변수(slack variable)라고 한다.

그림 6.32는 원래 까만 점 영역에 있어야 할 점들이 마진 영역과 마진 영역 밖으로 나간 경우 여유변수 값의 예시를 나타낸 것이다. 오분류는 아니지만 마진 영역에 있는 경우, 오분류이면서 마진영역에 있는 경우, 오분류이면서 마진영역에서 완전히 벗어난 경우이다. 결괏값을 보면 자기 마진경계선으로부터 일종의 거리(함수 마진)라고 볼 수가 있다.

벌점(penalty)상수의 의미를 살펴보자. 만약 $C = \infty$이면 모든 $\xi_i = 0$이므로 원래 마진과 동일한 하드 마진(hard margin)이 된다. $C = 0$이라면 비록 위반하더라도 벌점을 하나도 주지 않는 것이므로 엄청 큰 마진을 주는 것이고 $0 < C < \infty$이면 일부는 위반 허용하는 소프트 마진이 된다. 큰 마진은 정확도가 떨어지고 작은 마진은 일반화 성능

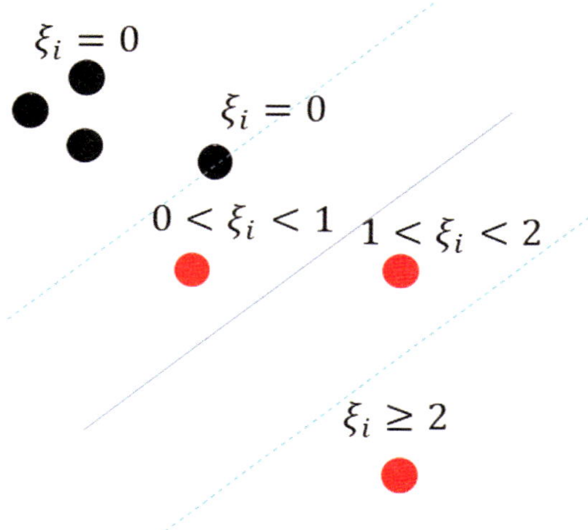


그림 6.32 여유변수 의미

이 떨어질 수 있다. 지지벡터 머신을 적용하기 위한 액션집합은 svm이다.

in
```
# 액션집합 적재: svm
conn.loadactionset('svm')
```

## 6.4.11.2 모델 적합

in
```
#
# 지지벡터 머신
#

# 모델 적합
sv = conn.svm.svmTrain(
    # 입력 데이터
    table = {'name':'hmeq_part_out', 'caslib':'casuser'},

    # 검증 데이터
```

```
    partByVar={'name':'_PartInd1_', "train":"1", "validate":"0"},

    # 변수 정의
    inputs=xvars,
    nominals=classvars,
    target=target,

    # 지지벡터 초모수

    # 커널 함수 지정
    # 다항 함수만 지원
    kernel="POLYNOMIAL",
    degree=2,

    # 벌점상수 정의
    C=1,

    # 반복 리포트 출력 여부
    iterationReport=True,

    # 반복 수
    maxiter=100,
    # 모델 저장: ASTORE
    savestate={"name": "svm_model_astore", "replace": True}
)
```

지지벡터 머신의 주요 초모수 중의 하나는 벌점상수(C) 값이다. 이 값은 하드 마진과 소프트 마진의 상대적인 값이라고 볼 수 있고 벌점상수 값을 크게 하면 소프트 마진을 많이 준다는 뜻이다.

또 하나의 중요한 초모수는 커널을 정의하는 것으로 현재까지 지원되는 커널은 다항 함수만 지원되므로 관련하여 차수(degree)를 지정하는 것이다.

in

```
# 모델 정보
sv["ModelInfo"]
```

out

Model Information

| | RowId | Descr | Value | NValue |
|---|---|---|---|---|
| 0 | TaskType | Task Type | C_CLAS | NaN |
| 1 | Method | Optimization Technique | Interior Point | NaN |
| 2 | Scale | Scale | YES | NaN |
| 3 | Kernel | Kernel Function | Polynomial | NaN |
| 4 | degree | Kernel Degree | 2 | 2.000000 |
| 5 | PenaltyMethod | Penalty Method | C | NaN |
| 6 | C | Penalty Parameter | 1 | 1.000000 |
| 7 | MaxIter | Maximum Iterations | 100 | 100.000000 |
| 8 | Tolerance | Tolerance | 1e-06 | 0.000001 |

in

```
# 적합 통계량
sv["FitStatistics"]
```

out

Fit Statistics

| | Statistic | Training | Validation |
|---|---|---|---|
| 0 | Accuracy | 0.874880 | 0.857383 |
| 1 | Error | 0.125120 | 0.142617 |
| 2 | Sensitivity | 0.926647 | 0.911950 |
| 3 | Specificity | 0.667067 | 0.638655 |

적합된 결과 중에서 검증 데이터에 대한 오분류율(Error) 값을 확인할 수 있다. 추가적으로 모델의 안정성을 평가해보자.

in

```
# 모델 안정성 평가
fig, ax = plt.subplots(dpi=300)
# 손실
ax.plot(sv['IterationReport']['Iteration'], 1-sv['IterationReport']['Training'],
        color='steelblue', label='TrainingError')

# x축 공유
ax2 = ax.twinx()

# 검증 데이터 오분류율
ax2.plot(sv['IterationReport']['Iteration'], 1-sv['IterationReport']['Validation'],
        color='orange', ls=':', label='ValidError')
```

```
# 레이블 주기
ax.set_xlabel("Iteration")
ax.set_ylabel("TrainingError",   color='steelblue')
for label in ax.get_yticklabels():
  label.set_color("steelblue")

ax2.set_ylabel("ValidError", color='orange')
for label in ax2.get_yticklabels():
  label.set_color("orange")

# 제목 주기
ax.set_title("Model Stability Check(SVM)")

# 범례 주기
ax.legend(loc=2)
ax2.legend(loc=1)

# 그림 출력
plt.show()
```

out

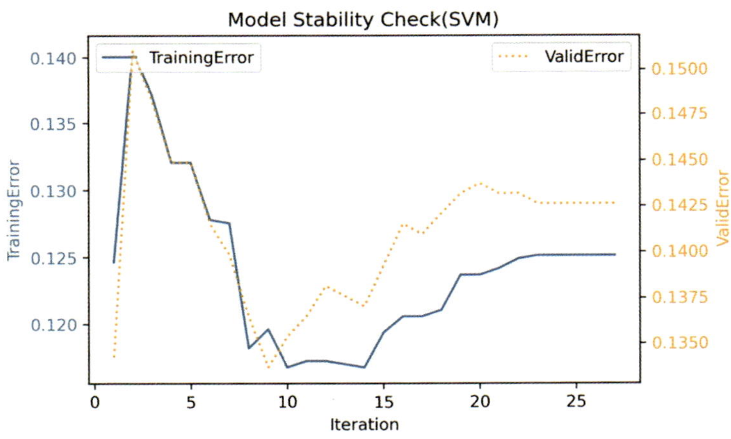


**그림 6.33** 모델 안정성(지지벡터 머신)

반복 수가 어느 정도 진행되면서 모든 오류값이 안정화된 것을 알 수 있다.

### 6.4.11.3 모델 조율

모델 조율 대상이 되는 모수를 확인하기 위하여 기본값(default)으로 모델을 조율해 보자.

in

```
# 모델 자동조율: tuneSvm

r = conn.autotune.tuneSvm(

    # 훈련 옵션
    trainOptions={
        'table':{'name':'hmeq_part_out', 'caslib':'casuser', 'where':'_PartInd1_=1'},
        'target':target,
        'inputs':xvars,
        'nominals':classvars
    },
    # 조율기 옵션
    tunerOptions={
        'seed':123,
        "searchMethod":"GA",
        "nCrossValFolds":2,
        "targetEvent":"1",
        "objective":"MCE",
        # 반복 수마다 모델최대조합수
        "popSize":10,
        # 반복 수
        "maxIters":5,
        # 병렬처리 스레드
        "nParallel":4,
        # 목표이벤트 정의
        "targetEvent": event
    },

    # 자동조율 대상 초모수 및 범위
    # 기본값 세팅
```

```
)

# 최적 조합 확인
r["BestConfiguration"]
```

out

Best Configuration

| | Parameter | Name | Value |
|---|---|---|---|
| 0 | Evaluation | Evaluation | 47 |
| 1 | Penalty (C) | C | 3.67104491 |
| 2 | Degree | DEGREE | 3 |
| 3 | Misclassification | Objective | 0.1270373921 |

### 6.4.11.4 모델 평가

최적 조합을 이용하여 모델을 재적합해보자.

in

```
# 모델 재적합: 지지벡터 머신

r = conn.svm.svmTrain(

  # 입력 데이터
    table = {'name':'hmeq_part_out', 'caslib':'casuser'},

    # 검증 데이터
    partByVar={'name':'_PartInd1_', "train":"1", "validate":"0"},

    # 검증 데이터를 이용하여 반복 수 중지
    earlystop=True,

    # 변수 정의
    inputs=xvars,
    nominals=classvars,
    target=target,

    # 지지벡터 초모수

    # 커널 함수 지정
    # 다항 함수만 지원
```

```
        kernel="POLYNOMIAL",
        degree=3,

        # 벌점상수 정의
        C=3.67,

        # 반복 리포트 출력 여부
        iterationReport=True,

        # 반복 수
        maxiter=30,

        # 모델 저장: ASTORE
        savestate={"name": "svm_model_astore", "replace": True}
    )
    # 모델 조율 후 적합 결과
    r["FitStatistics"]
```

out

Fit Statistics

| | Statistic | Training | Validation |
|---|---|---|---|
| 0 | Accuracy | 0.800575 | 0.800336 |
| 1 | Error | 0.199425 | 0.199664 |
| 2 | Sensitivity | 1.000000 | 1.000000 |
| 3 | Specificity | 0.000000 | 0.000000 |

적합된 결과 검증 데이터의 오분류율(Error)을 확인할 수 있다. 보다 상세하게 검증 데이터를 평가하기 위하여 분석가게 모델을 이용하여 점수를 산출해보자.

in

```
# 점수 산출: 분석가게 모델 이용
conn.astore.score(
    # 점수 산출 대상 파일 지정
    table={'name':'hmeq_part_out', 'caslib':'casuser', 'where':'_PartInd1_=0'},

    # ATORE 모델 지정
    rstore='svm_model_astore',

    # 복제할 변수 지정
```

```
    copyvars=[target],

    # 점수 산출 저장 테이블 지정
    casout={'name': 'svm_score_out', 'replace': True}
)

# 점수 산출 결과 확인
conn.CASTable('svm_score_out').head()
```

out

Selected Rows from Table SVM_SCORE_OUT

| | _P_ | P_BAD0 | P_BAD1 | I_BAD | _WARN_ | BAD |
|---|---|---|---|---|---|---|
| 0 | -626487.161330 | 0.702650 | 0.297350 | 0 | | 1 |
| 1 | -309870.284224 | 0.600234 | 0.399766 | 0 | | 1 |
| 2 | -568232.294010 | 0.683806 | 0.316194 | 0 | | 1 |
| 3 | -564727.643398 | 0.682673 | 0.317327 | 0 | | 1 |
| 4 | -544711.845832 | 0.676198 | 0.323802 | 0 | | 1 |

결과 테이블을 보면 예측된 확률값이 P_ 접두사와 0 또는 1과 같이 접미사가 붙어 있음을 알 수 있다. 즉, "P_"+목표변수명+이벤트값(비이벤트값)으로 구성되어 있다. 분석가게의 저장 형식은 스스로 모델 평가를 하지 않기 때문에 보다 세분화된 모델 평가를 위해서는 추가적인 작업이 필요하다.

in

```
# 평가 데이터 구성
r = conn.percentile.assess(
    # 평가를 위한 데이터 지정
    table='svm_score_out',

    # 실제 목표변수 지정
    response=target,

    # 예측변수 지정
    inputs=[{"name": 'P_' + target + event}],

    # 이벤트값 지정
    event=event,

    # 이벤트 범주를 제외한 계산된 범주들을 목록화 하여 표시
```

```
    pVar=['P_' + target + nonevent],
    pEvent=[nonevent]
)

# 결과 테이블을 이용한 ROC 그래프

fig, ax = plt.subplots(dpi=300)

# 랜덤 기준선 그리기
ax.plot([0, 1], [0, 1], "k--")

auc = r["ROCInfo"]["C"][0].round(3)
ax.plot(r['ROCInfo']['FPR'], r['ROCInfo']['Sensitivity'],
        label=f'Support Vector Machine\n AUC: {auc}')

# 레이블 주기
ax.set_xlabel("False Positive Rate")
ax.set_ylabel("True Positive Rate")

# 제목 주기
ax.set_title("ROC Curve")

# 범례 주기
plt.legend(loc="best")

# 그림 출력
plt.show()
```

out

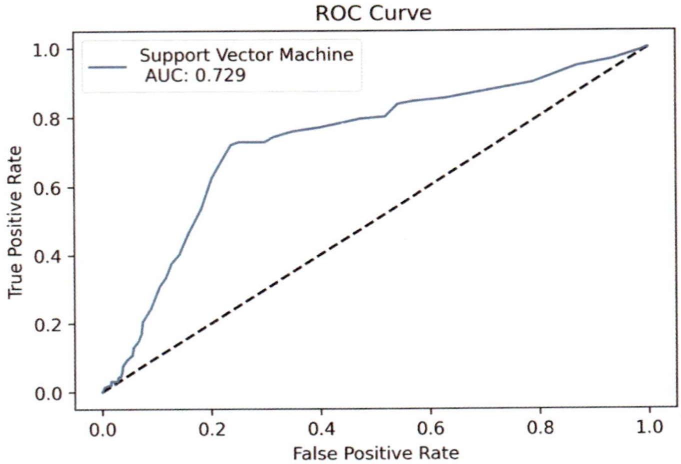


그림 6.34 ROC 그래프(지지벡터 머신)

## 6.5 비지도 모델 학습

비지도 모델 학습의 특징은 목표변수가 존재하지 않고 데이터로부터 알려지지 않은 정보나 유형(pattern)을 발견하는 것이다. 예를 들어 지도학습에서 필요로 하는 태깅(tagging), 즉 분류를 위한 값을 생성하는 것이다.

비지도 학습에 속하는 대표적인 모델은 주성분 분석(principal component analysis), 군집분석(cluster analysis), 특이점 분해(singular value decomposition) 등이 있다. 신경망 기법에서도 비지도 학습이 있는데 대표적인 것이 자동 부호기(autoencoder)이다.

그림 6.35를 보면 원래 이미지를 입력과 출력으로 동시에 사용하여 학습하고 난 후 임의의 이미지를 입력 시 스스로 만들어 내는지를 보여주는 것이다. 이때 중간에 있는 압축된 표현, 즉 입력변수들의 비선형 결합체가 부호기와 복호기를 연결하게 되는 것이다. 바로 이 압축된 표현이 다차원 데이터를 비선형으로 축소한 저차원 데이터가 되는 것이다.

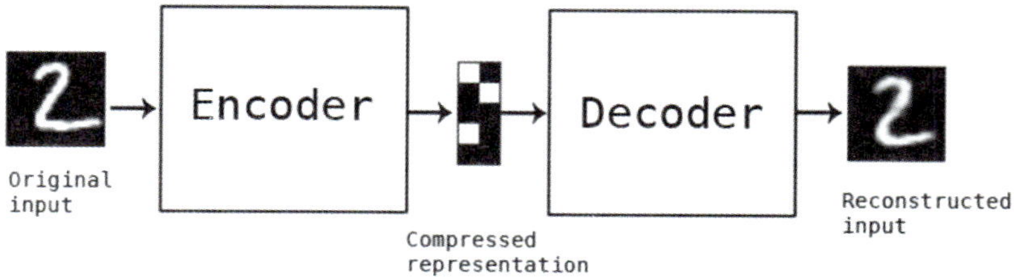


그림 6.35 자동부호기 예

## 6.5.1 군집분석

### 6.5.1.1 개요

군집분석은 비지도학습의 대표적인 기법 중의 하나이다. 군집은 동질한 속성을 갖는 집단을 의미한다. 동질적인 집단에 대한 정의는 다양할 수 있지만 "서로 거리가 가까운 집단"이라고 정의할 수도 있다.

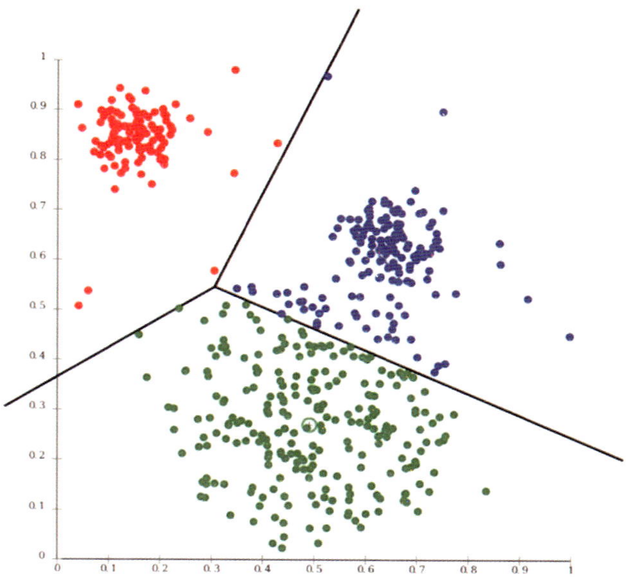

그림 6.36 거리 기준 군집화

그림 6.36은 2개의 변수에 의하여 표현되는 속성을 가지는 집단인 경우 3개의 집단으로 나눈 예이다. 이러한 기준으로 군집을 나누는 방법을 K-평균(K-means) 군집화라고 한다. K-평균 군집화에서는 K가 일종의 초모수로써 그 값이 사전에 주어져야 한다. 만약 K가 주어진 경우에 다음을 만족하는 적절한 $C_1, \ldots, C_K$를 찾는 것이다.

$$\underset{C_1,\ldots,C_K}{\arg\min} \sum_{l=1}^{K} \frac{1}{2} \sum_{x_i \in C_l} \sum_{x_j \in C_l} \|x_i - x_j\|^2$$

그런데,

$$\frac{1}{2}\sum_i^n \sum_j^n \|x_i - x_j\|^2 = \frac{1}{2}\sum_{l=1}^{k} \sum_{x_i \in C_l} \left( \sum_{x_j \in C_l} \|x_i - x_j\|^2 + \sum_{x_j \notin C_l} \|x_i - x_j\|^2 \right)$$

이며, 좌변은 데이터가 주어지며 일정한 상숫값이다. 따라서 우변의 $\frac{1}{2}\sum_{l=1}^{k} \sum_{x_i \in C_l}$ $\sum_{x_j \in C_l} \|x_i - x_j\|^2$ 값을 최소화하는 것은 전체 값을 최소화하는 것과 동일하다. 이 값을 군집내 제곱합(WCSS: Within Cluster Sum of Squares)의 합이라고 한다. 하나의 군집내 제곱합을 군집내 평균값을 이용하여 표시해보자.

$$\sum_{x_i \in C_l} \sum_{x_j \in C_l} \|x_i - x_j\|^2 = n_l \sum_{x_i \in C_l} \|x_i - m_l\|^2 = WCSS_l$$

여기서 $x_i$는 데이터 벡터이며, $m_l = \frac{1}{n_l}\Sigma_k x_k, n_l = \Sigma_k 1(x_k \in C_l)$이며 $\Sigma_k(x_k - m_l) = 0$을 이용한다. 즉, 군집내 제곱합은 각 군집내의 평균과의 거리 제곱합의 합이라고 생각할 수 있다.

군집을 구성하는 알고리즘에 대하여 간단히 정리해보자.

| 순서 | 내용 | 비고 |
| --- | --- | --- |
| 1 | 주어진 K 에 대하여 $m_1, \cdots, m_K$의 초깃값을 생성한다. | 랜덤으로 K 개의 데이터를 선택하는 것도 하나의 선택 사항 |
| 2 | 다음의 과정을 반복한다. 단, 어떤 데이터도 군집의 변동이 발생하지 않을 때까지 반복한다.<br>할당 단계(assignment step): 모든 데이터에 대하여 각 군집의 평균점과의 거리를 계산하여 가장 작은 거리를 주는 군집에 데이터를 할당한다. 단, 반드시 하나의 군집에만 할당한다.<br>갱신 단계(update step): 새로 형성된 각 군집에 대하여 새로운 중심점(centroid)인 $m_1, \cdots, m_K$ 값을 구한다. | |
| 3 | 각 데이터에 대하여 할당된 군집값을 반환한다. | |

이를 시각화하여 표현하면 다음과 같다.

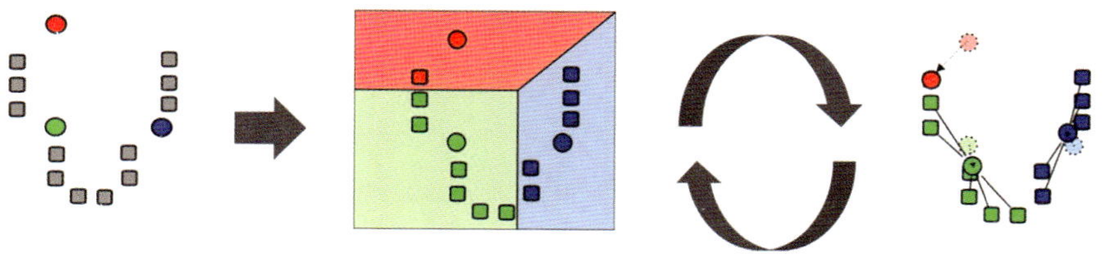

그림 6.37 군집화 알고리즘 시각화

군집분석에서는 초기에 몇 개의 군집으로 구성할지 모르기 때문에 사전에 정의해야 하는 초모수 K는 군집의 개수를 결정하는 일로 매우 중요하다. 이 중 대표적인 방법 중 하나는 군집내 제곱합을 이용하는 것이다. 예를 들어, 원래 군집의 개수가 5개인 집단이 있다고 하면 이런 경우에 4개, 5개, 6개일 때의 군집내 제곱합의 합을 생각해보자. 일반적으로 집단을 나누면 나눌수록 군집내 제곱합의 합은 작아진다. 그런데 5개까지의 군집내 제곱합은 계속 큰 폭으로 떨어지지만 6개의 군집으로 나누고자 하는 경우에는 이미 서로 잘 뭉쳐서 나누어진 상태를 강제로 나누는 것이기 때문에 상대적으로 군집내 제곱합의 합은 이전보다 많이 낮아지지 않는다. 이때 그래프 모양에서 꺾인 부분

(kink)이 나타나는데, 이 점을 군집의 개수로 판단한다.

이외에도 초모수 K를 결정하는 방법 중에 격차 통계량(gap statistics)을 이용하는 방법이 있다.

격차 통계량은 다음과 같이 정의된다.

$$Gap(K) = E^{*}\{\log W_K\} - \log W_K$$

여기서 $E^{*}$는 참조(reference) 분포에 의한 기댓값이다. 참조 분포를 생성하기 위해서는 주어진 데이터의 각 변수의 최솟값, 최댓값을 구하고 이로부터 다변량 균등분포를 생성한다.

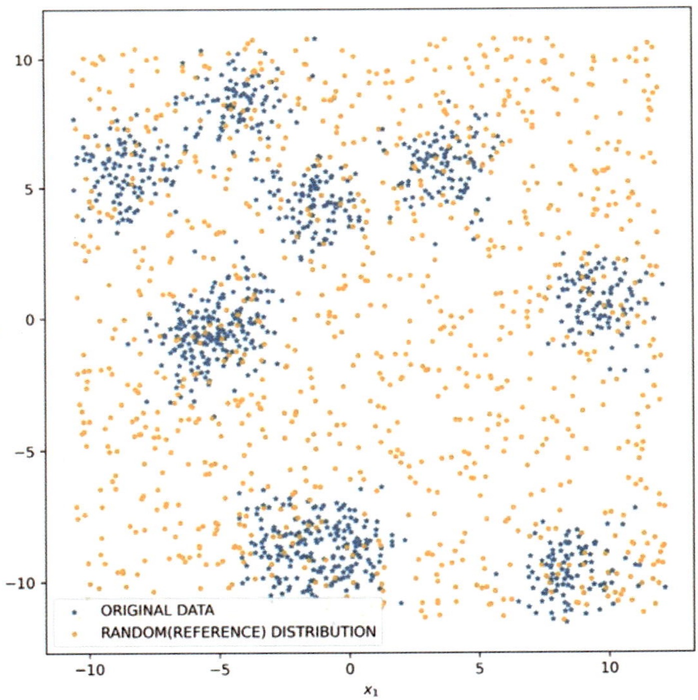


그림 6.38 참조 분포

그림 6.38은 참조 분포의 예를 보여준다. 이러한 과정을 다음과 같은 알고리즘을 통하여 관련된 통계량을 구한다.

| 순서 | 내용 | 비고 |
|---|---|---|
| 1 | 주어진 $l=1, \cdots, K$ 대하여 데이터를 군집화하고, $W_1, \ldots, W_K$를 구한다. | |
| 2 | $l=1, \cdots, K$에 대하여 아래의 각 값을 계산한다.<br>1) 각 입력변수의 값의 범위에 따른 유계 상자(bounded box)를 구성하고 여기에서 다변량 균등 분포를 정의하고 이 분포로부터 B 개의 붓스트랩 표본을 구성한다.<br>2) 격차 통계량 값을 구한다.<br>$Gap(l) = \frac{1}{B}\sum_{b=1}^{B} \log W_{lb}^{*} - \log W_l$<br>3) $\log W_{lb}^{*}$에 대한 표준편차를 계산한다.<br>$sd(l) = \sqrt{\frac{1}{B}\sum_{b}\left\{\log(W_{lb}^{*}) - \frac{1}{B}\sum_{b}\log W_{lb}^{*}\right\}^{2}}$<br>4) $Gap(l)$에 대한 표준편차를 계산한다.<br>$s_l = \sqrt{1+1/B} \cdot sd(l)$ | $W_{lb}^{*}$: b 번째 붓스트랩 표본에 의하여 계산된 군집내 제곱합의 합.<br>군집내 제곱합이 참조 분포에 의한 평균 값 대비하여 차이가 크면 그 때가 최적의 군집 개수라고 판단. 대략 최대의 격차 통계량 값을 줄 때의 군집의 개수를 최적으로 판단 |
| 3 | 아래의 값을 만족하는 **가장 작은** $l$을 선택한다.<br>$Gap(l) \geq Gap(l+1) - s_{l+1}$ | 격차가 다음 격차 값의 표준오차를 뺀 값보다 큰 경우 |

격차 통계량의 값이 최대가 될 때의 그 때의 K 값을 선택하는 방법을 전역 정점(global peak) 방법이라고 한다. 이외에도 격차 통계량의 차이를 이용하는 방법도 있는데 $Gap(l) \geq Gap(l+1) - s_{l+1}$을 만족하는 최초의 $K=l$를 이용하는 것이다. 군집분석을 위한 액션 집합은 clustering이다.

in

```
# 필요한 액션집합
conn.loadActionset('clustering')
```

### 6.5.1.2 모델 적합

데이터는 다음과 같이 구성한다.

in

```
# 데이터 구성하기: [BLOBS_2X]
url = 'https://github.com/bong-ju-kang/data/raw/master/blobs_2x.csv'
tbl = conn.read_csv(url)
tbl.head()
```

out

Selected Rows from Table TMP723CG84Q

| | x1 | x2 | y |
|---|---|---|---|
| 0 | 7.938870 | -10.369372 | 9.0 |
| 1 | -5.256914 | 1.015066 | 4.0 |
| 2 | -1.431970 | 3.683592 | 1.0 |
| 3 | 7.566568 | -10.351043 | 9.0 |
| 4 | -6.176748 | 8.442484 | 7.0 |

주어진 데이터를 보면 x1, x2 속성을 갖고 있고 참값으로 0부터 9까지 군집이 정의되어 있다. 데이터 이해를 위해서 산점도를 통하여 이를 확인해보자.

in

```
# 산점도 확인
y = tbl.to_frame().values[:,2].astype(np.int32)
fig, ax = plt.subplots(figsize=(7, 5), dpi=300)
tbl.plot.scatter('x1', 'x2', ax=ax, s=7, c=y)
plt.show()
```

out

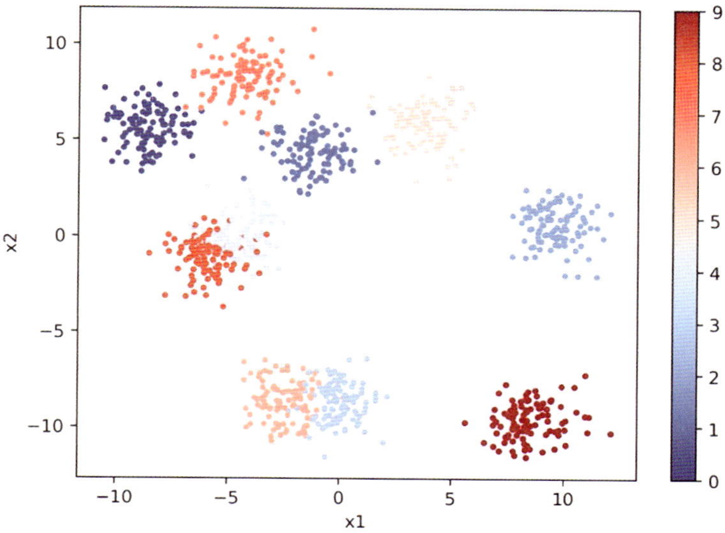


그림 6.39 산점도

그림 6.39를 보면 실제는 10개의 군집이지만 서로 겹치는 영역들이 있어서 8개의 군집으로도 생각할 수 있다.

in

```
# k-means 적합
r = conn.clustering.kclus(
    # 입력 데이터
    table=tbl,

    # 입력변수
    inputs=['x1', 'x2'],

    # 씨앗값: 초기 중심값을 주기 위하여.
    seed=0,

    # 최대 군집 개수
    maxclusters=20,

    # 거리 기준
    distance="EUCLIDEAN",
```

```
        # 격차 통계량
        estimateNclusters={'B':10, 'criterion':'globalpeak', 'method':'ABC'},

        # 산출물
        output={'casout':{'name':'cluster_out', 'replace':True},
                'copyvars':'all'}
    )
```

프로그램에서는 군집의 개수를 정의하기 위하여 정렬상자기준(aligned box criterion)을 사용하였다. 정렬상자기준은 격차 통계량의 참조 분포를 구할 때 보다 더 진화된 알고리즘이다. 선택기준은 전역 정점으로 최댓값을 의미한다.

in

```
# 선택된 K
r["ABCResults"]
```

out

Estimated Number of Clusters

| | Criterion | K |
|---|---|---|
| 0 | GlobalPeak | 10.0 |

선택된 군집의 개수를 그래프로 확인해보자.

in

```
# 군집내 제곱합(WCSS) 그래프
gap=r['ABCStats']
max_clusters = 20

fig, ax = plt.subplots(figsize=(6, 5), dpi=300)
ax.plot(gap['K'], gap['WkInput'])
ax.set_xticks(np.arange(2, max_clusters+1))
ax.set_xticklabels(np.arange(2, max_clusters+1))
ax.grid()
ax.set_xlabel('# of clusters')
ax.set_ylabel(r'$WCSS_K$')
```

```
plt.tight_layout()
plt.show()
```

out

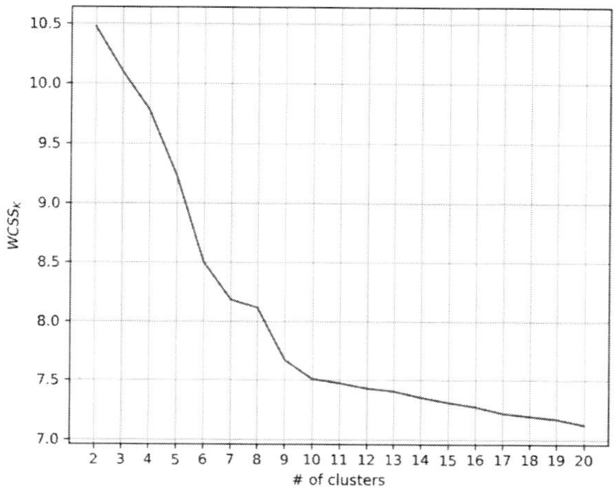


그림 6.40 팔꿈치 곡선

군집내 제곱합 기준으로 보면 꺽인 부분인 팔꿈치(elbow)가 대략 10 근처임을 확인할 수 있다.

in

```
# 격차 통계량 그래프
gap=r['ABCStats']
max_clusters = 20

fig, ax = plt.subplots(figsize=(6, 5), dpi=300)
ax.plot(gap['K'], gap['Gap'])
ax.set_xticks(np.arange(2, max_clusters+1))
ax.set_xticklabels(np.arange(2, max_clusters+1))
ax.grid()
ax.set_xlabel('# of clusters')
ax.set_ylabel(r'gap statistic value')
plt.tight_layout()
```

```
plt.show()
```

out

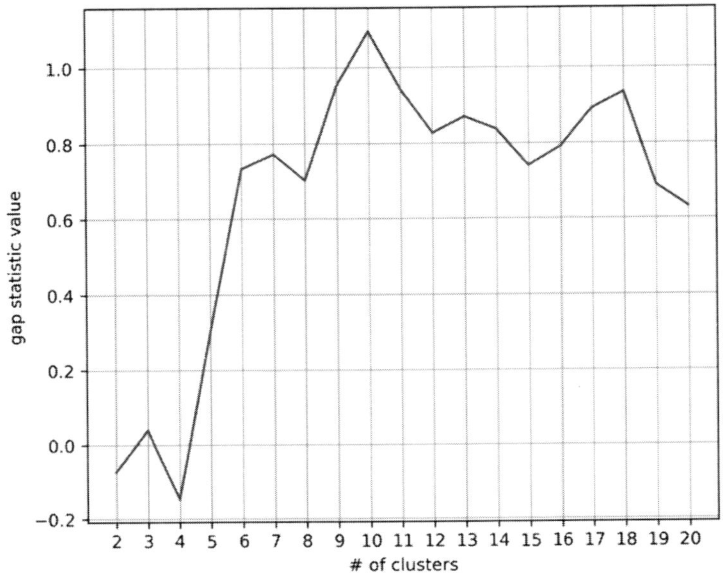


그림 6.41 격차 통계량 곡선

격차 통계량의 전역정점 관점에서도 군집의 개수가 10임을 확인할 수 있다.

in

```
# 격차 통계량과 표준편차
gap=r['ABCStats']
max_clusters = 20

fig, ax = plt.subplots(figsize=(6, 5), dpi=300)
ax.errorbar(gap['K'], gap['Gap'], gap['s'], linestyle='none',
            marker='o', color='red', label='STD')
ax.plot(gap['K'], gap['Gap'], label='Gap Statistic', color='black')
ax.set_xticks(np.arange(2, max_clusters+1))
ax.set_xticklabels(np.arange(2, max_clusters+1))
ax.grid()
```

```
ax.set_xlabel('# of clusters')
ax.set_ylabel(r'gap statistic value')
ax.legend(loc=4)
plt.tight_layout()
plt.show()
```

out

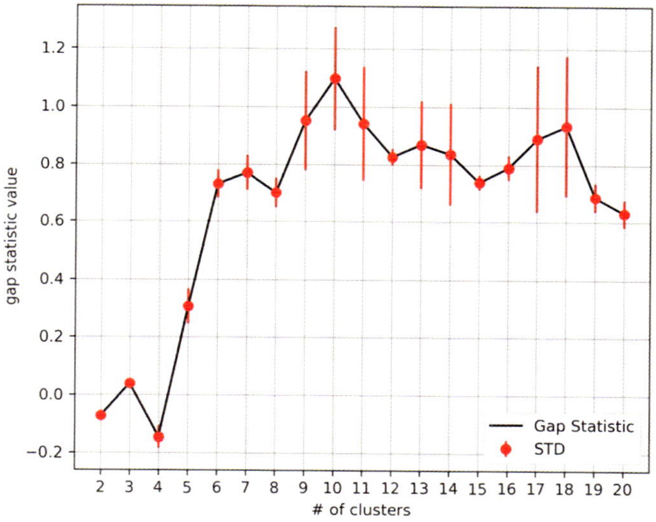


그림 6.42 표준편차 포함 격차 통계량 곡선

격차 통계량과 격차 통계량의 표준편차를 합친 기준으로 보면 군집 개수가 3, 7, 10, … 이 선택될 수 있음을 알 수 있다. 이 중 최초의 값은 3이므로 이 값을 선택할 수 있다.

결과적으로 다양한 기준을 살펴보고 선택하는 것이 중요하다.

### 6.5.1.3 모델 평가

in

```
# 군집 예측 테이블
conn.CASTable('cluster_out').head(10)
```

out

Selected Rows from Table CLUSTER_OUT

| | x1 | x2 | y | _CLUSTER_ID_ | _DISTANCE_ |
|---|---|---|---|---|---|
| 0 | 7.938870 | -10.369372 | 9.0 | 8.0 | 0.985351 |
| 1 | -5.256914 | 1.015066 | 4.0 | 7.0 | 1.519561 |
| 2 | -1.431970 | 3.683592 | 1.0 | 2.0 | 0.681531 |
| 3 | 7.566568 | -10.351043 | 9.0 | 8.0 | 1.230681 |
| 4 | -6.176748 | 8.442484 | 7.0 | 6.0 | 1.979074 |
| 5 | -5.287707 | -0.761851 | 8.0 | 7.0 | 0.275934 |
| 6 | -5.395230 | 0.039090 | 8.0 | 7.0 | 0.579082 |
| 7 | 0.621297 | -9.606378 | 3.0 | 1.0 | 2.026764 |
| 8 | -5.603113 | 10.329013 | 7.0 | 6.0 | 2.457447 |
| 9 | -2.737084 | -1.710980 | 4.0 | 7.0 | 2.735844 |

예측된 군집은 _CLUSTER_ID_ 변수의 값이다. 군집은 나누는 것이기 때문에 어떻게 나누어져 있는지를 확인하는 것이 중요하다. 원래 참 군집 대비 제대로 나누어져 있는지 확인해보자.

in

```
# 예측 테이블 기준 군집
pred = conn.CASTable('cluster_out')

# 산점도 확인
predicted = pred["_CLUSTER_ID_"].values.astype(np.int32)
fig, ax = plt.subplots(figsize=(6, 5), dpi=300)
pred.plot.scatter('x1', 'x2', ax=ax, s=7, c=predicted, cmap=plt.cm.coolwarm)
plt.show()
```

out

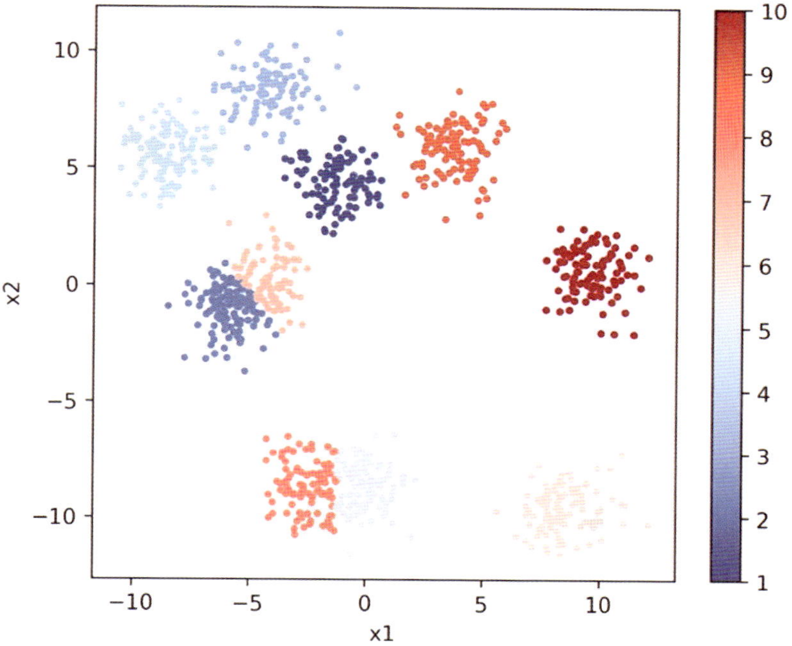

그림 6.43 예측 군집 산점도

결과를 보면 원래 군집 분포와 동일함을 알 수 있다.

## 6.5.2 주성분 분석

주성분 분석(principal component analysis)은 상관관계가 있는 입력변수들로 구성된 데이터를 서로 독립인 주성분(principal component)으로 구성된 데이터로 변환하는 절차를 의미하는데, 어떠한 기저(basis)벡터로 구성된 데이터 벡터를 새로운 기저로 변환하는 절차라고 정의할 수 있다.

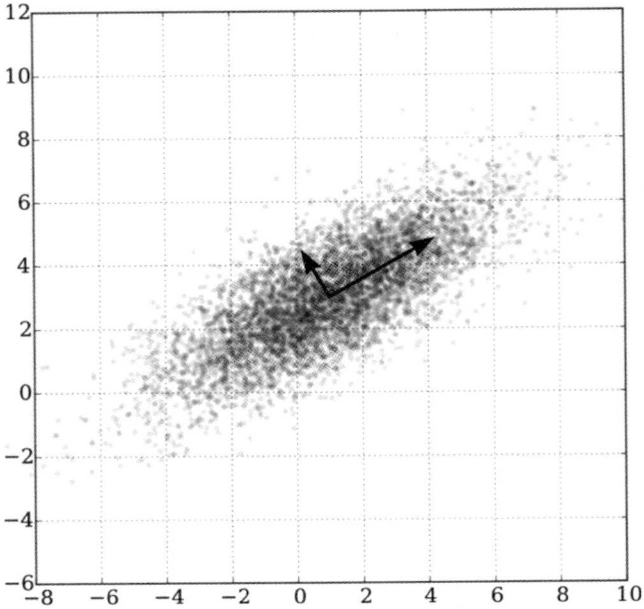


그림 6.44　주성분 표현

그림 6.44를 보면 일반 좌표축으로 표현된 데이터가 서로 직교하는 화살표인 기저로 재 표현될 수 있음을 알 수 있다. 그림 6.44에서 서로 직교하는 화살표가 바로 주성분들이다. 이때 첫 번째 주성분은 모든 데이터를 첫 번째 주성분에 정사영(projection)했을 때 거리의 합이 최대가 된다. 주성분을 구하는 과정을 살펴보기로 하자.

먼저 데이터의 모든 변수에 대하여 각 변수의 평균값을 빼는 중심화(centered) 작업을 진행하였다고 가정하자. 즉, $x_i := x_i - \bar{x}$이다.

$$z_i = c_1 x_{i1} + \cdots + c_p x_{ip}, = x_i^T c, \quad \sum_{j=1}^{p} c_j^2 = 1,\ x_i = (x_{i1},\ \cdots,\ x_{ip}),\ c = (c_1,\ \cdots,\ c_p)$$

여기서 $z_i$는 원래 데이터 $x_i$를 새로운 기저 $c = (c_1,\ \ldots,\ c_p)$로 표현한 것이다. 표본분산은 $\frac{1}{n-1}\sum_{i=1}^{n}(z_i - \bar{z})^2 = \frac{1}{n-1}\sum_{i=1}^{n} z_i^2$ 이다.

첫 번째 주성분은 다음의 식을 만족하는 $c$를 구하는 것이다.

$$\max_{c_1, \cdots, c_p} imize \left\{ \frac{1}{n-1} \sum_{i=1}^{n} \left( \sum_{j=1}^{p} x_{ij} c_j \right)^2 \right\} \ subject\ to \ \sum_{j=1}^{p} c_j^2 = 1$$

그런데 $x_i^T c = \|x_i\| \|c\| \cos(\theta) = \|x_i\| \cos(\theta)$이고 따라서 $\left(x_i^T c\right)^2 = \left(\|x_i\| \cos(\theta)\right)^2$이다. 즉, 정사영 벡터 길이의 제곱이라고 할 수 있으며 이 길이의 합이 최대가 되는 $c$ 벡터를 결정하는 것이다.

$$\sum_{i=1}^{n} \left( \sum_{j=1}^{p} x_{ij} c_j \right)^2 = (Xc)^T Xc = c^T X^T Xc, \ X = (x_1, \ \ldots, \ x_n)^T$$

이고 $X^T X$의 고유값(eigenvalue)을 $\lambda_1 \geq \lambda_2 \geq \ \ldots \geq \lambda_p \geq 0$이고 고유벡터(eigenvector)를 $V[:, 1], \cdots, V[:, p]$이라고 하자. $c$는 $p$차원 벡터이므로 $c = \Sigma_i w_i V[:, i], \Sigma_i w_i^2 = 1$으로 표현할 수 있다. 또한, $V^T V = 1$, 즉, $V[:, i]^T V[:, i] = 1$, $V[:, i]^T V[:, j] = 0$, if $i \neq j$이고 $(X^T X) V[:, i] = \lambda_i V[:, i]$이므로

$$c^T X^T Xc = \left( \sum_i w_i V[:, \ i] \right)^T X^T X \left( \sum_i w_i V[:, \ i] \right) = \sum_i^p \lambda_i w_i^2 \leq \lambda_1 \sum_i^p w_i^2 = \lambda_1$$

이다. 이때 등호가 성립하는 조건은 $c = V[:, 1]$로 가장 큰 고유값을 줄 때의 고유값 벡터라고 할 수 있다. 따라서 첫 번째 주성분으로 표현된 데이터의 표본 분산은 $\frac{\lambda_1}{n-1}$이 된다.

첫 번째 주성분을 구하고 두 번째 주성분을 구할 때는 다음과 같이 하우스홀더(Householder) 행렬인 $I - V[:, 1] V[:, 1]^T$을 이용하여 데이터 행렬을 정의한 후 첫 번째 주성분을 구하는 방법과 동일하게 주성분을 구한다.

$$X_2 = X - XV[:, 1]\, V[:, 1]^T = X(I - V[:, 1]\, V[:, 1]^T)$$

결론적으로 주성분은 순차적으로 $X^T X$의 고유벡터가 되고 전체 분산은 주성분들이 서로 직교하기 때문에 $\frac{\Sigma_{j=1}^{p} \lambda_i}{n-1}$이다. 주성분 점수는 각각의 주성분 벡터에 정사영을 했을 때 길이인 $x_i^T V[:, j]$이다. 따라서 모든 데이터에 대하여 특정 주성분에 대한 주성분 점수는 $XV[:, j]$이다. 기존에 표현되었던 $x_i$ 관측값은 새로운 기저로 표현되면 $x_i = \Sigma_{j=1}^{p} \left(x_i^T V[:, j]\right) V[:, j]$이다.

그런데 첫 번째 주성분으로만 표현하면 $x_i = \left(x_i^t V[:, 1]\right) V[:, 1]$가 되므로 $x_i \approx \left(x_i^t V[:, 1]\right) V[:, 1] = V[:, 1]\left(V[:, 1]^T x_i\right)$으로 근사하게 되는 것이다. 이와 유사한 방법으로 첫 번째와 두 번째 주성분만 사용하게 되면

$$x_i \approx V[:, 1]\left(V[:, 1]^T x_i\right) + V[:, 2]\left(V[:, 2]^T x_i\right) =$$
$$[\, V[:, 1], V[:, 2]\,] \begin{bmatrix} V[:, 1]^T x_i \\ V[:, 2]^T x_i \end{bmatrix} = V_2 V_2^T x_i$$

이다. 따라서 $p$개의 주성분 중에 $q$개만을 사용하는 경우 $x_i \approx V_q V_q^T x_i$가 된다. 이러한 방법을 이용하여 차원을 축소하게 되는 것이다. 주성분 분석을 위한 액션집합은 pca이다.

in
```
# 필요한 액션집합
conn.loadActionset('pca')
```

### 6.5.2.1 모델 적합

사용하는 데이터는 0에서 9까지 숫자의 손글씨 이미지 데이터이다. 8×8개의 픽셀로 구성되어 있으며 흑백 데이터이다.

in

```
# 데이터 구성
url = 'https://github.com/bong-ju-kang/data/raw/master/digits.csv'
digits = conn.read_csv(url,
casout={'name':'digits', 'caslib':'casuser', 'replace':True})
```

이미지를 확인해보자.

in

```
# 이미지 확인
imgdata = digits.drop('TARGET', axis=1).to_frame().values.reshape(-1, 8, 8)

plt.figure(figsize=(5, 5), dpi=300)
plt.imshow(imgdata[0, :, :], cmap='gray')
plt.show()
```

out

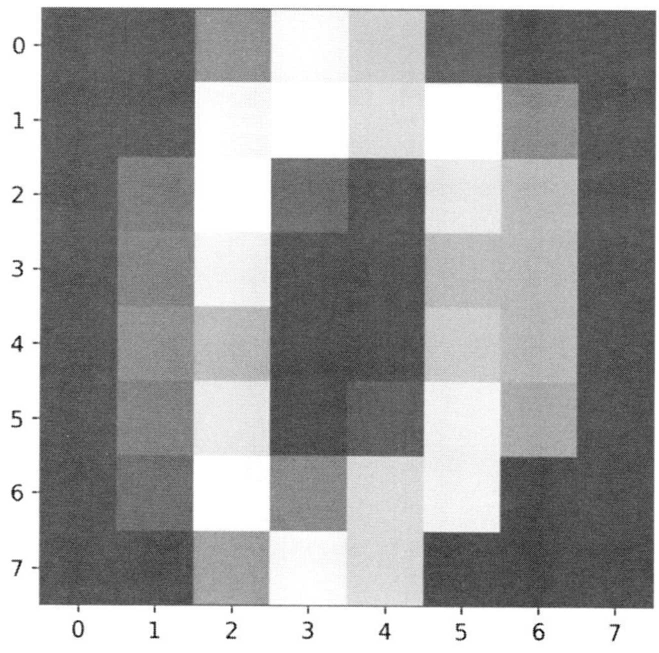


그림 6.45 이미지 시각화

그림 6.45는 숫자 0을 이미지로 표현한 것이다.

주성분 분석을 위해서는 적절한 표준화 작업이 필요하다. 그런데 이미지 데이터는 0~255 값을 가지고 있기 때문에 255로 나누어 주는 것으로 충분하다. 이러한 변환 방법을 척도 변환(scale shift)이라고 한다.

in

```
# 변수 변환

# 입력변수 정의
inputs = ['PIXEL'+ str(i) for i in range(1, 65)]
r = conn.dataPreprocess.transform(
    table={'name':digits},
    requestPackages=[{"function":
                        {"arguments":{"otherArguments":[1/255, 0]},
                         "method":"SCALESHIFT"},
                      "inputs":inputs}],
    casout={'name':'trans_out', 'replace':True}
)
r["VarTransInfo"]
```

out

Variable Transformation Information for DIGITS

| | Variable | Transformation | ResultVar | N | NMiss |
|---|---|---|---|---|---|
| 0 | PIXEL1 | _TR1 | _TR1_PIXEL1 | 1797 | 0 |
| 1 | PIXEL10 | _TR1 | _TR1_PIXEL10 | 1797 | 0 |
| 2 | PIXEL11 | _TR1 | _TR1_PIXEL11 | 1797 | 0 |
| 3 | PIXEL12 | _TR1 | _TR1_PIXEL12 | 1797 | 0 |
| 4 | PIXEL13 | _TR1 | _TR1_PIXEL13 | 1797 | 0 |
| ... | ... | ... | ... | ... | ... |
| 59 | PIXEL63 | _TR1 | _TR1_PIXEL63 | 1797 | 0 |
| 60 | PIXEL64 | _TR1 | _TR1_PIXEL64 | 1797 | 0 |
| 61 | PIXEL7 | _TR1 | _TR1_PIXEL7 | 1797 | 0 |
| 62 | PIXEL8 | _TR1 | _TR1_PIXEL8 | 1797 | 0 |
| 63 | PIXEL9 | _TR1 | _TR1_PIXEL9 | 1797 | 0 |

결과를 보면 변환된 변수명은 _TR1_ 접두사가 붙어 있음을 확인할 수 있다. 변환된 결과를 이용하여 주성분 분석을 실행하도록 하자.

in

```
# 테이블 정의
table = conn.CASTable('trans_out')

# 변수 정의
trans_inputs = ['_TR1_PIXEL'+ str(i) for i in range(1, 65)]

# 주성분 적합
r = conn.pca.eig(
    # 입력 데이터
    table=table,

    # 입력변수
    inputs=trans_inputs,
    std=False,

    # 주성분 점수
    output={'casout':{'name':'pca_out', 'replace':True},
            'score':'PC'}
)
```

적합된 후 고유값을 확인해보자.

in

```
# 고유값
r["Eigenvalues"]
```

out

Eigenvalues of the Correlation Matrix

| | Number | Eigenvalue | Difference | Proportion | Cumulative |
|---|---|---|---|---|---|
| 0 | 1 | 7.340689 | 1.508446 | 0.120339 | 0.120339 |
| 1 | 2 | 5.832243 | 0.681150 | 0.095611 | 0.215950 |
| 2 | 3 | 5.151093 | 1.187064 | 0.084444 | 0.300394 |
| 3 | 4 | 3.964029 | 0.999334 | 0.064984 | 0.365378 |
| 4 | 5 | 2.964694 | 0.394081 | 0.048602 | 0.413979 |
| ... | ... | ... | ... | ... | ... |
| 59 | 60 | 0.063254 | 0.012908 | 0.001037 | 0.999175 |
| 60 | 61 | 0.050346 | 0.050346 | 0.000825 | 1.000000 |
| 61 | 62 | 0.000000 | 0.000000 | 0.000000 | 1.000000 |
| 62 | 63 | 0.000000 | 0.000000 | 0.000000 | 1.000000 |
| 63 | 64 | 0.000000 | NaN | 0.000000 | 1.000000 |

결과를 보면 첫 번째 고유값은 전체 변동의 12% 정도의 점유율(proportion)을 가지고 있다. 두 번째 고유값까지는 누적(cumulative)해서 21% 정도의 점유율을 갖고 있음을 알 수 있다. 만약 전체 변동의 70%까지만 설명하고자 한다면 누적 점유율이 70%가 되는 주성분까지 선택하면 된다. 원래 변수가 64개이지만 서로 직교하는 몇 개의 주성분 변수로 설명할 수 있기 때문에 차원 축소의 효과가 있는 것이다.

in
```
# 고유벡터
r["Eigenvectors"][['Variable','Prin1', 'Prin2','Prin3']].head()
```

out

Eigenvectors

| | Variable | Prin1 | Prin2 | Prin3 |
|---|---|---|---|---|
| 0 | _TR1_PIXEL1 | 0.000000 | 0.000000 | 0.000000 |
| 1 | _TR1_PIXEL2 | -0.182234 | 0.047027 | -0.023588 |
| 2 | _TR1_PIXEL3 | -0.285868 | 0.059565 | 0.056799 |
| 3 | _TR1_PIXEL4 | -0.220370 | -0.020804 | 0.040464 |
| 4 | _TR1_PIXEL5 | 0.025170 | 0.155903 | 0.067065 |

결과의 일부를 보면 주성분은 모든 변수 축의 선형결합으로 표현되어 있음을 알 수 있다. 이는 주성분을 기존의 축 위의 벡터로 표현한 것으로 여기에 실제 데이터 값을 곱하면 주성분 점수가 되는 것이다. 즉, $x_i^T$Prin1은 첫 번째 주성분에 대한 점수가 된다. 각 관측값에 대한 주성분 점수를 이용하면 원 데이터의 변수 간의 산점도보다 훨씬 더 많은 정보를 준다.

in
```
# 주성분 표현
y = digits['TARGET'].values
pca_out = conn.CASTable('pca_out')

# 산점도
cmap = plt.cm.get_cmap('coolwarm', 11)
plt.figure(figsize=(7, 5), dpi=300)
plt.scatter(pca_out.loc[:, 'PC1'], pca_out.loc[:, "PC2"], c=y, s=7, cmap=cmap)
plt.xlabel('1st PC')
```

```
plt.ylabel('2nd  PC')
plt.colorbar()
plt.show()
```

out

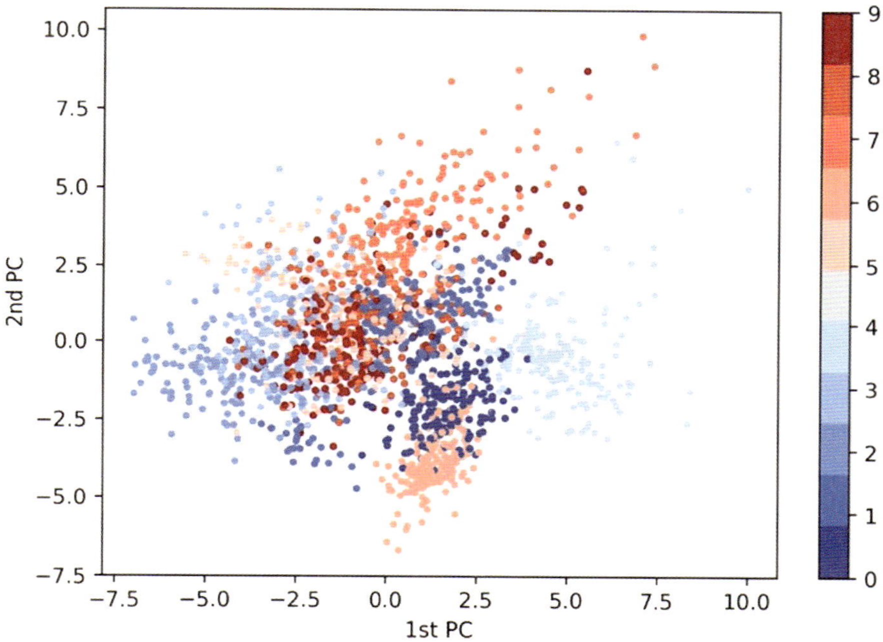


그림 6.46 주성분 산점도

결과를 보면 주성분 1과 주성분 2는 서로 비슷한 척도를 갖고 있고 따라서 비슷한 설명력을 갖고 있음을 알 수 있으며 숫자들이 겹치는 부분은 주성분 1과 주성분 2로 잘 구분할 수 없는 것을 보여준다. 이러한 방식으로 모든 주성분에 대한 산점도를 확인하며 각 주성분의 의미를 파악할 수 있다.

## 6.5.3 t-SNE

### 6.5.3.1 개요

t-SNE(t-distributed Stochastic Neighbor Embedding)는 고차원의 데이터를 저차원으로 변환하는 비선형 차원축소 기법이다. 저차원으로 변환한 후 t-SNE 그래프를 통하여 고차원 데이터를 보다 더 잘 이해하기 위한 방법이다.

저차원으로 차원 축소한다는 것은 $p$ 차원의 $n$개의 데이터 $x_1, \cdots, x_n$가 있다고 하자. 이를 2차원 또는 3차원의 $n$개의 데이터인 $y_1, \cdots, y_n$으로 변환하는 문제이다. 이때 중요한 것은 원래 차원의 데이터가 갖고 있는 유사도, 즉 일종의 가까움이 유지되어야 한다는 것이다. 또한 저차원으로 변환되면서 필연적으로 발생하는 혼잡도(crowdedness)가 적절히 분산되어야 한다.

$$p_{j|i} = \frac{\exp\left(-\|x_i - x_j\|^2 / 2\sigma_i^2\right)}{\sum_{k \neq i} \exp\left(-\|x_i - x_k\|^2 / 2\sigma_i^2\right)}$$

주어진 식은 고차원의 2점에 대한 유사도, 조건부 확률이다. $x_i$가 주어진 경우 $x_j$가 얼마나 가까운지를 나타낸다. 여기서 $\sigma_i^2$는 사전에 정의되어야 하는 초모수이다. $\sigma_i^2$ 값이 크면 $\exp\left(-\|x_i - x_j\|^2 / 2\sigma_i^2\right) \approx 1$, 즉 가까운 점과 먼 점 간에 차별성 없다. 그 반대이면 아주 가까운 점만 이웃으로 판단한다. $p_{j|i}$는 대칭적이지 않으므로 대칭적인 유사도를 다음과 같이 만든다.

$$p_{ij} = \frac{p_{j|i} + p_{i|j}}{2n}$$

저차원에서는 2개의 점에 대한 유사도를 자유도가 1인 t 커널을 이용하여 다음과 같이 정의한다.

$$q_{ij} = \frac{(1+\|y_i - y_j\|^2)^{-1}}{\sum_{k \neq m}(1+\|y_k - y_m\|^2)^{-1}}$$

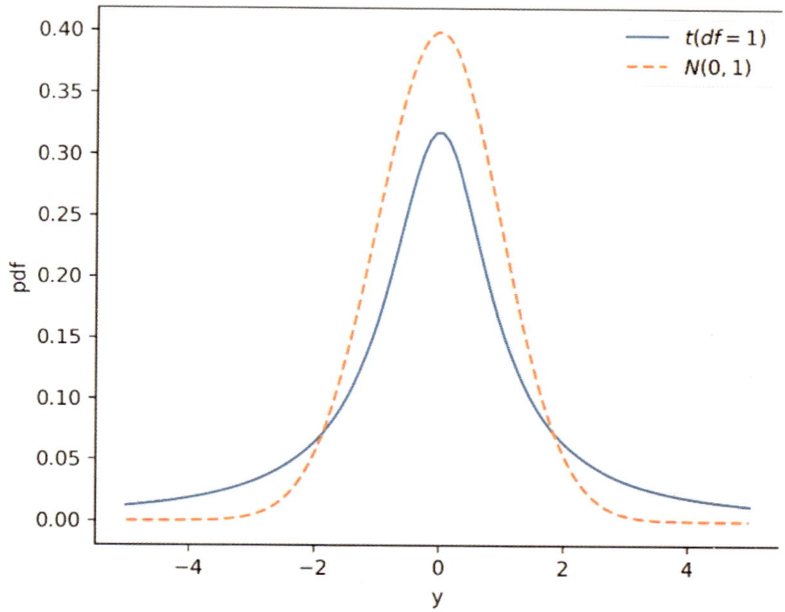


그림 6.47 t 분포와 정규분포

그림 6.47을 보면 정규분포와 대비하여 상대적으로 혼잡도가 많이 분산된 꼬리가 긴 분포이다. 이런 이유로 t 분포를 사용하였다. $y_1, \cdots, y_n$을 구하기 위해서는 수치적으로 계산을 해야 하는데 이때 사용하는 비용함수는 $p_{ij}$, $q_{ij}$가 일종의 거리에 대한 분포이므로 쿨백-라이블러 발산함수를 사용한다.

$$C = KL(P\|Q)) = \sum_i \sum_{j \neq i} p_{ij} \log\left(\frac{p_{ij}}{q_{ij}}\right)$$

이때 사전에 주어져야 할 초모수는 모든 데이터에 대한 $\sigma_i^2$이다. 이 값을 결정하기 위해서 다음과 같이 혼란도(perplexity)라는 통계량을 정의하였다.

$$Perp(P_i) = 2^{H(P_i)}$$

여기서 $H(P_i) = -\sum_j p_{j|i} \log_2 p_{j|i}$은 유사도에 대한 엔트로피(entropy)이다. 엔트로피가 0 이상이므로 혼란도는 1보다 큰 값이다. 혼란도는 각 데이터에서 가까운 이웃의 개수와 관계 있는 측도이다. 혼란도 값을 지정하고 나면 이를 이용하여 각 데이터의 $\sigma_i^2$을 추정한다. 이 값은 대략 5~50의 값을 지정한다.

### 6.5.3.2 모델 적합

사용하는 데이터는 0에서 9까지 숫자의 손글씨 이미지 데이터이다. 8×8개의 픽셀로 구성되어 있으며 흑백 데이터이다.

in
```
# 데이터 구성
url = 'https://github.com/bong-ju-kang/data/raw/master/digits.csv'
digits = conn.read_csv(url,
casout={'name':'digits', 'caslib':'casuser', 'replace':True})
```

해당 데이터의 의미와 이미지는 주성분 분석 절을 참조한다.

in
```
# 입력변수 정의
inputs = ['PIXEL'+ str(i) for i in range(1, 65)]

# t-SNE 적합
r = conn.tsne.tsne(
    # 입력 데이터
    table=digits,

    # 입력변수
    inputs=inputs,
```

```
        # 씨앗값
        seed=123,

        # 삽입 차원
        ndims=2,

        # 혼란도(perplexity)
        perplexity=30,

        # 반복 수
        maxiters=500,

        # tsne 점수
        output={'casout':{'name':'tsne_out', 'replace':True}}
)
```

모델에서는 삽입(embedding) 차원을 2, 혼란도는 30, 반복 수는 500을 지정하였다.

in

```
# 출력 결과 확인
conn.CASTable('tsne_out').head()
```

out

Selected Rows from Table TSNE_OUT

| | _DIM_1_ | _DIM_2_ |
|---|---|---|
| 0 | -20.004232 | 9.396520 |
| 1 | 3.835737 | -11.034563 |
| 2 | 10.519036 | -6.601004 |
| 3 | 2.097114 | 16.001626 |
| 4 | -8.948624 | -20.941377 |

2차원 삽입 결과 생성된 y값들이다. 이를 이용하여 t-SNE 그래프를 생성해보자.

in

```
# t-SNE 그래프
y = digits['TARGET'].values

# 산점도
```

```
cmap = plt.cm.get_cmap('coolwarm', 11)
plt.figure(figsize=(7, 5), dpi=300)
plt.scatter(tsne_out.loc[:, '_DIM_1_'], tsne_out.loc[:, "_DIM_2_"], c=y,  s=7, cmap=cmap)
plt.xlabel('1st Dimension')
plt.ylabel('2nd Dimension')
plt.title('Perplexity=30')
plt.colorbar()
plt.show()
```

out

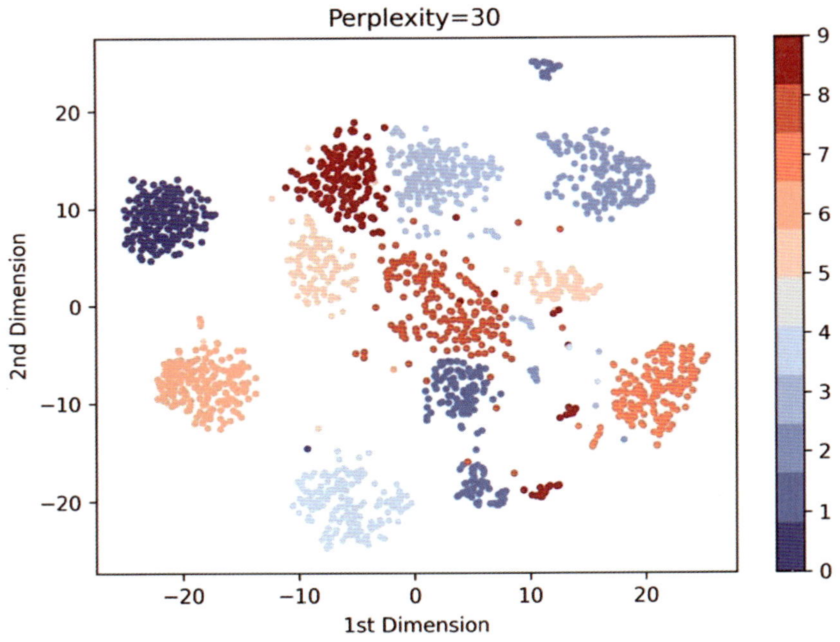


**그림 6.48** t-SNE 그래프

그림 6.48을 보면 적절히 비선형 변환에 의한 저차원 임베딩 결과 원 데이터는 손글씨 숫자를 나름대로 분류하고 있음을 알 수 있다. 여기서 잘 분류가 되지 않는 다른 군집과 섞여 있는 데이터들은 이후 확인 작업이 필요할 수도 있다.

## 6.5.4 자동 부호기

### 6.5.4.1 개요

자동 부호기는 비선형 변환에 의한 부호화(encoding) 기법이다. 고차원의 데이터를 밀집도가 있는 저차원 데이터로 변환하기 때문에 일종의 차원축소 기법 중의 하나라고 할 수 있다.

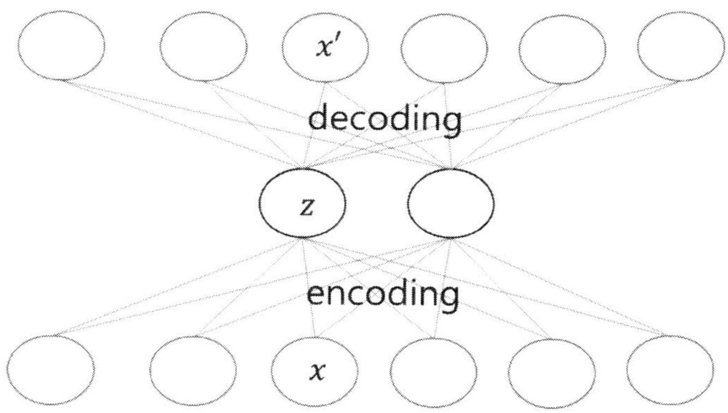


그림 6.49 자동 부호기 구조

자동 부호기는 부호화 과정과 복호화(decoding)과정으로 구성되어 있고 그림 6.49에서는 은닉층이 1개이며 2개의 은닉노드로 구성되어 있다. 복호화를 한다는 것은 원래 데이터가 $x$이므로 $x'$가 $x$와 동일한 값이어야 한다. 이때 이 차이가 $\|x-x'\|^2$을 재건축(reconstruction) 오차이며 이를 최소화하기 위하여 사용된 모수인 가중값을 정해야 한다. 그림 6.49의 구조를 살펴보면 입력변수와 목표변수가 동일한 신경망이라고 할 수가 있다. 자동 부호기를 적합하기 위해서는 neuralNet 액션집합을 적재해야 한다.

in
```
# 필요한 액션집합: neuralNet
conn.loadactionset('neuralNet')
```

### 6.5.4.2 모델 적합

사용하는 데이터는 0에서 9까지 숫자의 손글씨 이미지 데이터이다. 8×8개의 픽셀로 구성되어 있으며 흑백 데이터이다.

in
```
# 데이터 구성
url = 'https://github.com/bong-ju-kang/data/raw/master/digits.csv'
digits = conn.read_csv(url,
casout={'name':'digits', 'caslib':'casuser', 'replace':True})
```

해당 데이터의 의미와 이미지는 주성분 분석 절을 참조한다.

신경망 자체도 표준화 과정이 있지만 이미지 데이터이기 때문에 다음과 같은 변환 절차를 거친다.

in
```
# 입력변수 정의
inputs = ['PIXEL'+ str(i) for i in range(1, 65)]

# 변수 변환
r = conn.dataPreprocess.transform(
    table={'name':digits},
    requestPackages=[{"function":
                        {"arguments":{"otherArguments":[1/255, 0]},
                         "method":"SCALESHIFT"},
                      "inputs":inputs}],
    casout={'name':'trans_out', 'replace':True}
)
```

변환된 데이터는 다음과 같이 확인할 수 있다.

in

```
# 변환 데이터 확인
conn.CASTable('trans_out').info()
```

out

```
CASTable('trans_out')
Data columns (total 64 columns):
                    N    Miss    Type
_TR1_PIXEL1      1797   False  double
_TR1_PIXEL10     1797   False  double
_TR1_PIXEL11     1797   False  double
_TR1_PIXEL12     1797   False  double
_TR1_PIXEL13     1797   False  double
...               ...     ...     ...
_TR1_PIXEL63     1797   False  double
_TR1_PIXEL64     1797   False  double
_TR1_PIXEL7      1797   False  double
_TR1_PIXEL8      1797   False  double
_TR1_PIXEL9      1797   False  double

[64 rows x 3 columns]
```

결과 테이블의 변수는 원래 변수명에 _TR1_ 접두사가 붙어 있다.

in

```
# 입력 데이터
trans_out = conn.CASTable('trans_out')

# 입력변수
trans_inputs = ['_TR1_PIXEL'+ str(i) for i in range(1, 65)]

# 자동 부호기 적합
conn.neuralNet.annTrain(
    table = trans_out,
    inputs    = trans_inputs,
    casOut ={'name':'autoenc_model', 'replace':True},
    arch='mlp',
    seed=123,
```

```
    hiddens=[8, 2],
    acts=["RECTIFIER", 'LOGISTIC'],
    nloOpts={'algorithm':'lbfgs', 'optmlOpt':{'maxIters':100, 'fConv':1E-10}}
)
```

프로그램에서는 신경망을 이용하였으며 출력변수를 지정하지 않으면 입력변수가 출력변수가 된다. 사용된 옵션의 의미는 신경망 절을 참조한다.

현재 적합된 모델은 은닉층이 2개이며 각각의 은닉노드의 개수는 8개, 2개이다.

적합된 결과를 이용하여 은닉층의 은닉노드의 값을 산출해보자.

in
```
# 모델 이용 점수 산출
conn.neuralNet.annScore(
    table = trans_out,
    # 모델 테이블 지정
    modelTable={'name':'autoenc_model'},
    casOut={'name':'autoenc_out', 'replace':True},
    # 출력변수 지정
    listNode='hidden',
    encodeName=True
)
# 은닉노드 값 테이블 구조
conn.CASTable('autoenc_out').info()
```

out
```
CASTable('autoenc_out')
Data columns (total 10 columns):
              N    Miss    Type
_Node_0    1797   False  double
_Node_1    1797   False  double
_Node_2    1797   False  double
_Node_3    1797   False  double
_Node_4    1797   False  double
_Node_5    1797   False  double
_Node_6    1797   False  double
```

```
_Node_7        1797     False    double
_Node_8        1797     False    double
_Node_9        1797     False    double
dtypes:  double(10)
```

은닉노드 값의 출력된 테이블은 2개의 은닉층에 각 8, 2개의 은닉노드를 지정했으므로 총 10개의 노드로 구성되어 있다. 만약 마지막 은닉층의 2개의 노드 값을 사용하고자 한다면 _Node_8, _Node_9를 이용해야 한다.

모델에 대한 평가는 생략하며 마지막 은닉층의 은닉노드 값을 이용하여 분류문제에 사용할 수 있을지 산점도로 확인해보자.

in

```
# 은닉노드 값 이용 시각화
y = digits['TARGET'].values
autoenc_out = conn.CASTable('autoenc_out')

# 산점도
cmap = plt.cm.get_cmap('coolwarm', 11)
plt.figure(figsize=(7, 5), dpi=300)
plt.scatter(autoenc_out.loc[:, '_Node_8'], autoenc_out.loc[:, "_Node_9"], c=y, s=7,
cmap=cmap)
plt.xlabel('1st PC')
plt.ylabel('2nd PC')
plt.colorbar()
plt.show()
```

out

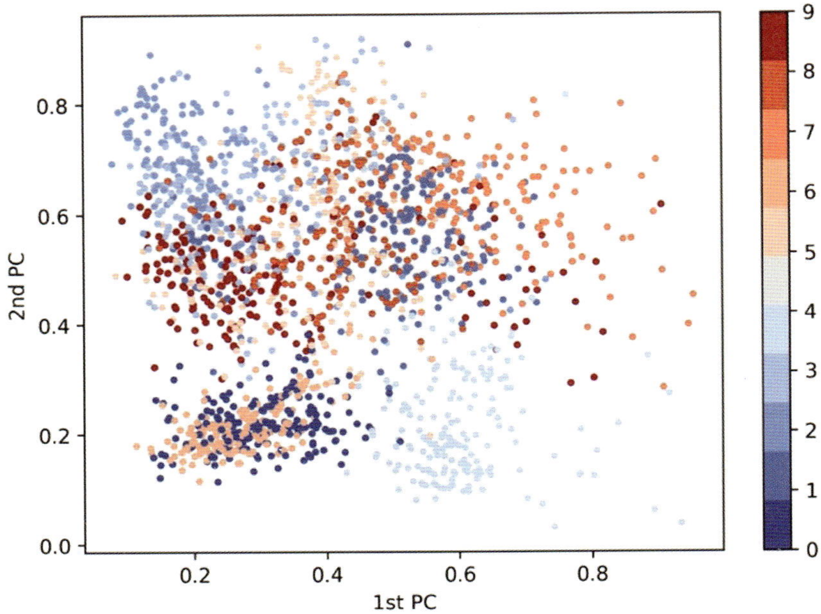

그림 6.50 자동 부호기 은닉노드 산점도

결과 그래프를 보면 확연히 구분되지 않지만 모델 조율 과정 등을 통하여 보다 더 개선할 필요가 있음을 알 수 있다.

## 6.6 참고문헌


| 인용어 | 문헌 또는 URL |
| --- | --- |
| | https://developer.sas.com/guides/python-swat.html |
| | https://sassoftware.github.io/python-swat/ |
| | https://sassoftware.github.io/python-swat/getting-started.html |
| [V-ACTION] | https://documentation.sas.com/doc/ko/pgmsascdc/9.4_3.5/allprodsactions/titlepage.htm |

| 인용어 | 문헌 또는 URL |
|---|---|
| [KANG-ML] | 강봉주(2019), 파이썬으로 실무에 바로 적용하는 머신러닝, 에이콘출판사 |
| [KANG-BASICS] | 강봉주(2020), 파이썬 기반의 AI를 위한 기초수학, 확률 및 통계, 자유아카데미 |
| [KANG-AUTOML] | 강봉주(2020), SAS Viya 기반의 실무에 바로 적용하는 AutoML, 자유아카데미 |
| [GMLOPS] | https://cloud.google.com/architecture/mlops-continuous-delivery-and-automation-pipelines-in-machine-learning?hl=ko |
| | https://en.wikipedia.org/wiki/Bayesian_network |
| | https://en.wikipedia.org/wiki/Support-vector_machine |
| | https://en.wikipedia.org/wiki/Unsupervised_learning |
| | https://en.wikipedia.org/wiki/Autoencoder |
| | https://blog.keras.io/building-autoencoders-in-keras.html |
| | https://sahbichaieb.com/autoencoders-viya/ |
| | https://en.wikipedia.org/wiki/Principal_component_analysis |
| [WATT] | Wattenberg, et al., "How to Use t-SNE Effectively", Distill, 2016. http://doi.org/10.23915/distill.00002 |
| | Wendy Czika, Christian Medins, and Radhikha Myneni(2020), Automation in SAS® Visual Data Mining and Machine Learning, SAS GLOBAL FORUM 2020, SAS Institute Inc. |
| | Koch, P., Wujek, B., Golovidov, O., and Gardner, S. (2017). "Automated Hyperparameter Tuning for Effective Machine Learning." In Proceedings of the SAS Global Forum 2017 Conference. Cary, NC: SAS Institute Inc. |
| | https://communities.sas.com/t5/SAS-Communities-Library/Best-transformation-a-new-feature-in-SAS-Model-Studio-8-3/ta-p/489604 |
| [TWKIM] | http://www.cirano.qc.ca/realisations/grandes_conferences/methodes_econometriques/white.pdf. |

7장

# DLPy 패키지

## 7.1 개요

DLPy 패키지는 SAS Viya 딥러닝 카스 서버에 접속을 위한 파이썬 인터페이스이다. 몇 가지 주요한 특징은 다음과 같다.

- 사용자 친화 API: 케라스(Keras) 패키지와 같은 고수준의 인터페이스 제공.
- 내장 신경망 제공: 잘 알려진 모델인 VGG, ResNet 등을 내장, ImageNet에서 훈련된 모델도 제공.
- 내장 모델 분석 툴 제공: 딥러닝 블랙박스를 해석할 수 있는 열지도 분석 등과 같은 툴 제공.
- 딥러닝 지원 함수 제공: 네트워크 시각화, 특징 맵, 예측 결과, 데이터 분할 등을 제공.
- 오픈소스 인터페이스 용이: 카스 테이블의 넘파이 또는 데이터프레임 변환 등을 제공.

DLPy 패키지를 사용하기 위해서는 사전에 카스 서버에 접속이 되어 있어야 하므로 swat 패키지가 필요하다.

import swat

in

```
# dlpy 패키지 로드
import dlpy
from dlpy import Model, Sequential
from dlpy.layers import *

from dlpy.model import Optimizer, AdamSolver
from dlpy.splitting import two_way_split
from dlpy.metrics import \
    (accuracy_score, confusion_matrix, plot_roc,
     plot_precision_recall, roc_auc_score,
     f1_score, average_precision_score)
```

## 7.2 합성곱 신경망

딥러닝 관련하여 이미지 분야에 가장 많이 사용되는 기법 중의 하나는 합성곱 신경망(CNN: convolution neural network)이다.

합성곱 신경망은 동물이 가진 시각 피질(visual cortex)에 의한 사물의 인식 과정으로부터 영향을 받은 신경망이다. 시각 피질의 각 신경세포(neuron)는 수용 영역(receptive)이라 알려진 시각 영역의 제한된 부분에서만 자극에 반응한다. 신경세포에 의하여 받아들여진 수용 영역들은 서로 부분적인 중첩을 통하여 전체적인 시각 영역을 구성하게 된다. 이러한 부분을 구현한 것이 합성곱 신경망의 합성곱층이다. 합성곱 신경망은 위치 무관(shift invariant, space invariant) 인공 신경망(SIANN)이라고 불리기도 하는데, 이는 합성곱 신경망에서 사용되는 하나의 필터는 위치에 관계없이 똑같은 가중값을 사용하기 때문이다. 합성곱 신경망은 입력층과 출력층과 함께 많은 은닉층을 갖고 있다. 은닉층은 합성곱층, 결합(pooling)층, 완전연결층, 정규화층들로 구성되어 있다.

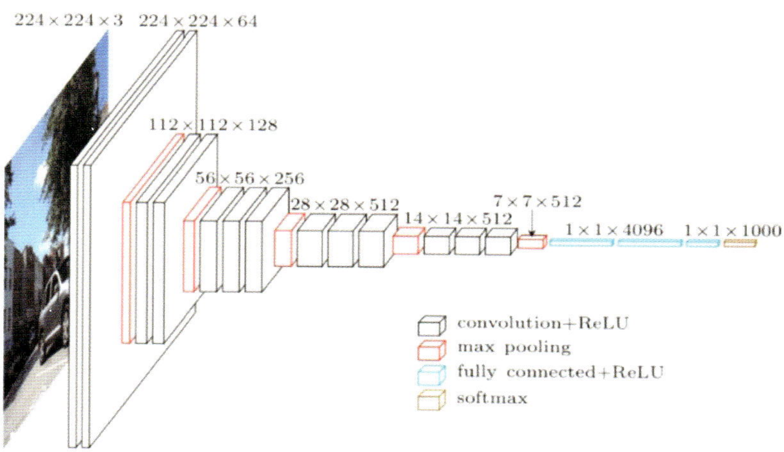


**그림 7.1** 합성곱 신경망(VGG 신경망) 구조

그림 7.1은 합성곱 신경망의 하나의 예이다.

### 7.2.1 데이터 구성

합성곱 신경망에서 사용할 데이터는 28×28 흑백으로 구성된 손글씨 데이터이다.

in

```
# 데이터 구성
url = 'https://github.com/bong-ju-kang/data/blob/master/digits_28_28.zip?raw=true'
casdf = conn.read_csv(
    url, encoding='utf-8', compression='zip',
    casout={'name':"digits28", 'replace':True}
)
casdf.shape
```

```
(42000, 785)
```

```
# 이미지 확인
imgdata = casdf.drop('label', axis=1).head(0).values.reshape(-1, 28, 28, 1)

plt.figure(figsize=(5, 5), dpi=300)
plt.imshow(imgdata[0, :, :], cmap='gray')
plt.show()
```

out

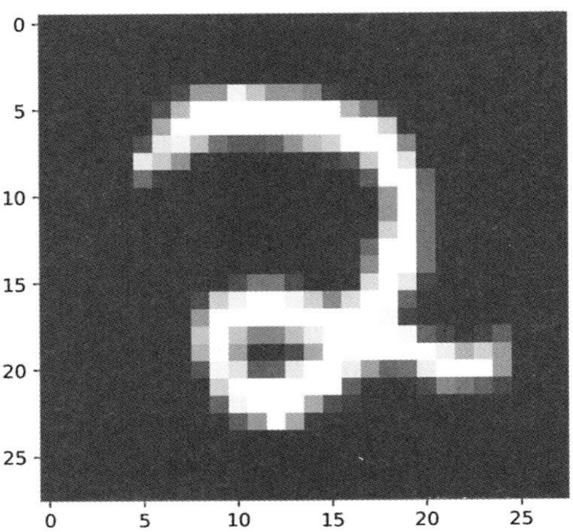


그림 7.2 손글씨 이미지

일반적으로 이미지는 높이(height), 폭(width), 채널(channel)로 정의할 수 있다. 흑백 이미지인 경우는 채널이 1이면 나머지는 RGB색에 따라 정의될 수 있으므로 채널이 3이 된다.

따라서 모든 이미지는 (-1, 높이, 폭, 채널) 형식으로 정의되어 있어야 한다. 예를 들어 CIFAR-10 이미지는 32×32×3로 표현된다. 아래와 같은 이미지는 어떻게 데이터로 표현되는지 확인해보자.

in
```
# 이미지 보기
import PIL
import urllib
url = 'https://github.com/bong-ju-kang/data/raw/master/image/concrete/conc1.png'
PIL.Image.open(urllib.request.urlopen(url))
```

out

**그림 7.3** 이미지 예

in
```
# 데이터로 전환
imgdata = plt.imread(urllib.request.urlopen(url), format='jpg')
imgdata.shape
```

out
```
(183, 275, 3)
```

주어진 이미지는 높이 183, 폭 275, 채널 3인 이미지이다.

in
```
# 최솟값, 최댓값
imgdata.min(), imgdata.max()
```
out
```
(0, 255)
```

이미지는 0과 255 값을 갖고 있음을 확인할 수 있다.

### 7.2.2 개요

#### 7.2.2.1 합성곱층

합성곱층(convolution layer)은 합성곱 연산을 하는 층이다. 합성곱 연산이 어떻게 이루어지는 확인해보자. 먼저 1차원 합성곱 연산을 알아보기로 하자. 1차원 합성곱 연산은 다음과 같이 정의되어 있다.

$$(f*g)(n)=\sum_{m=-\infty}^{\infty} f(m)g(n-m)$$

만약 $m\in\{0,\ 1,\ 2\}$이라면 $(f*g)(n)=f(0)g(n-0)+f(1)g(n-1)+f(2)g(n-2)$이다. 즉, 두 함수의 색인값의 합이 일정해야 하기 때문에 하나의 함수에서 색인이 정상 순이며 다른 함수는 역순으로 곱하여 더 해주어야 한다. 정의되지 않은 함숫값은 0으로 정의한다.

in
```
# 합성곱 예
import scipy.signal as signal
f = np.array([1, 2, 3])
g = np.array([1, 2])
signal.convolve(f, g, mode='full')
```
out
```
array([1, 4, 7, 6])
```

위 결과를 간단히 검증해보면

$$(f*g)(0) = f(0)*g(0-0) + f(1)*g(0-1) + f(2)*g(0-2) = 1,$$
$$(f*g)(1) = f(0)*g(1-0) + f(1)*g(1-1) + f(2)*g(1-2) = 4$$

이다. 이 과정을 살펴보면 $f$ 함숫값은 가만히 있는 상태에서 $g$ 함숫값이 역순값으로 한 칸씩 전진하면서 서로 겹치는 값을 곱하여 더한 것과 같다.

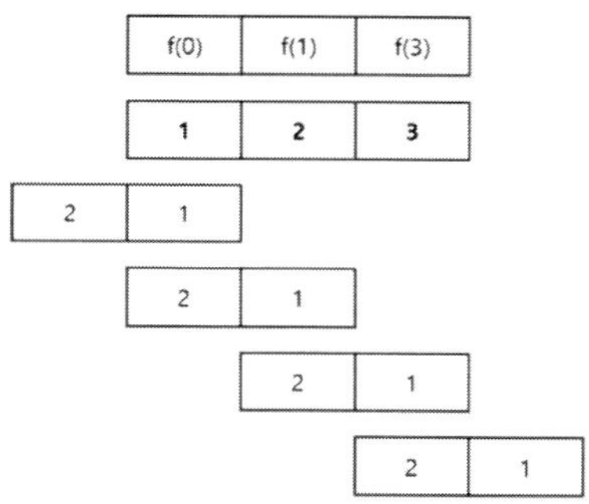


그림 7.4 1차원 합성곱 연산

in
```
# 모드에 대한 이해
signal.convolve(f, g, mode='same'), signal.convolve(f, g, mode='valid')
```
out
```
(array([1, 4, 7]), array([4, 7]))
```

모드값이 same인 경우는 두 개의 함수의 차원 중 가장 큰 차원까지 계산이 되고 valid인 경우에는 정의되지 않은 값을 가진 색인이 나타나는 경우에는 이를 포함하지 않는 것을 의미한다.

합성곱 신경망은 *f*, *g*의 역할을 바꾸어도 그 값이 변하지 않으므로 교환법칙이 성립한다. 이런 의미에서 보다 작은 차원을 갖는 함수를 *g*라고 했을 때 *g*를 뒤집고(flip)나서 계속해서 원소별 곱의 합을 구하는 것과 같다. 1차원인 경우에는 1번 뒤집고 2차원인 경우는 2번을 뒤집으면 된다.

in
```
# 뒤집기(flip)
np.flip([1, 2]), np.flip([[1, 2], [3, 4]], axis=(0, 1))
```

out
```
(array([2, 1]),
 array([[4, 3],
        [2, 1]]))
```

2차원의 경우도 살펴보자.

in
```
# 이미지 데이터와 필터
image = np.random.RandomState(123).choice([0,1], 49).reshape(7, 7)
filter = np.random.RandomState(0).choice([0, 1], 9).reshape(3, 3)
image, filter
```

out
```
(array([[0, 1, 0, 0, 0, 0, 0],
        [1, 1, 0, 1, 1, 0, 1],
        [0, 1, 0, 1, 1, 0, 0],
        [0, 1, 1, 1, 0, 1, 0],
        [0, 0, 0, 1, 1, 1, 0],
        [0, 1, 0, 0, 1, 0, 1],
        [0, 1, 1, 1, 0, 0, 0]]),
 array([[0, 1, 1],
        [0, 1, 1],
        [1, 1, 1]]))
```

in
```
# 점적을 위한 필터
fliped_filter = np.flip(filter, axis=(0,1))
fliped_filter
```

out
```
array([[1, 1, 1],
       [1, 1, 0],
       [1, 1, 0]])
```

in
```
# 합성곱 연산
signal.convolve(image, filter, mode='valid')
```

out
```
array([[4, 3, 2, 4, 2],
       [4, 5, 5, 5, 4],
       [2, 4, 5, 5, 4],
       [3, 4, 3, 5, 4],
       [2, 4, 4, 5, 3]])
```

여기서 첫 번째 값의 계산과정을 살펴보자.

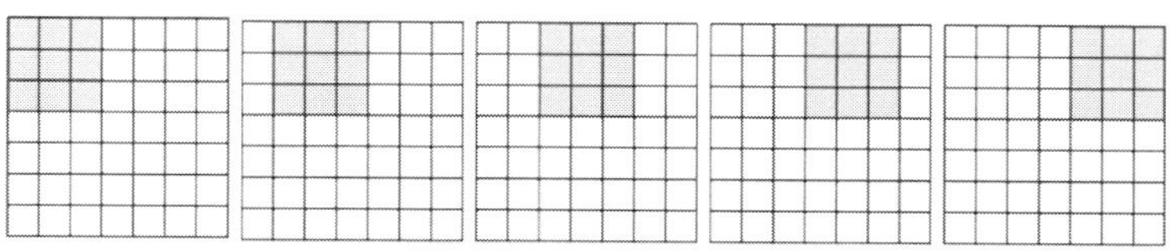

그림 7.5 필터의 스캔 과정

in
```
# 부분 데이터와 뒤집기한 필터
sub_image = image[:3, :3]
sub_image, filped_filter
```

out
```
(array([[0, 1, 0],
        [1, 1, 0],
        [0, 1, 0]]),
 array([[1, 1, 1],
```

```
                [1, 1, 0],
                [1, 1, 0]]))
```

in
```
# 합성곱 연산
np.sum(sub_image*fliped_filter)
```

out
```
4
```

합성곱을 지속적으로 하게 되면, 이미지의 높이와 폭이 점점 작아지게 된다. 이를 방지하고 모서리 부분의 이미지 값의 중요도를 주기 위하여 모서리 채우기인 패딩(padding)을 한다.

| 0 | 0 | 0 | 0 | 0 | 0 | 0 | 0 | 0 |
|---|---|---|---|---|---|---|---|---|
| 0 |  |  |  |  |  |  |  | 0 |
| 0 |  |  |  |  |  |  |  | 0 |
| 0 |  |  |  |  |  |  |  | 0 |
| 0 |  |  |  |  |  |  |  | 0 |
| 0 |  |  |  |  |  |  |  | 0 |
| 0 |  |  |  |  |  |  |  | 0 |
| 0 |  |  |  |  |  |  |  | 0 |
| 0 | 0 | 0 | 0 | 0 | 0 | 0 | 0 | 0 |

그런데 이러한 패딩에 대하여 필터 크기가 3×3인 경우에는 다음의 과정으로 첫 번째 필터값이 계산된다.

| 0 | 0 | 0 | 0 | 0 | 0 | 0 | 0 | 0 |
|---|---|---|---|---|---|---|---|---|
| 0 |  |  |  |  |  |  |  | 0 |
| 0 |  |  |  |  |  |  |  | 0 |
| 0 |  |  |  |  |  |  |  | 0 |
| 0 |  |  |  |  |  |  |  | 0 |
| 0 |  |  |  |  |  |  |  | 0 |
| 0 |  |  |  |  |  |  |  | 0 |
| 0 |  |  |  |  |  |  |  | 0 |
| 0 | 0 | 0 | 0 | 0 | 0 | 0 | 0 | 0 |

그다음 합성곱 연산을 valid로 수행하게 되면 원래 크기와 동일한 이미지가 생성된다. 따라서 필요한 경우에는 적절한 패딩값의 영역을 지정해야 한다.

| 0 | 0 | 0 | 0 | 0 | 0 | 0 | 0 | 0 | 0 | 0 |
|---|---|---|---|---|---|---|---|---|---|---|
| 0 | 0 | 0 | 0 | 0 | 0 | 0 | 0 | 0 | 0 | 0 |
| 0 | 0 | | | | | | | | 0 | 0 |
| 0 | 0 | | | | | | | | 0 | 0 |
| 0 | 0 | | | | | | | | 0 | 0 |
| 0 | 0 | | | | | | | | 0 | 0 |
| 0 | 0 | | | | | | | | 0 | 0 |
| 0 | 0 | | | | | | | | 0 | 0 |
| | | | | | | | | | | |
| 0 | 0 | | | | | | | | 0 | 0 |
| 0 | 0 | 0 | 0 | 0 | 0 | 0 | 0 | 0 | 0 | 0 |
| 0 | 0 | 0 | 0 | 0 | 0 | 0 | 0 | 0 | 0 | 0 |

위의 그림은 대칭적으로 패딩 크기가 2인 경우이다.

일반적으로 보폭의 크기를 $s$, 입력층의 크기가 $i_1 \times i_2 \times i_3$이고 필터 크기를 $k_1 \times k_2 \times i_3$이라고 하면 연산 후 결과 배열의 크기는 $\left(\frac{(i_1-k_1)}{S}+1\right)\times\left(\frac{(i_2-k_2)}{S}+1\right)$가 된다. 예를 들어, 패딩 크기가 2인 경우에 입력층의 크기는 9×9, 필터 크기가 3×3이고 보폭의 크기가 1이면 연산 후 결과 배열의 크기는 $\left(\frac{9-3}{1}+1\right)\times\left(\frac{9-3}{1}+1\right)=7\times 7$이 된다.

일반적인 이미지가 $h \times w \times d$로 구성된 배열이라고 하면 필터는 보통 이보다 작은 $m \times n \times d$인 배열이다. 만약 같은 크기의 배열을 출력한다고 가정하면 $h \times w \times 1$인 배열이 출력된다. 즉, 어떠한 특징을 표현하게 되는데, 이런 의미에서 이 배열을 특별히 특징지도(feature map)라고 한다. 만약 필터가 $k$개이면 $h \times w \times k$인 배열이 생성되게 된다. 필터 또는 커널의 의미는 무엇일까? 예를 들어, 아래와 같은 필터가 있다고 하자.

| 0 | 0 | 0 | 0 | 0 | 0 | 30 |
|---|---|---|---|---|---|---|
| 0 | 0 | 0 | 0 | 0 | 30 | 0 |
| 0 | 0 | 0 | 0 | 30 | 0 | 0 |
| 0 | 0 | 0 | 30 | 0 | 0 | 0 |
| 0 | 0 | 30 | 0 | 0 | 0 | 0 |
| 0 | 30 | 0 | 0 | 0 | 0 | 0 |
| 30 | 0 | 0 | 0 | 0 | 0 | 0 |

이를 필터 이미지로 표현하면 다음과 같다.

in
```
# 필터의 의미
F = np.diag(30*np.ones((7,)))
F = np.flip(F, axis=(0)).reshape(7, 7, 1)
plt.figure(dpi=300)
plt.imshow(F, cmap='gray')
plt.show()
```

out

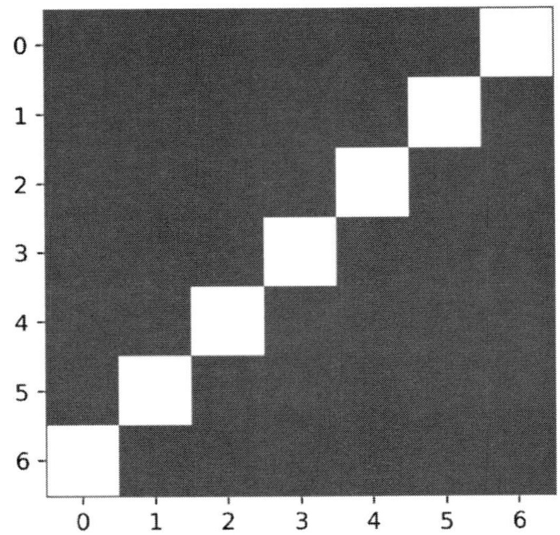


그림 7.6 필터 이미지

그림 7.6을 보면 사선으로 인식하는 것을 알 수 있다. 만약 이 필터와 합성곱을 한 후 결괏값을 보면 당연히 겹치는 영역에 값이 있을 때 큰 값을 준다. 사선과 동일하면 할수록 값이 커지므로 해당 필터는 사선 인식 필터라고 할 수 있으며 일종의 이미지라고 볼 수 있다.

신경망의 하나의 노드는 입력값을 계산한 후 출력을 할 때는 적절한 활성함수를 택하여 출력하게 된다. 합성곱층도 마찬가지로 하나의 노드의 입력값을 합성곱 연산으로 계산한 후 이를 출력할 때는 적절한 활성함수를 택해야 한다. 이때 많이 사용하는 활성함수는 교정선형단위(ReLU: Rectified Linear Unit)를 사용한다.

$$ReLU(z) = \begin{cases} 0 & \text{if } z < 0 \\ z & \text{if } z \geq 0 \end{cases}$$

### 7.2.2.2 결합층

결합층(pooling layer)은 합성곱층의 차원을 축소하는, 즉 노이즈(noise)를 없애고 추상화를 위한 층이다. 일반적으로 합성곱층과 결합층은 합쳐서 합성곱 블록을 형성한다.

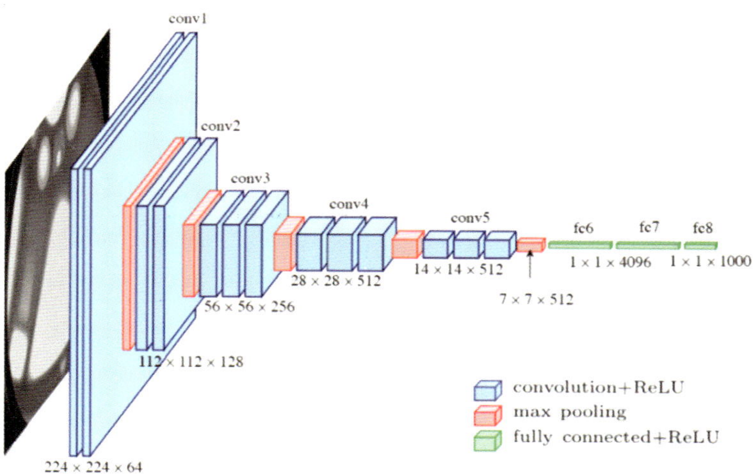


그림 7.7 VGG16 신경망 구조

그림 7.7은 참고문헌 [VGG]의 이미지이다.

그림 7.7은 원래 이미지에서 3×3 크기를 갖는 64개의 필터로 2번 합성곱층을 통과하여 특징을 추출하였다. 이후는 연속적인 합성곱 블록 과정을 거쳤다.

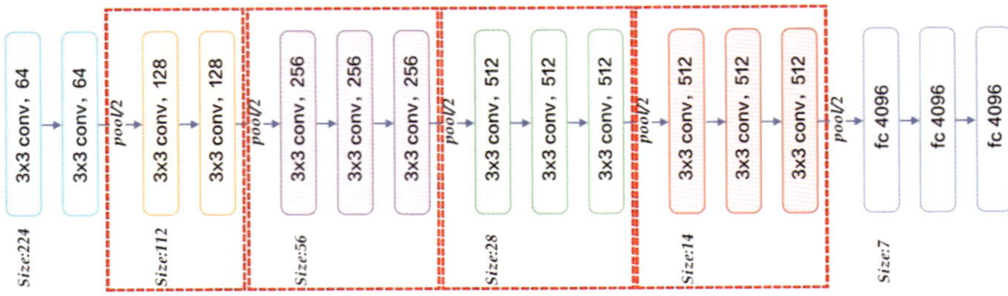


그림 7.8 합성곱 블록

그림 7.8은 참고문헌 [VGG]의 이미지이다. 그림에서 점선으로 구성된 영역이 합성곱 블록이다.

224×224 크기의 이미지를 어떻게 1/2로 줄일 수 있을까?

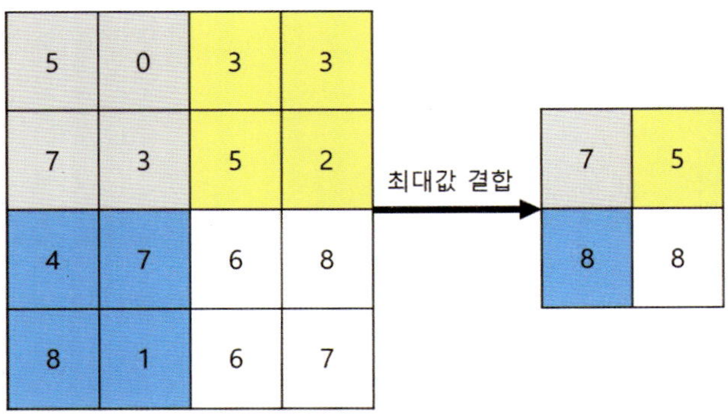


그림 7.9 결합층 생성

그림 7.9는 크기가 2×2인 필터, 보폭이 2인 경우에 이미지를 1/2로 줄인 경우이다. 이때 사용한 연산은 해당 필터에 속하는 모든 값의 최댓값으로 줄인 것이다. 이런 경우를 최댓값 결합(max pooling)이라고 한다. 이외에도 평균값 결합(average pooling) 등이 결합층을 구성할 수 있다.

일반적으로 입력층이 $i \times i$, 커널이 $k \times k$, 보폭이 $s$라고 하면 출력 특징맵의 크기는

$$o = \left\lfloor \frac{i-k}{s} \right\rfloor + 1$$

이다. 여기서 $\lfloor \cdot \rfloor$는 바닥함수(floor function)이다. VGG16 신경망인 경우에 입력층이 224×224이고 결합층 커널이 2×2, 보폭이 2이므로

$$o = \left\lfloor \frac{224-2}{2} \right\rfloor + 1 = 112$$

이다. 결합층은 하나의 채널에 적용되므로 만약 224×224×64의 배열이 있는 경우에 마지막이 채널의 크기이므로 결합층을 통과하면 112×112×64의 배열이 생성된다.

### 7.2.2.3 완전연결층

합성곱 신경망은 합성곱층과 결합층을 반복적으로 적용한 후 마지막 단계에서는 완전연결층(fully connected layer)으로 마무리하게 된다. 완전연결층을 적용하기 위해서는 마지막 결합층의 모든 노드를 평평하게 하는 평탄화(flattening) 작업과 같이 일차원으로 만드는 작업이 필요하다. 먼저 평탄화의 의미를 살펴보기로 하자.

in
```
# 평탄화의 의미: row 우선, axis 순서대로
image = np.arange(5*3*2).reshape(5, 3, 2)
image, image.flatten(), image.flatten().shape
```

out
```
(array([[[ 0,  1],
         [ 2,  3],
         [ 4,  5]],

        [[ 6,  7],
         [ 8,  9],
         [10, 11]],

        [[12, 13],
```

```
        [14, 15],
        [16, 17]],

       [[18, 19],
        [20, 21],
        [22, 23]],

       [[24, 25],
        [26, 27],
        [28, 29]]]),
 array([ 0,  1,  2,  3,  4,  5,  6,  7,  8,  9, 10, 11, 12, 13, 14, 15, 16,
        17, 18, 19, 20, 21, 22, 23, 24, 25, 26, 27, 28, 29]),
 (30,))
```

결과를 보면 축 순서와 행 우선으로 평탄화 작업을 수행하였고 결과는 크기가 30=5×3×2개의 원소를 갖는 배열이 생성되었다. 평탄화 작업 후에는 일반적인 다층 신경망과 똑같은 형태로 평탄화된 결과를 입력층으로 하여 완전연결층을 구성한다. 모수 또는 가중값에 대한 학습은 신경망과 동일한 방식으로 추정한다. 다만, 오차에 대한 역전파(back propagation) 과정은 단순하지는 않다. 이에 대한 추정 방법은 [KAGN-ML]을 참조한다.

### 7.2.2.4 출력층과 손실함수

신경망의 마지막 출력층은 참값과 비교하여 오차를 발생시키기 직전의 층이다. 일반적인 활성함수를 다 사용할 수 있지만 예측하는 문제가 $n$개의 범주에서 하나의 범주만을 예측하는 문제는 다계층분류(multi-class classification) 문제라고 하며 이런 경우에는 소프트맥스 활성함수를 사용한다.

각 출력 노드에서 출력되는 값은 다음과 같이 계산된다.

$$\sigma(z)_i = \frac{\exp z_i}{\sum_{j=1}^{k} \exp z_j}, \ i = 1, \cdots, \ K, \ z = (z_1, \cdots, z_K)$$

만약 10개의 숫자를 분류하는 문제인 경우에는 $K = 10$이 된다. 이렇게 출력되는 값과 0에서부터 9까지 숫자의 원핫인코딩 벡터와 비교하여 손실함수를 구하게 된다. 이때 사용하는 손실함수는 범주 교차엔트로피(categorial cross entropy)를 적용한다.

$$CCE = -\sum_{i=1}^{K} y_i \log \sigma(z)_i, \ y = (y_1, \cdots, y_k), \ y_i = 1 \text{ or } 0$$

만약 주어진 문제가 각 범주들을 독립적으로 예측하는 경우 예를 들어 (1, 1, 0), (0, 1, 0), (0, 1, 1) 등과 같이 참값의 범주가 2개 이상인 경우에는 개별로 예측해야 한다. 이런 경우에는 각 노드가 시그모이드(sigmoid) 활성함수가 되고 각각의 손실함수는 이항 교차엔트로피(binary cross entropy)를 적용한다.

$$BCE_i = -y_i \log \sigma(z)_i - (1 - y_i) \log(1 - \sigma(z)_i), \ y_i = 1 \text{ or } 0$$

전체 손실함수는 $\sum_{i=1}^{k} BCE_i$가 된다.

### 7.2.3 데이터 분할

in

```
# 데이터 분할
train_casdf, test_casdf = two_way_split(
    # 입력 데이터
    tbl=casdf,
    # 평가 데이터 비율
    test_rate=30,
    # 층화 추출
```

```
        stratify_by='label',

        # 출력 데이터 포맷
        im_table=False
    )
    casdf.shape, train_casdf.shape, test_casdf.shape
```

### 7.2.4 모델 적합

데이터 분할 후 훈련 데이터에 모델을 적합해 보자.

in

```
# 순차 모델 적합: 모델 테이블 초기화
model = Sequential(conn, model_table='cnn_digits_28')

# 입력층 정의
model.add(InputLayer(n_channels=1, height=28, width=28))

# 합성곱층 정의
model.add(Conv2d(n_filters=20, height=5, width=5))

# 결합층 정의
model.add(Pooling(height=2, width=2, stride=2))

# 합성곱층 정의
model.add(Conv2d(n_filters=50, height=5, width=5))

# 결합층 정의
model.add(Pooling(height=2, width=2, stride=2))

# 완전연결층 정의
model.add(Dense(n=500))

# 출력층 정의
model.add(OutputLayer(act='softmax', n=10))

# 모델 결과 요약
model.print_summary()
```

out

| | Layer Id | Layer | Type | Kernel Size | Stride | Activation |
|---|---|---|---|---|---|---|
| 0 | 0 | Input1 | input | | | None |
| 1 | 1 | Convo.1 | convo | (5, 5) | (1, 1) | Relu |
| 2 | 2 | Pool1 | pool | (2, 2) | (2, 2) | Max |
| 3 | 3 | Convo.2 | convo | (5, 5) | (1, 1) | Relu |
| 4 | 4 | Pool2 | pool | (2, 2) | (2, 2) | Max |
| 5 | 5 | F.C.1 | fc | (2450, 500) | | Relu |
| 6 | 6 | Output1 | output | | | Softmax |
| 7 | | | | | | |
| 8 | Summary | | | | | |

| | Output Size | Number of Parameters | FLOPS(forward pass) |
|---|---|---|---|
| 0 | (28, 28, 1) | (0, 0) | 0 |
| 1 | (28, 28, 20) | (500, 20) | 392000 |
| 2 | (14, 14, 20) | (0, 0) | 0 |
| 3 | (14, 14, 50) | (25000, 50) | 4900000 |
| 4 | (7, 7, 50) | (0, 0) | 0 |
| 5 | 500 | (1225000, 0) | 1225000 |
| 6 | 10 | (5000, 10) | 0 |
| 7 | | Total number of parameters | Total FLOPS |
| 8 | | 1,255,580 | 6,517,000 |

심층학습 모델을 정의하기 위하여 하나의 빈(empty) 모델을 구성한 후 순차적으로 모델을 정의하였다. 여기서 model 객체에 대한 print_summary() 메소드는 최소한 1개 이상의 층(layer)이 있을 때만 사용할 수 있다. 또한 모델 구조를 저장하는 카스 테이블에 입력층과 출력층이 존재할 때만 테이블의 구조가 완성된다. 그 전에 해당 테이블의 내용은 볼 수 없다.

첫 번째 합성곱 블록의 모수 개수를 계산해보자. (5, 5) 크기의 커널 20개를 사용하였기 때문에 $5\times5\times20+20=520$개이다. 결과에서는 가중값 부분과 편향(bias)를 구분하여 튜플(tuple)로 표시하였다. 모델 구조에 대한 정의를 하고 나면 모델 적합을 위한 수치 알고리즘을 정의한다.

in

```
# 수치 알고리즘 정의
optimizer = Optimizer(algorithm =AdamSolver(learning_rate=0.005),
                      seed=1234,
```

```
                mini_batch_size=32,
                max_epochs=50,
                log_level=2)
```

에포크(epoch)는 횟수를 의미하며 훈련 데이터 전체를 다 이용한 경우에 1이라고 정의한다. 즉, 배치 크기로 데이터를 잘라서 적합시키는 과정을 반복하여 전체 데이터를 다 이용한 경우에 1 에포크로 정의한다.

모델 구성과 수치 알고리즘을 정의한 후 훈련데이터를 결합하여 적합시킨다.

in
```
# 모델 적합
result = model.fit(data=train_casdf,
                   inputs=train_casdf.columns.tolist()[1:],
                   nominals=['label'],
                   target='label',
                   optimizer=optimizer)

# 결과 정보 확인
result.keys()
```

out
```
odict_keys(['ModelInfo', 'OptIterHistory', 'OutputCasTables'])
```

출력 결과를 살펴보기로 하자.

in
```
# 모델 정보
result['ModelInfo']
```

out

| | Descr | Value |
|---|---|---|
| 0 | Model Name | cnn_model_tbl |
| 1 | Model Type | Convolutional Neural Network |
| 2 | Number of Layers | 7 |
| 3 | Number of Input Layers | 1 |
| 4 | Number of Output Layers | 1 |
| 5 | Number of Convolutional Layers | 2 |

|  |  |  |
|---|---|---|
| 6 | Number of Pooling Layers | 2 |
| 7 | Number of Fully Connected Layers | 1 |
| 8 | Number of Weight Parameters | 1255500 |
| 9 | Number of Bias Parameters | 580 |
| 10 | Total Number of Model Parameters | 1256080 |
| 11 | Approximate Memory Cost for Training (MB) | 473 |

모델에 대한 기본정보를 요약하고 있음을 알 수 있다.

in

```
# 출력 테이블 정보
result['OutputCasTables']
```

out

|  | casLib | Name | Rows | Columns | casTable |
|---|---|---|---|---|---|
| 0 | CASUSER(v_user9) | cnn_model_tbl_weights | 1256080 | 3 | CASTable('cnn_model_tbl_weights', caslib='CASU... |

출력 테이블은 사전에 정의하지 않았지만 가중값을 갖고 있는 테이블이 생성된다.

in

```
# 가중값 정보
conn.CASTable('cnn_model_tbl_weights').head(999)
```

out

Selected Rows from Table CNN_MODEL_TBL_WEIGHTS

|  | _LayerID_ | _WeightID_ | _Weight_ |
|---|---|---|---|
| 0 | 1.0 | 0.0 | 0.133734 |
| 1 | 1.0 | 32.0 | 0.111853 |
| 2 | 1.0 | 64.0 | -0.190465 |
| 3 | 1.0 | 96.0 | -0.168580 |
| 4 | 1.0 | 128.0 | 0.372867 |
| ... | ... | ... | ... |
| 994 | 5.0 | 6238.0 | -0.019917 |
| 995 | 5.0 | 6270.0 | -0.025001 |
| 996 | 5.0 | 6302.0 | -0.009441 |
| 997 | 5.0 | 6334.0 | -0.047535 |
| 998 | 5.0 | 6366.0 | -0.004219 |

결과를 보면 각 층에서의 가중값이 저장되어 있다. 에포크가 진행되면서 손실함수와 적합오차에 대한 정보를 확인해보자.

in
```
# 모델 안정성: 반복 수에 따른 손실함수의 변화
rdf = result['OptIterHistory']
fig, ax = plt.subplots(dpi=300)
ax.plot(rdf['Epoch'], rdf['Loss'], color='steelblue', label='Loss')
ax.plot(rdf['Epoch'], rdf['FitError'], color='orange', label='FitError')
ax.set_title('Model Stability Check')
ax.set_xlabel('epoch')
ax.legend()
plt.show()
```

out

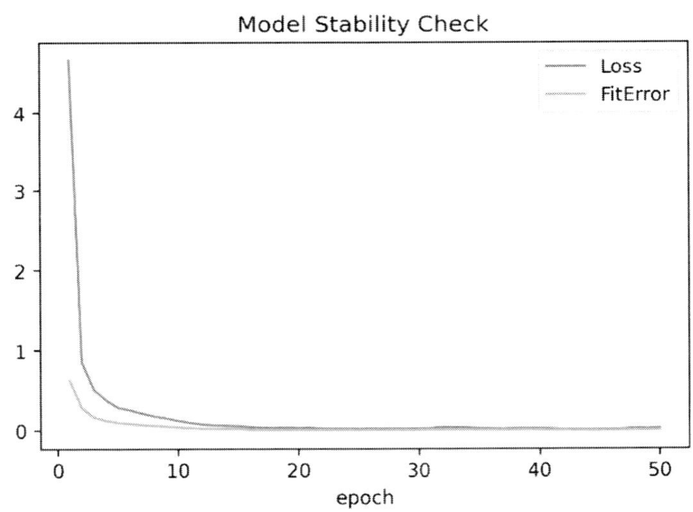


그림 7.10 모델 안정성 평가

### 7.2.5 모델 평가

적합된 모델에 대하여 검증 데이터를 이용하여 평가해보기로 하자.

```
in    # 점수 산출
      pResult = model.predict(data=test_casdf)
      pResult.keys()
out   odict_keys(['ScoreInfo', 'OutputCasTables'])
```

평가를 위한 점수 산출 결과 평가 정보와 실제 예측점수 테이블이 생성되었다.

```
in    # 평가 정보
      pResult['ScoreInfo']
```

out

| | Descr | Value |
|---|---|---|
| 0 | Number of Observations Read | 12600 |
| 1 | Number of Observations Used | 12600 |
| 2 | Misclassification Error (%) | 3.690476 |
| 3 | Loss Error | 0.293372 |

오분류율을 포함한 평가 정보를 확인할 수 있다.

```
in    # 예측된 테이블
      predicted = pResult['OutputCasTables']['casTable'][0]
      predicted.head().T
```

out

Selected Rows from Table VALID_RES_V53A1H

| | 0 | 1 | 2 | 3 | 4 |
|---|---|---|---|---|---|
| label | 3.0 | 4.0 | 5.0 | 1.0 | 6.0 |
| pixel0 | 0.0 | 0.0 | 0.0 | 0.0 | 0.0 |
| pixel1 | 0.0 | 0.0 | 0.0 | 0.0 | 0.0 |
| pixel2 | 0.0 | 0.0 | 0.0 | 0.0 | 0.0 |
| pixel3 | 0.0 | 0.0 | 0.0 | 0.0 | 0.0 |
| ... | ... | ... | ... | ... | ... |
| P_label8 | 0.0 | 0.0 | 0.0 | 0.0 | 0.0 |
| P_label9 | 0.0 | 0.004732 | 0.0 | 0.0 | 0.0 |
| I_label | 3 | 4 | 5 | 1 | 6 |
| _DL_PredP_ | 1.0 | 0.995268 | 1.0 | 1.0 | 1.0 |
| _DL_PredLevel_ | 3.0 | 4.0 | 5.0 | 1.0 | 6.0 |

결과를 보면 각 범주별로 예측 확률값이 계산되어 있고 최종적인 범주값이 예측되어 있다. 모델 평가 결과 ScoreInfo 테이블로 확인할 수 있지만 일반적으로 예측된 값과 참값이 있는 경우에 평가하는 방법을 알아보자.

in
```
# 모델 정확성
# dlpy.metrics.accuracy_score 함수 이용
accuracy_score(castable=predicted,
               y_true='label',
               y_pred='I_label')
```

out
```
0.9630952380952381
```

## 7.2.6 모델 저장

심층학습 모델의 결과는 모델구조와 가중값 테이블로 구성되어 있음을 확인하였고 이 2개의 테이블을 묶어서 하나의 분석가게 모델로 저장할 수 있다. 이때 필요한 액션 집합은 deepLearn이다.

in
```
# 필요한 액션집합
conn.loadactionset('deepLearn')

# 모델 저장을 위한 ASTORE 파일 변환
conn.deeplearn.dlexportmodel(
    # 모델 테이블
    modelTable='cnn_model_tbl',
    # 가중값 테이블
    initWeights='cnn_model_tbl_weights',
    # 저장 테이블(분석가게 모델)
    casout={'name': 'cnn_model_astore',
            'replace': True}
)
```

이후 사용을 위하여 물리적으로 저장한다.

in
```
# 모델 저장(물리적으로)
conn.table.save(table='cnn_model_astore',
                name='bnn_cnn_model_astore',
                replace=True)
```

해당 모델을 적재한 후 점수를 산출해보자.

in
```
# 모델 가져오기
conn.loadtable(path='bnn_cnn_model_astore.sashdat',
               casOut={'name': 'cnn_model_astore', 'replace': True})

# 점수 산출
conn.astore.score(
    table=test_casdf,
    rstore={"name": "cnn_model_astore"},
    copyvars=['label'],
    casout={"name": 'cnn_model_astore_score_out', "replace": True}
)

# 산출된 결과 확인
conn.CASTable("cnn_model_astore_score_out").head().T
```

out

Selected Rows from Table CNN_MODEL_ASTORE_SCORE_OUT

| | 0 | 1 | 2 | 3 | 4 |
|---|---|---|---|---|---|
| P_label0 | 0.0 | 0.0 | 0.0 | 0.0 | 0.0 |
| P_label1 | 0.0 | 1.0 | 0.0 | 0.0 | 0.0 |
| P_label2 | 0.0 | 0.0 | 0.0 | 0.0 | 0.0 |
| P_label3 | 0.0 | 0.0 | 0.0 | 0.0 | 0.0 |
| P_label4 | 0.0 | 0.0 | 0.0 | 0.0 | 0.0 |
| P_label5 | 0.0 | 0.0 | 1.0 | 0.0 | 0.0 |
| P_label6 | 1.0 | 0.0 | 0.0 | 1.0 | 0.0 |
| P_label7 | 0.0 | 0.0 | 0.0 | 0.0 | 1.0 |
| P_label8 | 0.0 | 0.0 | 0.0 | 0.0 | 0.0 |
| P_label9 | 0.0 | 0.0 | 0.0 | 0.0 | 0.0 |
| I_label | 6 | 1 | 5 | 6 | 7 |
| label | 6.0 | 1.0 | 5.0 | 6.0 | 7.0 |

결과는 각 범주의 확률과 최종 선택된 결과를 보여주고 있다.

### 7.2.7 범함수 방식 모델 정의

순차(sequential) 방식으로 모델을 정의하는 방법은 앞서 살펴보았다. 똑같은 문제를 범함수(functional) 방식으로 정의하는 과정을 살펴보자. 범함수는 입력이 함수일 때 사용하는 용어이다. 이때 사용하는 클래스가 Model이다.

in

```
# 범함수 방식 모델 정의

# 입력층
input1 = Input(n_channels=1, height=28, width=28)

# 합성곱 블록1
conv1 = Conv2d(n_filters=20, height=5, width=5)(input1)
pool1 = Pooling(height=2, width=2, stride=2)(conv1)

# 합성곱 블록2
conv2 = Conv2d(n_filters=50, height=5, width=5)(pool1)
pool2 = Pooling(height=2, width=2, stride=2)(conv2)

# 완전연결 신경망
dense1 = Dense(n=500)(pool2)

# 출력층
output1 = OutputLayer(act='softmax', n=10)(dense1)

# 모든 층 결합
model1 = Model(conn=conn, inputs=[input1], outputs=[output1])

# 각 층 객체들을 카스 액션 모수로 변환
model1.compile()

# 모델 결과 요약
model1.print_summary()
```

out

| | Layer Id | Layer | Type | Kernel Size | Stride | Activation | Output Size |
|---|---|---|---|---|---|---|---|
| 0 | 0 | InputLayer_4 | input | | | None | (28, 28, 1) |
| 1 | 1 | Conv2d_7 | convo | (5, 5) | (1, 1) | Relu | (28, 28, 20) |
| 2 | 2 | Pooling_7 | pool | (2, 2) | (2, 2) | Max | (14, 14, 20) |
| 3 | 3 | Conv2d_8 | convo | (5, 5) | (1, 1) | Relu | (14, 14, 50) |
| 4 | 4 | Pooling_8 | pool | (2, 2) | (2, 2) | Max | (7, 7, 50) |
| 5 | 5 | Dense_4 | fc | (2450, 500) | | Relu | 500 |
| 6 | 6 | OutputLayer_4 | output | | | Softmax | 10 |
| 7 | | | | | | | |
| 8 | Summary | | | | | | |

| | Number of Parameters | FLOPS(forward pass) |
|---|---|---|
| 0 | (0, 0) | 0 |
| 1 | (500, 20) | 392000 |
| 2 | (0, 0) | 0 |
| 3 | (25000, 50) | 4900000 |
| 4 | (0, 0) | 0 |
| 5 | (1225000, 0) | 1225000 |
| 6 | (5000, 10) | 0 |
| 7 | Total number of parameters | Total FLOPS |
| 8 | 1,255,580 | 6,517,000 |

순차 모델과 동일하게 모델이 요약되어 있다. 그러나 범함수 방식 모델 생성은 입력이 다수이고 출력도 다수일 때 순차 방식으로 정의할 수 없는 경우에 주로 많이 사용된다.

## 7.3 참고문헌


| 인용어 | 문헌 또는 URL |
|---|---|
| | https://developer.sas.com/guides/python-swat.html |
| | https://sassoftware.github.io/python-swat/ |
| | https://sassoftware.github.io/python-swat/getting-started.html |
| [V-ACTION] | https://documentation.sas.com/doc/ko/pgmsascdc/9.4_3.5/allprodsactions/titlepage.htm |

| 인용어 | 문헌 또는 URL |
|---|---|
| [KANG-ML] | 강봉주(2019), 파이썬으로 실무에 바로 적용하는 머신러닝, 에이콘출판사 |
| [KANG-BASICS] | 강봉주(2020), 파이썬 기반의 AI 를 위한 기초수학, 확률 및 통계, 자유아카데미 |
| [KANG-AUTOML] | 강봉주(2020), SAS Viya 기반의 실무에 바로 적용하는 AutoML, 자유아카데미 |
| | https://github.com/sassoftware/python-dlpy |
| | https://developer.sas.com/guides/dlpy.html |
| | https://sassoftware.github.io/python-dlpy/ |
| | https://www.cs.toronto.edu/~frossard/post/vgg16/ |
| | https://www.cs.toronto.edu/~kriz/cifar.html |
| | https://medium.com/@himadrisankarchatterjee/a-basic-introduction-to-convolutional-neural-network-8e39019b27c4 |
| [VGG] | https://blurcode.in/blog/what-is-vggnet-beginners-guide-to-vggnet/ |

# 찾아보기

## 영문

## 국문

## 기타

# 파이썬과 주피터 노트북 기반의 SAS Viya


저　　자　강봉주
발 행 인　김지영
발 행 처　자유아카데미
주　　소　경기도 파주시 회동길 37-42
　　　　　파주출판도시
전　　화　031-955-1321
팩　　스　031-955-1322
홈페이지　www.freeaca.com
전자우편　main@freeaca.com (대표)
　　　　　editor@freeaca.com (편집)
　　　　　crm@freeaca.com (영업)
등　　록　제406-2003-017호, 1980. 7. 12
제1판1쇄　2021년 10월 20일 발행





ISBN 979-11-5808-330-4　93000